alexis de gheldere

«Tu te diras, du haut de la montagne d'où sont résolus tes problèmes: "Comment n'ai-je pas d'abord compris?" Comme s'il était d'abord quelque chose à comprendre. Car il suffit pour y voir clair de changer de perspective.»

ANTOINE DE SAINT-EXUPÉRY

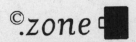

AUTEUR
ALEXIS DE GHELDERE
DIRECTEUR DE COLLECTION
DANIEL DESJARDINS
DIRECTRICE DE PRODUCTION
PASCALE COUTURE
DIRECTEUR DE PROJET
DANIEL DESJARDINS
CHEF DE PROJET ADJOINT
CHRISTIAN ROY
CARTOGRAPHIE ET INFOGRAPHIE
ANDRÉ DUCHESNE
ASSISTANTS
PATRICK THIVIERGE
LINE MAGIER
ILLUSTRATRICE
LORETTE PIERSON

CORRECTEUR
PIERRE DAVELUY
INFOGRAPHIE ET COUVERTURE
DOMINIQUE THIBODEAU
MISE EN PAGES
CHRISTIAN ROY
PHOTOGRAPHIE
CHANTALE DOYON
RECHERCHE
DENIS FAUBERT
FRANCIS GIGUÈRE
ERIC HAMOVITCH
CLAUDE-VICTOR LANGLOIS
MARC RIGOLE
YVES SÉGUIN
CARLOS SOLDEVILA
CAROL WOOD

Remerciements: les Éditions Ulysse remercient la SODEC ainsi que
le ministère du Patrimoine canadien pour leur soutien financier.

⏮ DISTRIBUTION ⏭

Canada : Distribution Ulysse, 4176, St-Denis, Montréal (Québec), H2W 2M5
☎ (514) 843-9882, poste 2232, ☎ (800) 748-9171, fax : 514-843-9448,
www.ulysse.ca, guiduly@ulysse.ca

États-Unis : Distribooks, 8120 N. Ridgeway, Skokie, IL 60076-2911
☎ (847) 676-1596, fax : (847) 676-1195

Belgique-Luxembourg : Vander, 321 av. des Volontaires, B-1150 Bruxelles
☎ (02) 762 98 04, fax : (02) 762 06 62

France : Vilo, 25, rue Ginoux, 75737 Paris, Cedex 15
☎ 01 45 77 08 05, fax : 01 45 79 97 15

Espagne : Altaïr, Balmes 69, E-08007 Barcelona
☎ (3) 323-3062, fax : (3) 451-2559

Italie : Centro cartografico Del Riccio, Via di Soffiano 164/A, 50143
Firenze
☎ (055) 71 33 33, fax : (055) 71 63 50

Suisse : Diffusion Payot SA, p.a. OLF S.A., Case postale 1061, CH-1701
Fribourg, ☎ (26) 467 51 11, fax : (26) 467 54 66

Pour tout autre pays, joignez Distribution Ulysse (Montréal),
fax : (514) 843-9448

Données de catalogage avant publication (Canada)
Gheldere, Alexis de, 1975-
        Amérique centrale
        (Budget .zone)
        Comprend un index.
        ISBN 2-89464-174-5

1. Amérique centrale - Guides. I. Titre. II. Collection.
F1429.G43 1998   917.2804'53   C98-941525-2

⏭ SOMMAIRE ⏮

⏭ ÉCRIVEZ-NOUS ⏮

Évidemment, nous avons tout fait pour nous assurer que les renseignements contenus dans ce guide soient exacts. Comme l'erreur est humaine, soyez indulgents: envoyez-nous vos corrections et rectifications, indiquez-nous les restos fermés, les hôtels abandonnés et les bars qui, pour une raison *X*, seraient devenus plates à mourir. Nous déclinons toute responsabilité en cas de perte ou de dommage qui serait causé par une erreur ou une omission.

Éditions Ulysse
4176, rue Saint-Denis
Montréal (Québec)
H2W 2M5
www.zone.qc.ca
zone@zone.qc.ca

⏮ LISTE DES CARTES ⏭

⏮ RÊVE ⏭

Vous vous en tirerez pour moins de 13$US pour deux personnes (sauf avis contraire) dans tous les lieux d'hébergement que nous mentionnons dans ce guide.

⏮ BOUFFE ⏭

Vous vous en tirerez pour moins de 7$US pour deux personnes (sauf avis contraire) dans tous les restaurants que nous mentionnons dans ce guide.

PORTRAIT

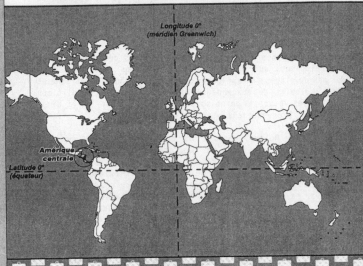

Longitude 0°
(méridien Greenwich)

Amérique
centrale

Latitude 0°
(équateur)

Océan
Atlantique

Cuba

Golfe du
Mexique

Haïti

Mexique

Belize

Jamaïque

République
dominicaine

Honduras

Guatemala

Mer des
Caraïbes

El Salvador

Nicaragua

Panamá

Costa Rica

Venezuela

Colombie

Océan
Pacifique

©.zone

Équateur

Pérou

Brésil

▐▌▌▌▌ Territoire aux mille oppositions, l'Amérique centrale est ce cordon ombilical aux formes étranges qui relie ses soeurs boréales et australes. Regroupant sept pays sur une distance de 2 500 km entre les frontières sud du Mexique et nord de la Colombie, elle est également embrassée par les deux océans les plus vastes du globe. L'opposition des océans et des deux Amériques voisines est certes frappante, mais cette étendue en cache plusieurs autres: montagnes aux volcans gigantesques, à deux pas de plages fantastiques; population espagnole métissée et larges colonies de descendance africaine; stabilité politique côtoyant des voisins à peine sortis de la guerre civile; et ainsi de suite... Bienvenue aux amateurs de diversité.

▐▌▌▌▌ Sauf au Belize, ancien fort britannique coincé entre le Mexique, le Guatemala et la mer des Caraïbes, tout le monde parle espagnol. La colonisation a débuté au XVIᵉ siècle mais a été moins intense qu'au Pérou ou au Mexique, faute de minerai précieux à extraire ou de civilisation élaborée à déconstruire. Les fameuses pyramides mayas, omniprésentes dans les jungles bélizienne et guatémaltèque, et dans une moindre mesure au Honduras, marquent l'apogée de cette civilisation qui, 600 ans avant l'arrivée des Européens, avait déjà entamé son déclin. Cela n'enlève rien au travail des Espagnols qui ont accéléré le cours des événements par la bonne vieille méthode de l'ethnocide.

▐▌▌▌▌ Cela dit, l'échelle sociale est ici graduée à la couleur de votre peau. Plus vous êtes pâle, plus facile il vous sera de gravir les échelons. En ce qui concerne la violence quasi mythique qui suit l'Amérique centrale comme une mauvaise publicité qu'on oublie de retirer des ondes, elle est directement liée à la pauvreté. En dehors des grands centres urbains et de certains quartiers mal famés, vous rencontrerez une population amicale et prête à rendre service.

◉ GÉOGRAPHIE ◉

On a déjà mentionné la barrière naturelle que forme la région, barrière qui empêche l'Atlantique et le Pacifique de se rejoindre. Son étroitesse se réduit jusqu'à 70 km au Panamá. Mais pour faire honneur à son esprit de contradiction, cette barrière devient une énorme muraille aux hauteurs phénoménales. Plusieurs sommets dépassent les 3 000 m, et ce, même dans le très étroit Panamá. Chaque pays possède ses chaînes de montagnes, parents pauvres des Rocheuses nord-américaines et des Andes sud-américaines, desquelles on peut souvent apercevoir les deux océans. Au Guatemala, une grande partie de la population demeure dans les hauts plateaux montagneux qui atteignent jusqu'à 4 000 m. Climat tropical et jungle sont souvent la règle, mais attention à la dégringolade du thermomètre à mesure que l'on monte en altitude. Certains volcans sont encore en activité, notamment au Salvador, au Nicaragua et au Costa Rica. À partir des sommets, plusieurs cours d'eau, dont malheureusement une très petite fraction seulement se prête à la navigation, dévalent les pentes vers un océan ou l'autre. L'Atlantique en reçoit la plus grande part. D'énormes terres sont ainsi irriguées en permanence et contrôlées par une armée de milliards de moustiques, armée qui eut raison, entre autres, des ouvriers du chantier de la première tentative de percement du canal interocéanique. Détail non négligeable, la saison des pluies dure de mai à octobre environ.

▶▶ FLORE ◀◀

Trois zones de végétation se partagent l'isthme de l'Amérique centrale. La jungle (ou forêt de feuillus) offre une diversité d'essences incomparable. C'est le genre d'endroit qui efface toute présence de l'être humain en des temps records. Dans les zones montagneuses, entre autres au Guatemala, c'est une forêt de type boréale qui prévaut. On y retrouve exclusivement des résineux. Après tout, latitude et altitude ont les mêmes lettres. Donc, qu'on monte dans l'une ou dans l'autre, le résultat est le même! Finalement, il y a aussi la plaine, qui résulte pour beaucoup de la déforestation massive entreprise depuis le début du siècle. On parle souvent, en effet, de l'écotourisme au Costa Rica, en mettant en avant-plan le fait que 12% du territoire est a été converti en parcs nationaux ou en réserves protégées. Toutefois, l'autre côté du billot nous montre que plus des deux tiers de la forêt vierge de ce pays ont été rasés dans le dernier demi-siècle.

▶▶ FAUNE ◀◀

Étant donné sa position tropicale, l'Amérique centrale regorge d'animaux exotiques: perroquets multicolores, jaguars, serpents, crocodiles, tortues géantes, vaches de mer (dinosaures nonchalants qui se font dorer au soleil en flottant à la surface, plusieurs yachts pourront confirmer), de même que plusieurs espèces de singes, iguanes et autres noms bizarres tels l'agouti et le tapir. En ce qui concerne les oiseaux, 10% des espèces de la planète sont présentes au Costa Rica, et la proportion s'accroît encore plus pour ce qui est des papillons. De nombreuses fermes de la région en pratiquant d'ailleurs l'élevage.

Il est fortement déconseillé de se baigner en eau douce sous les tropiques, car le climat chaud et humide favorise le développement de micro-organismes bactériens. Nous indiquons quand même les endroits les plus sûrs où l'eau nous apparaît claire, limpide et sans danger, mais la décision finale demeure à la discrétion du baigneur lui-même.

▶▶ HISTOIRE ◀◀

avant 1500 [avant la (re)découverte]

Deux grands empires autochtones américains existaient à l'arrivée des conquérants, à savoir l'Empire inca au sud et l'Empire aztèque au nord. Seul ce dernier touchait au nord de l'Amérique centrale. Le peuplement s'était effectué 40 000 ans auparavant, lorsque des groupes franchirent le détroit de Bering, entre la Sibérie et l'Alaska, quand cette région était couverte de glace et permettait un tel passage. L'Amérique centrale était un entre-deux où les peuples passaient sans s'arrêter bien longtemps, car l'espace n'était pas propice à l'édification de grandes civilisations. Cette région est aujourd'hui encore peuplée de quelques groupes rescapés du passé glorieux de la civilisation maya. Celle-ci a laissé des vestiges propres à exciter l'anthropologue en chacun de nous: tombeaux, pyramides, stèles hiéroglyphiques... très présents dans les nombreuses ruines du Guatemala, du Belize et, dans une moindre mesure, du Honduras. Ce sont les luttes de pouvoir et le déclin de l'agriculture qui ont causé l'effondrement de cette culture bien avant l'arrivée des Espagnols. Du reste, les empires inca et aztèque ont été anéantis en l'espace d'une cinquantaine d'années parce que leur hégémonie était toute récente et que les autres peuples de moindre envergure ont offert leur soutien aux «sauveurs» européens. Amère alliance.

1500

Colomb «découvre»l'Amérique centrale lors de son dernier séjour, en 1502. Une poignée d'Espagnols s'y installent; ils reçoivent des terres de la Couronne qui leur donne en esclaves les Amérindiens peuplant leur terrain (*encomienda*). La folie de l'*Eldorado* laisse la région bien calme, car les métaux précieux se situent dans les entrailles péruviennes, boliviennes et mexicaines. La région reste un pont entre deux continents, notamment au Panamá, devenue base officielle d'exploration, car on peut y faire transiter les marchandises du Pacifique à l'Atlantique.

1600-1850

Pendant trois siècles, la région vit un cycle de production économique allant de l'or des rivières au cacao en passant par l'indigo employé comme colorant naturel. La portion de territoire donnant sur l'Atlantique devient un repaire de flibustiers, une base de corsaires destinés à stopper les galions espagnols transportant les métaux précieux de l'Amérique du Sud vers Séville. L'Espagne tente de recouvrir le contrôle pour protéger son Pérou et son Mexique. Ainsi est créée la Fédération des provinces d'Amérique centrale. Elle ne durera qu'une quinzaine d'années, car la Grande-Bretagne ne veut pas de cette union. Cette dernière possède quelques terres de corsaires et s'accommode très bien de cet équilibre des forces. L'Amérique centrale est un territoire géopolitique intéressant avec un potentiel naturel peu exploité, et tout le monde veut sa part du gâteau.

1850-2000

L'accession à l'indépendance des pays a déjà été amorcée et se poursuit. Le pouvoir colonial passe dans les mains de gouvernements élitistes, exportateurs et propriétaires terriens.

Les années trente amènent les contrecoups du krach boursier et dessinent un horizon favorable aux dictatures, militaires ou pas. Des élections ont lieu, mais ressemblent à s'y méprendre à des fictions électorales purement symboliques.

L'onde de choc des années soixante, alimentée par l'expérience cubaine, se propage jusqu'en Amérique centrale et en change les perspectives. La croissance économique va bon train et la classe moyenne augmente. Les diplômés universitaires également, ce qui amène des débats sociaux intéressants. Plusieurs mouvements politiques prennent leur sources dans des regroupements étudiants. C'est le cas de Carlos Fonseca Amador qui fonde le Frente Sandinista de Liberación Nacional en 1961 dans le but de venir à bout de la dictature Somoza, au pouvoir au Nicaragua à partir de 1937. Son organisme y parviendra en 1979, trois ans après son assassinat. Parallèlement à tout ça, un déchirement s'opère dans l'Église. Toute une fraction de celle-ci, sensibilisée, voire horrifiée par les inégalités sociales, se regroupe dans la *theología de la liberación*. Cette nouvelle perspective interprète la *Bible* selon l'idée de libération des peuples opprimés (on devrait en parler au G-7) en cautionnant la lutte des classes et l'action (armée) pour transformer la société. C'est le mariage de María-la-Virga avec Karl-le-Barbu Marx. Et ça engendre aussi le genre de diffuseurs de la «bonne parole» que le pouvoir déteste parce qu'elle n'est pas bonne pour son yacht et ses parties de tennis. Il explique du même coup pourquoi les évêques sont assassinés en Amérique centrale. Le dernier en lice, celui de Ciudad Guatemala, venait de déposer un rapport pointant du doigt l'État comme principal responsable des 200 000 morts causées par la répression et le militarisme depuis les années cinquante. On l'a tué en l'assommant avec des pierres en pleine nuit d'avril 1998.

L'enjeu du pouvoir mobilise de plus bel les populations dans les années soixante-dix, avec la lutte armée comme dernière innovation. Ainsi débute le valse des oligarchies qui désirent garder leur pouvoir, tout en calmant l'opinion publique par des réformes au contenu rachitique. Certains cas précis seront discutés dans les introductions consacrées à chacun des pays. Mentionnons tout de même que les États-Unis considèrent l'Amérique latine (le monde, dites-vous?) comme leur arrière-cour et n'hésitent pas à intervenir. Ainsi en témoigne le scandale de ventes d'armes à l'Iran pour financer les *contras* (groupe contre-révolutionnaire) au Nicaragua. Les *contras*, endossés par l'administration Reagan et sa guerre idéologique contre ses hallucinations de sorciers communistes, avaient pour mission de faire tomber le régime sandiniste à tendance résolument socialiste, alors même que ce régime succédait à 40 années de dictature... Allez comprendre... Cette même dictature qui avait empoché, pour sa fortune personnelle, la majeure partie des dons humanitaires envoyés de partout dans le monde pour aider le pays à se remettre d'un terrible tremblement de terre en 1972...

Des histoires du genre, il y a des livres entiers qui en font le décompte (voir, entre autres, *Les veines ouvertes de l'Amérique latine*, Eduardo Galeano, Press Pocket, 1981).

⏭ PERSONNAGES CÉLÈBRES ET HISTORIQUES ⏮

CHRISTOPHE COLOMB

Le marin italien Christophe Colomb, avec ses folles idées de route vers l'Asie en quittant l'Europe vers l'ouest et non vers le sud, tomba enfin sur l'Amérique centrale lors de son tout dernier voyage en 1502. Auparavant, les Antilles s'étaient chargées de freiner la progression de ses équipages. Même si ce quatrième voyage est son tout dernier, Colomb persiste à croire qu'il longe la côte de la Malaisie, alors qu'il se trouve devant celle du Honduras. Il longera cette côte jusqu'au Panamá, rencontrant des agglomérations autochtones pourvues d'impressionnants stocks d'or. Mais la vie du génial visionnaire tire à sa fin. Il n'a plus l'énergie nécessaire pour l'aventure, et la gloire l'a quitté depuis que la Couronne espagnole a nommé d'autres commandants à la tête de prestigieuses expéditions. Ses navires deviennent tour à tour inutilisables, le moral dégringole et bientôt Colomb rentre en Espagne une fois pour toutes. Il mourra dans la profonde indifférence en 1506, persistant à croire qu'il avait bel et bien atteint l'Asie.

VASCO NÚÑEZ DE BALBOA

Vasco Núñez de Balboa serait né entre 1475 et 1477, probablement à Badajoz, en Galice. D'origine noble mais pauvre, il part pour Séville, où il propose ses services à Rodrigo de Bastidas. À la fin de l'année 1501, il s'embarque à destination de la *tierra incógnita*, où il découvre la baie d'Urabá (Colombie) et s'y installe quelque temps avant de rejoindre l'île Española (où se trouvent aujourd'hui la République dominicaine et Haïti). L'Espagnol se voit alors offrir terres et esclaves, et fonde Salvatierra de la Sabana. En 1510, ruiné, il décide de repartir et fonde Santa María la Antigua del Darién, à l'ouest de la baie d'Urabá. En 1511, à la suite à d'habiles manoeuvres, Balboa se fait nommer gouverneur provisoire de la province du Darién et s'engage dans de nombreuses expéditions à la recherche d'or. En août 1513, avec l'aide d'Amérindiens alliés, il entame une longue traversée à la recherche d'une mystérieuse étendue d'eau connue des seuls indigènes. Après une pénible marche à travers la jungle, le 25 septembre 1513, il aperçoit, pour la première fois, l'océan Pacifique. Quatre jours après, à l'âge de 38 ans, Balboa prend officiellement possession de la mer du Sud au nom du roi d'Espagne Ferdinand et de la reine Juana. Francisco Pizarro, alors présent, ne se doute pas du destin extraordinaire qui l'attend. C'est lui en effet qui, naviguant sur le «nouvel» océan depuis le Panamá, va découvrir l'Équateur et le Pérou. En juin de l'année suivante arrive un nouveau gouverneur nommé par la Cour, Pedro Arias de Ávila. Jaloux de la popularité de Balboa, il ordonne bientôt, avec la complicité d'un juge, un procès diabolique pour éliminer son rival. Ainsi, le 22 janvier 1519, le grand explorateur est décapité sur la place publique.

▶▶ ÉCONOMIE ◀◀

La grande activité de la région, c'est l'agriculture, très productive grâce au sol volcanique riche de l'engrais naturel des cendres. Ce même sol est très vulnérable à l'érosion et se dégrade lorsque surexploité, ce qui est le cas sur 40% des terres agricoles. On y produit ce qui est susceptible d'exportation (coton, café, bananes, sucre, viande...). Les pays centraméricains ont essayé de diversifier leurs cultures pour cesser d'être esclaves des cours internationaux d'une seule denrée, cours fixés par Londres ou New York. L'élevage de bovins tient une place appréciable dans l'économie de la région. C'est pour cette raison que les forêts ne couvrent plus que 30% du territoire, alors qu'elles comptaient pour 70% il y a un demi-siècle.

L'économie en est ainsi désarticulée et ressemble énormément à une économie colonialiste. De grandes familles ne sont grandes que parce qu'elles possèdent d'énormes domaines et disposent d'un bassin de main-d'oeuvre qui n'a d'autre lieu où aller travailler. Un bon terrain assure un minimum de survie, mais une très faible proportion de la population possède une très grande proportion de territoire, ce qui perpétue le rapport à la richesse. Économie et politique s'entendent très bien, et bon nombre de propriétaires terriens n'hésitent pas à aller danser dans l'arène politique pendant que le taureau des pauvres sue à grosses gouttes. Quelques gouvernements ont bien tenté des réformes agraires. Mais lorsqu'elles sont trop défavorables à ceux qui ont tout (y compris du pouvoir), un coup d'État ou une guerre civile soudainement éclate. Ainsi, au Guatemala, en 1954, le gouvernement Arbenz redistribuait les terres inutilisées des domaines de plus de 200 ha. Une indemnisation était même prévue pour les propriétaires à qui l'on «arrachait» la terre. Le problème, c'est que cette indemnisation était basée sur les déclarations fiscales des propriétaires, lesquelles étaient toutes plus sous-estimées les unes que les autres. Bref, les compensations étaient faibles et la compagnie américaine United Fruit voyait 85% de ses terres disparaître, ce qui la convainquit de faire pression aux USA. La CIA organisa un coup d'État depuis le Honduras et Arbenz démissionna, laissant place à la répression pendant une trentaine d'années. Cette même répression serait responsable de 200 000 morts selon l'évêque de Ciuda Guatemala, assassiné en avril 1998 pour l'avoir dit tout haut. Quand on assassine les prêtres, c'est qu'il y a quelque chose de louche: on ne veut pas qu'ils diffusent la vraie «bonne parole».

Comme la population est majoritairement rurale, les centaines de milliers de sans-terre sont à la merci des dizaines de proprios. Certains paysans pauvres doivent louer l'emplacement qu'ils occupent avec leur famille sur la terre de leur propriétaire. Et comme leur salaire ne suffit pas, ils passent leur vie à rembourser la dette envers le patron, reconnu pour sa générosité de crédit...

En gros, le fossé entre les riches et les pauvres est beaucoup plus large qu'en Occident. Il ne faudra pas s'étonner de croiser sur sa route l'expression de cette pauvreté sous forme de bidonvilles. Il y a longtemps que l'Occident a affublé ces pays de l'étiquette «en voie de développement» sans qu'aucun problème de conscience surgisse. C'est le genre de paradoxe dont les intellos raffolent de parler... autour d'un café... dont les grains proviennent d'Amérique centrale. Amère América, chantait l'autre.

⏭ ARTS ⏮

Terre d'accueil, terre d'exil. L'acclimatation et le déchirement de l'exode ont toujours été les thèmes d'inspiration de la culture centraméricaine. Population à la recherche d'une identité au carrefour de l'héritage espagnol, du passé autochtone et du géant américain, l'Amérique centrale s'est servie des médias culturels pour exprimer ses sentiments. Le mélange «Noirs-colons espagnols-Amérindiens» a permis la rencontre de toutes les influences qu'on trouve présentes dans l'art du sous-continent.

Bien sûr, on parle ici de pays en voie de développement, donc de pays aux budgets culturels maigrichons, quand ils existent tout court. Si la littérature et la peinture ne demandent pas d'énormes moyens financiers dans leurs productions, le cinéma, en revanche, exige de gros investissements. Bref, comme partout ailleurs, on achète les films américains!

Mais qui dit art, dit aussi politique. Et de ce côté, l'Amérique centrale n'est pas en reste. Dans les années quatre-vingt, un bastion socialiste prend naissance en Amérique, en l'occurrence au Nicaragua. S'installe alors, particulièrement dans la capitale, un foyer d'échanges d'idées, de débats et de foisonnement artistique. Intellectuels, artistes et réfugiés politiques se rencontraient aux cafés du Barrio Martha Quesada (à Managua) dans un véritable bouillon de culture. En effet, bon nombre de militants de gauche, constamment harcelés par les autorités de leurs pays, trouvaient, en se réfugiant ou en émigrant au Nicaragua, cette terre d'acceptation et de liberté. Aujourd'hui, l'intensité s'est affaiblie (et les socialistes ne sont plus au pouvoir), mais on peut parfaitement sentir les parfums du passé.

Les tensions politiques ont évidemment amené une nouvelle dose d'inspiration aux artistes d'Amérique centrale. Et cette inspiration devenait d'autant plus grande qu'artistes et intellectuels étaient souvent victimes de censure. Plusieurs choisirent de s'expatrier de leur plein gré pour éviter la répression. Nouvel exode, nouvelle inspiration et retour des thèmes qui façonnent l'identité de la région.

⏭ POPULATION ⏮

Les montagnes qui séparent le sous-continent en deux font également en sorte que 80% de la population vit du côté du Pacifique. Les Espagnols ne se sont pas occupés des terres donnant sur l'Atlantique. Résultat : une population de descendance afro-caraïbe peuple cette région.

Avec 50% de population rurale, l'accès à la terre en Amérique centrale signifie souvent la survie. Or l'héritage colonialiste, fondé sur l'exploitation de son prochain, n'est pas encore disparu. Une minorité possède une grande partie des terres cultivées. Une sorte d'esclavagisme légal s'installe où les paysans n'ont nulle part où travailler. En plus d'être sous-payé, leur emploi est parfois saisonnier. Et dans les pires cas, les paysans doivent payer pour l'emplacement qu'ils occupent avec leur famille sur la terre du propriétaire. Évidement, le coût de location, pour des raisons évidentes de monopole, est très élevé, ce qui empêche le paysan d'accumuler ne serait-ce qu'un peu d'argent. Son salaire lui permet de rembourser ce qu'il doit pour la location.

Sans être la règle, ces situations sont tout de même très présentes. Ce qu'on essaie de dire, au fond, c'est que le paysan d'Amérique centrale qui vous semble si doux et si humble ne l'est pas par choix. Qu'on se le dise!

Comme on s'en doute, les gouvernements qui proposent des réformes agraires doivent presque toujours plier l'échine face aux multinationales étasuniennes.

En plus de ces conditions, il y a les récents conflits politiques et militaires qui ont chassé des milliers de familles de leurs villages. Un flot de réfugiés, principalement du El Salvador, du Guatemala et du Nicaragua, a fui les troubles de ces pays vers des terres plus paisibles. Avec tout ce qu'ils ont vécu, ces gens-là n'en demandent pas beaucoup. Cette simplicité fait leur beauté, mais on ne peut passer sous silence les causes de cet état de fait.

OURAGAN MITCH

Au moment de mettre sous presse, la nature déverse sur l'Amérique centrale la pire tempête qu'elle ait jamais connue. On parle déjà de l'ouragan Mitch comme le plus dévastateur de toute l'histoire de la région. Soubresaut d'El Niño ou résultat des transformations climatiques causées par la pollution? Une chose est sûre : on compte 11 000 morts et 19 000 disparus après une semaine, les coulées de boue ont laissé le pays exsangue avec des centaines de ponts balayés, des villages effacés et 70% des récoltes et des infrastructures routières du Honduras et du Nicaragua qui n'existent plus. Certains parlent d'un bond de 30 ans en arrière effectué en une semaine. Pendant cette semaine-là, il est tombé plus d'eau que dans les 20 dernières années. L'aide internationale s'organise, mais les pénuries commencent déjà. Mitch a frappé surtout sur les côtes atlantiques du Honduras et du Nicaragua, avec des vents atteignant les 290 km/h! Or il faut savoir que les côtes atlantiques sont isolées et ne sont accessibles que par bateau ou avion. Avec la demi-douzaine de vieux hélicoptères disponibles, on s'imagine assez rapidement l'urgence pour les pays riches de fournir le matériel adéquat (nourriture, vêtements...) aux trois millions de sans-abri.

«Le problème, ce ne sont pas les morts. Ils sont bel et bien morts. Le problème, ce sont les vivants. À quoi travailleront-ils? Où vivront-ils? Que mangeront-ils?» a indiqué un ancien ministre costaricien. Quand on sait que les trois quarts de la population du Honduras et du Nicaragua vivaient déjà sous le seuil de la pauvreté, on comprend ses préoccupations. Avec des taux de chômage atteignant respectivement 53% et 30%, le Nicaragua et le Honduras ne sont pas au bout de leurs peines. En plus, une sécheresse de quatre ans avait précédé l'arrivée du cyclone. De nombreux habitants s'étaient installés près des rives du Río Coco, qui marque la frontière entre les deux pays. Ce cours d'eau est passé d'une largeur de 100 m à 2 km en trois jours, emportant tout sur son passage, mêlant les eaux usées à celles du fleuve et créant les ingrédients propices au développement d'une épidémie de choléra. On dit que les dégâts au Nicaragua sont supérieurs à ceux causés par le tremblement de terre de 1972 et la guerre civile qui ravagea le pays à l'époque. Nul doute qu'il nous est impossible d'évaluer l'ampleur des dégâts. Soyez indulgents envers les changements aux adresses causés par ce cataclysme, mais ayez surtout en tête que le paysage et les gens que vous verrez viennent de subir une (autre) grande épreuve.

Cela étant dit, la population est en général accueillante, pacifique et compréhensive. On la comprend. Avec autant de déchirements et d'épreuves du genre, on apprécierait, nous aussi, le bonheur des choses simples.

RENSEIGNEMENTS GÉNÉRAUX

Tableau des distances (km)
Par le chemin le plus court

							Belize City (Belize)
						1139	Colón (Panamá)
					1293	262	Ciudad Guatemala (Guatemala)
				534	762	432	Managua (Nicaragua)
			828	1359	66	1205	Ciudad de Panamá (Panamá)
		525	342	**869**	464	769	San José (Costa Rica)
	688	1179	353	181	1114	221	San Salvador (El Salvador)
209	569	1018	234	362	952	200	Tegucigalpa (Honduras)

Exemple : La distance entre Ciudad Guatemala et San José est de 869 km.

▐▐▐▐▐ C'est connu, la logistique en emmerde plus d'un. Pour ne pas vous faire prendre au dépourvu, nous avons regroupé dans cette section les technicalités concernant l'argent, les douanes, les aéroports, etc.

⏭ FORMALITÉS D'ENTRÉE ⏮

Chaque pays a sa propre façon de gérer le trafic dans son territoire. Et pour compliquer les choses un peu, les documents varient selon l'origine du *gringo* en visite. Document essentiel: le passeport. En cas de perte, il faut aviser votre ambassade la plus proche pour en obtenir le remplacement. Afin d'accélérer ce fastidieux contretemps, on conseille à tous d'effectuer des photocopies de tous les documents officiels, d'en garder une copie sur soi, et d'en laisser une autre chez un ami ou un parent à la maison, que vous pourrez joindre au téléphone en cas de perte de l'original et de votre copie (placé ailleurs dans vos bagages) (ouf!).

DOCUMENTS REQUIS SELON VOTRE PAYS D'ORIGINE

	Canada	États-Unis	France, Suisse Belgique	Durée de séjour
Guatemala	passeport carte de tourisme	idem	idem visa	30 jours
Belize	passeport	idem	idem	30 jours
Honduras	passeport	idem	idem	180 jours
Salvador	passeport, visa, carte de tourisme	passeport, visa	passeport France: visa	90 jours
Nicaragua	passeport, visa	passeport	passeport France: visa	90 jours
Costa Rica	passeport	idem	idem	90 jours
Panamá	passeport, carte de tourisme	idem	idem	30 jours

Les cartes de tourisme sont émises soit sur place ou soit à l'avance via l'ambassade. Si vous arrivez par la frontière terrestre, il est recommandé d'avoir en votre possession tous les documents nécessaires. Sur un vol nolisé allant au Nicaragua, la carte de tourisme remplacera le visa, et son formulaire vous sera remis dans l'avion ou à votre arrivée à l'aéroport. Enfin, ceux qui désirent prolonger leur séjour n'ont souvent qu'à sortir du pays visité pendant 72 heures avant de se soumettre aux mêmes procédures d'entrée une seconde fois. Il est aussi bon de savoir que, si les douaniers salvadoriens vous trouvent trop crottés, ils ne vous laisseront pas fouler le sol de leur pays...

Comme ces informations changent souvent, on vous demande de les confirmer avant votre départ auprès des ambassades étrangères le plus près de chez vous. Et ce, pour éviter tout surprise.

▶▶ AMBASSADES ÉTRANGÈRES EN AMÉRIQUE CENTRALE ◀◀

Canada
(au Belize)
83 North Front St.
☎02-31-060

(au Guatemala)
71 Av. 71-59, Z-9
☎02/321-411

(au Honduras)
Edificio El Castano
Blvd. Morazán
☎31-4538

(au Salvador)
Av. Las Palmas
Colonia San Benito
☎279-3290

(au Nicaragua)
Casa Nazareth Cortado Oeste
☎268-0433

(au Costa Rica)
Calle 3/Av. 1
☎55-35-22

(au Panamá)
Calle Manuel M. Icaza
Aero Peu, piso 5B
☎264-7014

États-Unis
(au Belize)
29 Gabourel Lane
☎02/77-161

(au Guatemala)
Av. La Rêforme
7-01, Z-10
☎02/311-541

(au Honduras)
Av. La Paz
☎32-3120

(au Salvador)
25 Av. Norte 1230
☎226-7100

(au Nicaragua)
Km 4,5 Carretera Sur
☎02/660-010

(au Costa Rica)
Pavas
☎20-39-39

(au Panamá)
Calle 37/Av. Balboa
☎27-1777

France
(au Guatemala)
Immeuble Marbella
16ᵉ rue-4.53 zone 10
Apartado 1252
☎337-3639

(au Honduras)
337, Av. Juan Lindo, AP 3441
Colonia Palmira
☎36-6800

(au Salvador)
la Calle Ponient
Colonia Escalón
Apartado Postal 474
☎279-4016

(au Nicaragua)
Iglesia El Carme, à une rue
et demie. Abajo Managua.
☎22-6615

(au Panamá)
Plaza de Francia AP 869
☎28-7824

(au Costa Rica)
En Curridabat Del Indoor Club
200 Sur, 50 Oeste. BP 10177
1000 San José
☎225-0733

Toutes les ambassades sont situées dans les capitales, sauf au Belize où la capitale a été déplacée à Belmopan pendant que les paresseuses ambassades demeuraient à Belize City.

▶ RENSEIGNEMENTS TOURISTIQUES ◀

Nul doute que l'industrie touristique compte pour beaucoup dans la balance commerciale de la région. Toutefois, on ne peut pas dire que les infrastructures de diffusion de l'information aient atteint leur vitesse de croisière dans certains pays. Souvent, les auberges de jeunesses et les autres endroits où vous rencontrerez d'autres aventuriers téméraires, sauront vous nourrir de rumeurs sur les attraits chauds du moment, grâce à l'antique moyen de communication que constitue le bouche-à-oreille.

Voici le nom des principaux diffuseurs où vous pourrez débuter vos recherches.

Belize: Belize Tourism Industry Association, 99 Albert St., Belize City. ☎02/75-717 ou Belize Tourist Bureau, 83 North Front St, PO Box 325, ☎02/73-255.

Guatemala: INGUAT (Instituto Guatelmateco de Turismo) Dans la capitale, ☎832-0763. Vous en trouverez un dans les grandes villes et dans les aéroports.

Salvador: ISTU (Instituto Salvadoreno de Turismo). Bureau dans la capitale seulement. Blvd del Hipódromo 508, Col San Benito, ☎243-0427, ⟿278-7310.

Honduras: IHT (Instituto Hondureño de Turismo). Bureaux dans les principales villes. Edificio Europa, Avenida Ramón E Cruz y Calle Rep. de México, Piso 3, ☎224-002, ⟿382-102.

Nicaragua: INturismo. Bureaux à León et à Managua. Pour peu de sous, vous pouvez vous procurer le *Guía Fácil*, petite publication qui raconte ce qui se passe dans le pays. Le ministère du Tourisme est situé à une rue à l'ouest de l'hôtel Intercontinental, ☎281-337, ⟿381-187.

Costa Rica: ICT (Instituto Costarricense de Turismo), bureau principal à San José, ☎1-800-012-3456. Personnel qualifié (denrée rare) et cartes gratuites (bis).

Panamá: IPAT (Instituto Panamenco Autonomo de Turismo), bureau principal dans la capitale. Malheureusement très peu d'informations réellement utiles aux globe-trotteurs. ☎226-7000, ⟿226-2544.

▶▶ AÉROPORTS ◀◀

Les pays d'Amérique centrale ont tous un aéroport international situé non loin de la capitale. Bureaux de change et comptoir d'appels téléphoniques internationaux y sont généralement présents. Si un bureau de change n'existe pas dans un aéroport, vous pourrez généralement vous en tirer avec de l'argent américain en espèces (curieusement, l'usage de ces billets semble déborder les simples frontières de l'empire étasunien...).

Belize: situé à 15 km de Belize City. Une navette assure un service aux heures. La navette fait le trajet inverse en partant de Belcan Bridge.

Guatemala: l'aéroport La Aurora est accessible pour peu de sous en bus et à partir du centre-ville. Prendre le 5 ou le 83 quand vous venez de l'aéroport. Dans l'autre sens, on les prend dans la Zona 1 sur les Avenidas 4a ou 10a.

El Salvador: le microbus Acacya quitte l'aéroport quatre fois par jour vers la capitale. Le trajet dure 45 min et vous coûtera beacoup moins cher qu'en taxi.

Honduras: situé à 7 km. On y accède par le bus Río Grande, qui part de l'Avenida Gutemburg. De l'aéroport vers Tegucigalpa, c'est le bus Las Lomas qu'il faut prendre.

Nicaragua: l'aéroport Augusto Sandino est situé à une dizaine de kilomètres du centre-ville. Le taxi est habituellement le moyen de transport idéal. Les bus qui passent devant sont moins chers, mais la clientèle qui l'utilise n'a pas le sou et ne se gênera pas pour vous en subtiliser: à éviter! Si vous tenez à prendre le bus quand même, vous devez prendre un de ceux qui arrivent d'une ville voisine comme Tipitapa, sécurité oblige.

Costa Rica: de San José, c'est le bus pour Alajuela qui vous fera le moins délier les cordons de votre bourse (il passe devant l'aéroport). Pour 10 fois plus cher, les taxis se feront un plaisir de vous faire franchir les 16 km séparant l'aéroport de la ville.

Panamá: à 26 km au nord-est de la capitale se trouve l'aéroport international Tocumén. Une navette très lente effectue le trajet à intervalles réguliers. Elle est souvent très bondée. Un bon compromis consiste à partager un taxi *colectivos* avec d'autres voyageurs. Il faut, dans ce cas, le mentionner au chauffeur, qui essaiera, le cas échéant, de faire payer à chacun le plein tarif.

Notez bien que les bus urbains roulent comme partout, c'est-à-dire le jour seulement, et que certains aéroports ne sont pas équipés de consignes pour les bagages ou encore de téléphones pouvant effectuer des communications outre-mer... mais tous sont des aéroports internationaux!

▶▶ DOUANES ◀◀

Généralement, on doit avoir un permis pour introduire au pays des armes à feu ou des animaux. Les législations varient selon les États, et pour ne pas perdre de temps, on recommande de laisser grenades, hamsters et autres à la maison. Quant au reste, le vieux proverbe latino-américain *de lo bueno poco*, équivalent à *la modération a bien meilleur goût*, résume bien la prudence de mise.

▶▶ DÉPLACEMENTS ◀◀

autobus

Sans contredit le moyen de transport par excellence pour le voyageur sans le sou. Les bus vont partout, y compris dans les ravins, et vous ouvriront leurs portes même si la capacité offerte a déjà été triplée. Rien de tel qu'une balade à travers la jungle sur le toit d'un vieux bus Mercedez orange. Vous devez vous attendre, somme toute, à un confort minimal, à la compagnie d'animaux multiples, à un chauffeur qui s'arrête là où bon lui semble (arrêt ou pas arrêt), à la climatisation parfois excessive (quand il y en a), aux films américains à tue-tête et aussi à des tarifs spécialement adaptés à la bourse potentielle des blancs-becs. Ceci est le pire des cas, et il survient bien rarement. Toutefois, si c'est trop rock-and-roll, renseignez-vous, car en certains endroits, il y a deux classes de bus. Et deux classes de prix aussi.

voiture

Qui dit voiture dit argent. Gardez en tête que les tarifs sont plus avantageux dans les grandes villes qu'à l'aéroport, où le monopole fait bien souvent la loi. Vous obtiendrez aussi des tarifs plus avantageux auprès des centres de réservations internationaux en téléphonant au moins deux semaines à l'avance. Demandez une confirmation par fax. Un 4x4 demeure idéal, qui vous permettra d"aller sur les chemins de terre, sauf pendant la saison des pluies. Et son prix double par rapport à celui de la voiture standard.

train

Moins cher que le bus. Bien habile serait celui qui pourrait trouver un autre avantage aux chemins de fer en Amérique centrale. Très lents et en retard par définition; on reste surpris de ne pas les voir fonctionner au charbon. Ceci dit, si le temps ne presse pas, c'est un moyen agréable de traverser une portion de territoire sous une perspective différente. Le territoire desservi est minuscule, encore faut-il qu'il y ait territoire desservi, car le train n'existe pas plus au Belize qu'au Salvador et, dans d'autres pays, il ne sert qu'exclusivement au transport des bananes et des ouvriers des plantations. Certains pays n'ont qu'une seule locomotive dans leur «flotte».

moto

Il est préférable de les louer dans les grandes villes pour obtenir les meilleurs tarifs. Assurez-vous du bon fonctionnement de l'engin avant de le louer. Le problème vient du fait que, lorsqu'un bris mécanique survient et que vous êtes loin de la capitale, les infrastructures qui pourraient vous donner des pièces de rechange sont tout simplement inexistantes.

bicyclette

Moyen de transport honorable pour la santé du corps et celle du porte-monnaie, le vélo offre aussi l'avantage d'être un objet sympathique. Beaucoup de gens seront intrigués par votre périple et vous pourrez engager de bons dialogues, permettant à la dimension humaine d'un pays de se manifester. Soyez autonome en mécanique de rechange, surveillez les régions montagneuses où l'altitude peut venir vous couper le souffle deux fois plus vite, et tout devrait bien aller. Inutile d'ajouter que jungle et vélo ne font pas bon ménage, car ici les sentiers battus ne le demeurent que très peu de temps.

bateau

Quelques traversiers assurent certaines liaisons, principalement sur la côte atlantique allant du Belize au Panamá. Très peu de routes s'y rendent, ce qui explique pourquoi de nombreux villages ne sont accessibles uniquement par la voie des airs ou des mers.

avion

Ce moyen de transport s'avère toujours dispendieux mais pratique pour ceux qui sont pressés et veulent absolument voir, par exemple, les ruines de Tikal au Guatemala, ou Bluefields, sur la côte atlantique nicaraguayenne. On divise souvent par 12 le nombre d'heures consacrées au transport en passant du bus à l'avion. Voici les numéros de téléphone pour les horaires et les prix des vols intérieurs de chaque pays. Cette liste ne comprend pas tous les transporteurs offrant un service intérieur national, donc ne pas hésiter à faire son propre magasinage...

Belize: Maya Airways, 6, Forth St, ☎02-357-945, ✉02-305-85.
Guatemala: Aviateca, Calle 10,6-30, Zona 1, ☎238-1415.
El Salvador: Transportes Aeroes de El Salvador, Edificio Caribe, Plaza Las Américas, ☎298-5066.
Honduras: Taca, Centro Comercial Prisa, Blvd Morazán, ☎532-6469.
Nicaragua: Nica, Plaza España, ☎663-136.
Costa Rica: Sansa, Paseo Colón, Calle 24, ☎221-9414.
Panamá: Copa, Avenida Justo Arosemana et Calle 39, ☎227-5000, ✉227-1952. Aeroperlas ☎263-5363, apflyap@aeroperlas.com.

Ceux qui voyageront longtemps, et qui désirent bouger en avion, seront intéressés d'apprendre qu'une Visit Central America Airpass existe. Elle se compose d'un complexe système de zones allant des États-Unis à l'Amérique du Sud. Selon la durée de votre séjour et le nombre de coupons, la passe coûte entre 300$ et 1400$. On se renseigne avec les représentants des compagnies

Taca (Amérique du Nord: 1 800 255-8222, France: 01 44 51 01 64), Lacsa, Nica ou Copa.

auto-stop

Les règles du gros bon sens s'appliquent ici. Exemple: une femme qui voyage seule ne devrait pas tenter l'expérience. Dépendant des régions, votre pouce pourra vous faire franchir des kilomètres au soleil dans la caisse d'un camion. Au Nicaragua, la population fait beaucoup de pouce et les chauffeurs s'attendent à une contribution financière de votre part.

⏩ ARGENT ⏪

Le chèque de voyage en dollars US est votre meilleur atout. Ces chèques sont échangeables dans les grandes banques (qui se prennent, au passage, une légère commission) et dans certains lieux hautement touristiques. On peut aussi les échanger dans des bureaux de change là où ils existent. La monnaie des pays se divise en 100 sous-unités. Voici la liste des noms de monnaie par pays et leurs valeurs pour un dollar US au 1er novembre 1998.

Si vous vous éloignez d'une grande ville, prévoyez avoir assez d'argent local jusqu'à votre retour dans un grand centre. À cause des dangers de fraude, plus d'une banque risque de vous demander les reçus de vos chèques de voyage. Conservez-les dans un endroit différent que celui où vous gardez vos chèques; ainsi, si vous les perdez, vous aurez encore ces informations précieuses. Pour encore plus de sécurité, il est tout indiqué d'inscrire les numéros de série ailleurs dans vos bagages pour pouvoir les communiquer efficacement en cas de perte. Il y a toujours aussi des changeurs de rue qui acceptent parfois vos chèques. Soyez au courant des taux en vigueur avant d'effectuer vos transactions, car ils profitent parfois de l'ignorance du visiteur. Les taux changent parfois rapidement, donc soyez sur vos gardes si un changeur, particulièrement à la frontière, tient à tout prix à profiter de votre innocence en vous disant qu'il veut vous faire profiter des meilleurs taux (il ne précisera pas qu'il s'agit d'un taux d'arnaque). Les changeurs de rue peuvent parfois s'avérer carrément malhonnêtes et prestidigitateurs... Si vous ne revenez pas dans un pays par la suite, mieux vaut changer l'argent qu'il vous reste de ce pays à la frontière, à moins de vouloir bâtir une collection.

◀▶ CARTE DE CRÉDIT ◀▶

Les grands centres touristiques et urbains acceptent les cartes Visa et MasterCard pour des avances de fonds à la banque ou dans un guichet automatique. Quant à American Express, son prestige ne semble pas déborder de ses publicités, et vous devrez chercher plus longtemps en vue d'obtenir un quelconque avantage. Les hôtels et restaurants les plus chers seulement acceptent les cartes de crédit. Malgré cette restriction, il serait des plus pratiques que vous planifiez à l'avance et demandiez une carte de crédit. Les cartes de guichets automatiques affiliées aux réseaux Plus, Cirrus ou Interac vous permettent de retirer des fonds sur place à partir de votre compte de banque.

◀▶ DÉCALAGE HORAIRE ◀▶

Tous les pays d'Amérique centrale sont dans le même fuseau horaire, sauf le Panamá qui s'étire vers le soleil levant et ainsi gagne une heure sur les autres. Il faut avancer sa montre d'une heure quand on pénètre dans ce pays. Dépendant du moment de votre visite, si vous partez de la côte est nord-américaine (Montréal, New York...), vous n'aurez qu'une heure ou deux de décalage à subir. Rien de mortel.

◀▶ ASSURANCES ◀▶

La seule véritable assurance à considérer lors d'un périple en Amérique centrale, est l'assurance-maladie. Même une vaccination avant votre départ ne vous garantit pas une santé de fer. Dans la plupart des cas, si vous tombés malades, on exigera que vous défrayez les coûts sur-le-champs. Vérifiez à l'avance si votre assurance peut vous rembourser de tels services et assurez-vous de bien conserver les reçus et documents qui seront assurément exigés par l'assureur. Garder aussi une copie de votre police d'assurance sur vous en tout temps.

◀▶ SÉCURITÉ ◀▶

Même si les femmes ne font pas de pouce, elles ne devraient pas se promener seules la nuit, spécialement dans les quartiers mal famées de Panamá City, Colón et Belize City. Des rencontres aux inconvénients indésirables pourraient survenir. Plusieurs pays ont des politiques antidrogues assez sévères, envers lesquelles même votre ambassade ne pourra pas influencer quoi que ce soit.

Surtout, il ne faut pas en acheter dans les grandes villes ni jouer à *Midnight Run*, foi de l'auteur.

▶▶ TÉLÉCOMMUNICATION ◀◀

Chaque pays a sa compagnie de téléphone et de poste, nationale ou privatisée, dépendant des cas. On trouve des succursales dans toutes les villes de moyenne et grande envergures. On se renseigne sur place pour les tarifs, qui demeurent élevés pour les communications internationales. L'efficacité de la poste laisse à désirer selon le pays, donc ne soyez pas surpris si une lettre envoyée arrive dans les mains de vos amis après votre propre retour. Si elle arrive tout court! Pour ce qui est du téléphone, il est toujours possible de faire des appels à frais virés en passant par l'opératrice. Cette démarche peut être cependant autant fastidieuse qu'onéreuse. Les téléphones publics des villes sont les endroits tout indiqués pour tenter sa chance. Le service Direct est offert dans tous les pays. Il s'agit d'un système qui vous permet de composer un numéro vous donnant accès au réseau téléphonique de votre pays (par exemple, du Costa Rica: Canada Direct 0-800-015-1161 et France Direct 0-800-033-1033). Vous faites ensuite le numéro que vous désirer rejoindre. On trouve la liste de ces numéros d'accès dans la plupart des bureaux de téléphones. Quelques hôtels ont la liste des numéros appartenant au système Direct. Il est parfois possible de l'utiliser sans passer par l'opératrice et directement à partir d'une cabine téléphonique.

▶▶ ATTRAITS TOURISTIQUES ◀◀

(Z) cet icône indique que l'attrait ou le parc est un incontournable.

▶▶ HÉBERGEMENT ◀◀

petits hôtels

La formule budget par excellence. *Hospedaje*, *pensión*, *posada*, on les retrouve dans tous les villages et toutes les villes, à côté de la place centrale de l'agglomération, ce qui en fait un point de départ parfait. Elles ont souvent un caractère familial qui vous rapproche encore plus du milieu culturel nouveau dans lequel vous vous trouvez. Les prix et le confort varient d'un endroit à l'autre, mais la logique de base oblige le visiteur à cibler moustiquaires (sans trou) et ventilation adéquate avant de signer pour la chambre. Pour certains hôtels haut de gamme et de réputation, il peut être préférable de réserver à l'avance durant la haute saison (décembre à mars).

Avertissement: on repère les hôtels de passe à leurs tarifs à l'heure. Plusieurs hôtels en Amérique centrale sont des hôtels de passe où l'on risque de ne pas dormir tranquille.

auberges de jeunesse

Le réseau des auberges de jeunesse est présent, mais pas partout. Certaines auberges font partie du réseau mondial, alors que d'autres semblent ignorer qu'un tel réseau existe. Si elles font partie du réseau, ces auberges vous garantissent des infrastructures conformes aux exigences de l'association. Les autres auberges sont généralement appréciables, mais n'auront pas nécessairement un salon collectif ou une cuisine accessible à tous, comme celles du réseau. On y dort dans les deux cas habituellement dans des dortoirs, souvent unisexes. Mais une auberge de jeunesse, c'est principalement l'endroit rêvé pour rencontrer d'autres voyageurs (étrangers ou de son pays) et se renseigner sur les points chauds du moment. Des babillards très instructifs sur des programmes d'échange ou de travail, ainsi que sur des expéditions envisageables à travers le pays, sont situés près des comptoirs où l'on paie son lit.

camping

Option *cheap* sans l'ombre d'une hésitation, le camping offre l'avantage ou le désavantage de ne pouvoir se pratiquer qu'en dehors des villes. À l'écart des villages, on retrouve parfois un terrain où l'air est meilleur et duquel on peut facilement marcher pour faire ses emplettes, bouffer, etc. On s'en tire aussi sans trop de problème si l'on dort sur la plage dans un endroit isolé. Les installations comme telles sont rares, mais vous pouvez trouver un terrain et demander au propriétaire de la terre si vous pouvez y planter votre tente. Soyez vigilant et ne campez surtout pas dans le parc d'un centre-ville...

▶▶ RESTAURANTS ◀◀

Même en Amérique centrale, il y a des restaurants chinois. En fait, dans les capitales et les grandes villes, vous trouverez de tout pour tous. Le milieu rural, par contre, laisse l'avant-scène aux plats typiques nationaux où fèves et fritures font la loi.

⏮ ÉTUDIER EN AMÉRIQUE CENTRALE ⏭

Plusieurs options s'offrent à l'étudiant désirant parfaire son éducation à l'étranger. Il peut soit se rendre directement à l'université et s'informer sur les possibilités qui lui sont compatibles. Toutefois, il est recommandé de consulter l'internet pour avoir une idée de la brochette de programmes offerts. Il peut aussi explorer les programmes d'échanges à partir de l'université où il a commencé ses études, dans son pays d'origine. Enfin, il peut s'inscrire à un cours intensif d'apprentissage de la langue du pays visité, la plupart du temps via une école privée. Antigua, au Guatemala, jouit, dans cette perspective, une renommée internationale. On y retrouve plus de 60 écoles, dont l'Alianza Lingüística Cano, P.O. Box 366, ☎832-2377.

⏮ TRAVAILLER EN AMÉRIQUE CENTRALE ⏭

En ce qui concerne le travail rémunéré en Amérique centrale, il vous faudra, vous aurez deviné (oh surprise!), un permis. Et pour l'obtenir, votre employeur devra confirmer par écrit qu'aucun habitant du pays n'est qualifié pour effectuer le boulot. Bref, si votre boss n'est pas lui-même étranger, bonne chance... Beaucoup d'Occidentaux parviennent à se trouver un poste de professeur d'anglais, mais ce genre d'emploi ne paie que très peu. Il existe aussi quelques programmes volontaires qui offrent gîte et nourriture en échange de votre sueur. On se renseigne sur place par les babillards ou auprès des personnes-ressources des auberges de jeunesse.

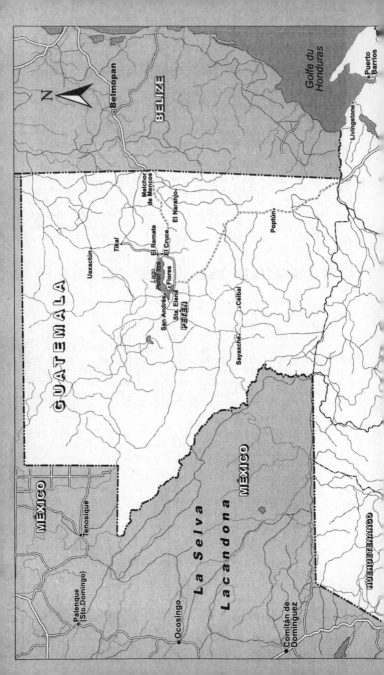

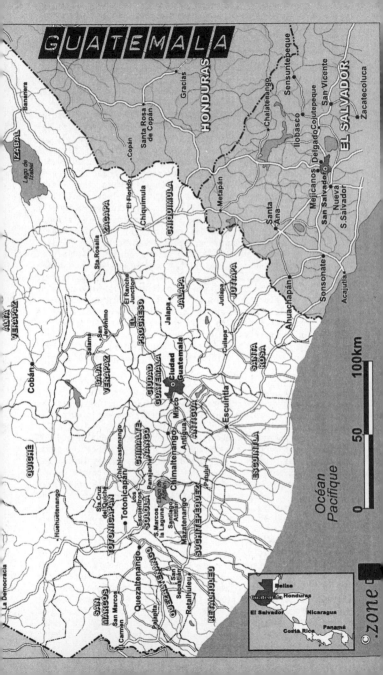

▌▌▌▌▌ Diversité, dites-vous? Si l'Amérique centrale en est le royaume, alors le Guatemala en est la capitale. Les contrastes sont en effet assez frappants ici, à commencer par la population elle-même. Le Guatemala était le coeur de l'Empire maya à l'arrivée des explorateurs européens et la moitié de sa population est encore de descendance indigène, avec une langue et des coutumes particulières. Le paysage n'est pas étranger au fait que ces groupes ont pu garder une bonne partie de leur héritage culturel. En effet, les hautes montagnes de l'ouest du Guatemala ont toujours préservé l'isolement nécessaire, ce qui n'a toutefois pas toujours été garant de paix. On s'en doute, les Amérindiens ont été exploités dès le début, et toutes leurs tentatives de rétablissement des droits et libertés ont vite été rabrouées. En 1954, un président a tenté une vaste campagne de redistribution du territoire au profit des «mal-nantis». Mal lui en prit car la United Fruit, énorme propriétaire affecté par la dite réforme, a réclamé l'aide de la mère patrie, qui prit la décision de faire tremper sa bonne vieille CIA dans le renversement d'une démocratie élue, pavant ainsi la voie à une succession de dictateurs intraitables. Le même coup allait être fait au Chili quelque 20 ans plus tard. Ironie du sort, c'est au Guatemala que Che Guevara fait ses premiers pas de révolutionnaire. Et après le putsch financé par la CIA en 1954 qui balaie ses rêves de justice sociale, le Che poursuit sa route jusqu'au Mexique et fait alors sa première rencontre avec Fidel Castro. Celui-ci prépare alors sa deuxième tentative d'insurrection à Cuba, qui s'avérera fructueuse.

▌▌▌▌▌ Cela dit, les indigènes ont souffert d'une bataille entre les militaires et les groupes révolutionnaires qui se cachaient dans les maquis. Des «escadrons de la mort», mis sur pied par le gouvernement, entraient dans des villages reclus et les effaçaient littéralement de la carte. Pendant 30 ans, plus de 100 000 personnes sont mortes, sans compter les disparitions et les exils volontaires de plusieurs milliers d'autres. Ça, c'est le tableau politique des dernières années. La situation s'est calmée depuis 1994, alors qu'un accord de paix était signé par les principaux intervenants. Le fossé entre riches et pauvres demeure d'une largeur monstrueuse, mais au moins on ne vit plus avec la peur d'être tiré dans le dos ou brûlé vif dans sa propre maison.

▌▌▌▌▌ Au nord du pays, on trouve la vaste région du Petén, immense jungle aux faibles altitudes cachant les plus belles réalisations architecturales de la civilisation maya. Les hauts plateaux du centre-ouest, quant à eux, dépassent les 4 000 m, ce qui en fait les plus hauts sommets de l'Amérique centrale entière. Du côté du Pacifique, la longue côte est peu aménagée et infestée de moustiques, bref peu invitante. En ce qui concerne la petite côte atlantique, c'est un monde en soi, séparé du reste, ne serait-ce que du fait qu'on ne peut l'atteindre qu'en bateau.

Ah oui! détail non négligeable pour le voyageur au budget serré, ce pays est celui qui coûte le moins cher, autant pour les transports que pour l'hôtel, la bouffe et les attraits. On aime rester longtemps au Guatemala.

▶▶ CIUDAD GUATEMALA ◀◀

L'architecture de la capitale est très variée et représente bien les diverses époques qu'elle a traversées depuis sa fondation. Avec ses trois millions d'habitants, la Ciudad Guatemala d'aujourd'hui est la plus vaste agglomération urbaine d'Amérique centrale. Sa croissance démographique a multiplié sa population par 10 en seulement 50 ans et lui a imposé le développement de nouvelles aires plus au sud, où l'on retrouve la zone la plus vibrante d'activités nocturnes, des centres commerciaux, des galeries d'art et des boutiques à la mode. La ville de Guatemala est un centre urbain où se côtoient cultures cosmopolites et cultures traditionnelles, ces dernières survivant étonnamment bien dans les vieux quartiers de la métropole. Elle offre un environnement moderne, luxueux et citadin à l'excès qui contraste avec la vie rurale et plutôt paisible du reste de la république. La ville est séparée en 13 zones; la zone 1 est le coeur commercial et historique, où l'on trouve à la fois les plus vieux édifices et la modernité de la capitale. C'est la zone la plus étendue de la ville, et la majorité des attraits touristiques y sont situés.

Parque Central *(Zona 1)*. En prenant le centre de la ville qu'est le parc comme point de départ dans la capitale, on se plonge dans le dynamisme incessant du moteur du pays. Le parc est entouré de nombreux vestiges du passé tels que la cathédrale, le palais national, la vieille bibliothèque... Et si on s'éloigne du parc, on arrive bien vite face à un marché énorme bouillonnant d'activités et regorgeant des trésors du Guatemala, ce qui donne une petite idée sur les merveilles que le voyageur peut attendre à y trouver de son séjour.

Parque Minerva *(Zona 2)*. Dans le nord de la ville et situé sur des terres de l'Université Mariano Gálvez. Son principal attrait touristique est l'impressionnante carte en relief du Guatemala, **Mapa en Relieve**. Conçue par l'ingénieur Francisco Vela, elle reproduit la topographie du Guatemala sur une échelle de 1/10 000e en surface mais, pour plus d'effet, la hauteur est représentée au 1/2 000e. Inauguré après neuf mois de travaux en 1905, elle donne une idée globale du pays à celui qui vient de débarquer.

Universitad de San Carlos *(Zona 10)*. Fondée par ordonnance royale le 31 janvier 1676 dans la ville d'Antigua Guatemala, elle

DÉTAILS PRATIQUES

Transport: premier arrondissement (*Av.4 et Calle 7, Zona 4*). Au coeur d'un énorme marché très animé. Les autobus partant de cet arrondissement desservent les villes situées à l'ouest et au sud-ouest de Ciudad Guatemala.

Vers Cichicastenango: départs toutes les demi-heures de 5h à 18h. Durée: 3 heures; coût: 1,50$.

Vers La Democracia: départs toutes les demi-heures de 6h à 16h30. Durée: 2 heures; coût: 1$.

Deuxième arrondissement: plusieurs compagnies d'autocars ont leur point de service situés autour de l'angle formé par l'Avenida 10 et la Calle 7.

Vers Cobán: desservie par la compagnie Escobar y Monja Blanca, située au 8 Avenida 15-16, Zona 1. Départs: toutes les heures de 4h à 17h. Durée: 4 heures; coût: 3$.

Vers El Florido et Copán (Honduras): prenez l'autobus qui vous mène à Esquipulas et changez à Chiquimula. Départs de Chiquimula: 7h, 10h et 12h30. Durée: 2 heures.

Vers Esquipulas: Rutas Orientales dessert cette ville. Départs au 19 Calle 8-18, Zona 1, toutes les demi-heures de 4h à 17h. Durée: 4 heures; coût: 4$.

Vers Flores (Petén): vous pouvez utiliser les transports offerts par la compagnie Fuentes del Norte. Départs au 17a Calle 8-46, Zona 1, à 7h30, 11h, 12h, 13h, 15h, 17h et 22h. Durée: 12 heures; coût: 12$.

La compagnie La Petenera (☎232-9658), 16a Calle 10-55, Zona 1, propose des voyages quotidiens dans des autobus de luxe. Coût: 23$.

Vers Huehuetenango: desservie par la compagnie Los Halcones (☎238-1929), située au 7a Avenida 15-27, Zona 1. Départs: 7h et 14h; durée: 5 heures; coût: 3$.

Vers Quetzaltenango: desservie par la compagnie Galgos (☎232-3661). Départs au 7 Avenida 19-44, Zona 1, à 5h30, 8h30, 11h, 14h30, 17h et 19h. Durée: 4 heures; coût: 3$.

Desservie aussi par la compagnie Transport Alamo (☎253-2105); départs au 21a Calle, Zona 1, à 8h, 15h et 17h45.

Vers Río Dulce: l'autocar en direction de Flores s'arrête à Río Dulce. Durée: 5 heures, coût: 6$.

Vers Talismán et El Carmen au Mexique: Galgos (☎232-3661). Départs au 7 Avenida 19-44, Zona 1, à 5h30, 10h, 15h et 16h30. Durée: 5 heures; coût: 4$.

Troisième arrondissement: 20 Calle, angle Avenida Simón Bolívar. Tout près du centre culturel Asturias, dans la Zona 1.

Vers Amatitlán: 20 Calle, angle 2a Avenida. Départs toutes les 30 min de 7h à 19h. Durée: 30 min; coût: 1,50$.

Vers La Mesilla: située à la frontière mexicaine, La Mesilla est desservie par la compagnie Transporte Velásquez. Départ à 8h30. Durée: 8 heures; coût: 5$.

Vers PanajAchel: desservie par la compagnie Rebulli (☎251-3521). Départs du 21 Calle 1-34, Zona 1, toutes les heures de 6h à 16h. Durée: 3 heures; coût: 1,30$.

Vers Antigua: le point de départ pour Antigua est un peu excentré par rapport aux trois arrondissements. La compagnie Transportes Unidos (☎232-4949, 253-6929) effectue ses départs du 15 Calle entre 3a et 4a Avenidas, Zona 1. Départs toutes les 30 min entre 7h et 20h. Durée: 1 heure; coût 0,50$.

Taxis: peu de taxis circulent dans la ville. Il vaut donc mieux téléphoner que d'espérer attraper une voiture à la volée. Taxi Amarilla (☎332-1515) propose ses services à des tarifs plus avantageux que la plupart des autres compagnies.

Argent. Credomatic: 5a Avenida, angle 11a Calle, Zona 1. Permet d'effectuer des avances de fonds sur les cartes de crédits MasterCard et Visa. Conversion de la majorité des devises étrangères. Pour la carte American Express, rendez-vous au **Banco del Café** *(Avenida La Reforma 9-30, Zona 9)*.

Information touristique. INGUAT (Instituto Guatemalteco de Turismo): 7a Avenida 1-17, Zona 4, ☎331-1333.

Courrier. Oficina de Correos: 7a Avenida 11-67, Zona 1.

Téléphone. Guatel: 12a Calle, angle 8a Avenida, Zona 1.

Internet. Café Internet: 5a Avenida, angle 16 Calle, Zona 10.

déménagea à Ciudad Guatemala un siècle plus tard dans un bâtiment de style néoclassique. Les édifices de l'actuelle ville universitaire sont construits dans un style moderne. Le Musée d'histoire naturelle fait partie du département de biologie de l'Université de San Carlos. Un grand jardin botanique est accessible *(Calle Mariscal Cruz 1-56, Z.10)* et se révèle être un véritable îlot de tranquillité dans une ville trop affairée.

Museo Popol Vuh de Arqueología *(Av.4 et Calle 16, no. 27, Z.10)*. Situé dans le complexe culturel du campus universitaire Francisco Marroquín, ce magnifique musée possède une grande collection d'art précolombien et colonial, et une belle réplique du *Codice de Dresde*, un des quatre livres mayas écrits en hiéroglyphes. Le musée Popol Vuh tire son nom du livre sacré des Quichés découvert à Chichicastenago par le père dominicain Francisco Ximénez entre 1701 et 1703. Popol Vuh signifie «Livre du Conseil». La visite complète bien celle du Museo Nacional de Arqueología y Etnología.

Museo Nacional de Arqueología y Etnología *(Av.7 et Calle 6, Z.13)*. Aussi appelé «musée de la Ciudad Guatemala», il est situé dans le parc Aurora et est facilement accessible par transport public. Le Musée national d'archéologie et d'ethnologie du Guatemala possède sans contredit la plus grande collection de sculptures, de pièces de jade et de céramiques de la culture maya. L'organisation des salles s'inspire de l'architecture espagnole coloniale, selon laquelle toutes les pièces s'ordonnaient autour d'une cour intérieure. Installé dans un bel édifice des années trente, il contient des maquettes qui reproduisent les sites de Quirigua, de Zaculeu et de Tikal. Cette dernière est particulièrement impressionnante. Si vous voulez mettre en perspective votre insertion dans la culture maya, il vous faut absolument passer par ici.

Les musées nationaux d'art et d'histoire, de même qu'un zoo, sont situés tout près du parc.

Amatitlán *(à 40 min au sud de la capitale, sur la route CA-9 vers le Pacifique)*. Cette petite ville de quelque 33 000 habitants est située à 30 km de Ciudad Guatemala sur le bord du Lago Amatitlán, au pied du volcan Pacaya. Le lac rivalise avec le Lago de Atitlán comme destination balnéaire auprès des habitants de la capitale. Si la baignade dans le lac n'est pas recommandée, elle l'est dans les eaux thermales des piscines naturelles nichées dans les collines environnantes. La vue à partir du Parque Naciones Unidas, situé à quelques kilomètres sur la pente du volcan Pacaya, toujours actif, est saisissante. Dans le Parque Morazán de la municipalité, il y a un immense ceiba qui vaut le détour. Vous pouvez visiter un petit site maya à 3 km à l'est d'Amatitlán.

Chuarrancho et **San Pedro Ayampuc** *(respectivement à 21 km et à 35 km au nord)*: deux villages cakchiquels, des agglomérations agricoles qui ont gardé leur héritage culturel intact, avec costumes traditionnels et instruments de musique typiques. Peu de touristes fréquentent ces lieux. D'autres villages au même passé culturel sont situés le long de la route 5 en direction de Mixco Viejo. Notons **San Pedro Sacatepéquez** et **San Juan Sacatepéquez**, reconnus pour leur artisanat. Quant à **Mixco Viejo**, il s'agit d'un site archéologique juché dans les montagnes qui comptait 50 000 habitants à l'époque de la Conquête, avec une influence sur toute la région du Pacifique. Il ne résista que peu de temps à Alvarado et aux autres conquistadors qui incendièrent la ville et déplacèrent toute la population. Ruines grandioses.

Ciudad Guatemala

RÊVE

$

Pensión Meza *(12$; 10a Calle 10-17, Zona 1, ☎232-3177)* ▶ Confort de base, mais bonne ambiance et prix imbattable. C'est le rendez-vous des jeunes *backpackers* du monde entier. Un babillard avec plein de messages et d'informations peut être utile à plus d'un baroudeur.

Hotel Lessing House *(12$; 12 Calle 4-35, Zona 1, ☎251-3891)* ▶ Les chambres sont spacieuses et plus propres que la moyenne. Certaines ont aussi un bon degré d'ensoleillement. Moins international que Meza, mais plus tranquille.

Hotel Spring *(16$; 8a Av. 12-65, Zona 1, ☎251-4207)* ▶ Bonne adresse. Malheureusement souvent complet. Il y a toujours de l'eau chaude mais on y sert de bons repas.

Ciudad Guatemala

BOUFFE

Vous trouverez les repas les plus économiques au **Mercado** *(5a Avenida, angle 14 Calle, Zona 1)* du Parque Centenario, où s'étalent une suite de petits comptoirs de nourriture typiquement guatémaltèque. On y propose généralement des menus du jour et des plats à la carte. C'est la meilleure façon de bien manger tout en croquant dans l'atmosphère du pays.

Du côté sud du Parque Centenario se trouve le petit mais couru **Delicatezas Hamburgo** *(15 Calle 5-34, Zona 1)*. On y propose du poulet, des spaghettis, des sandwichs et de bonnes frites.

Ciudad Guatemala

BOUFFE

Les végétariens seront comblés lorsqu'ils trouveront le *comedor* de **Productos integrales Rey Sol** *(8 Calle 5-36, Zona 1)*, situé tout près du Parque Centenario. Le menu du jour propose un plat principal variant selon la saison. Bon endroit pour les fruits et leurs jus.

du monde

La Zona Viva regorge de petits cafés-terrasses somme toute agréables, mais qui ne se distinguent que très peu les uns des autres. Par contre, véritable classique du coin, le **Café de Oro** *(1a Avenida entre Calles 12 et 13, Zona 10)* propose une ambiance de musique rock et alternative. Il s'agit d'un point de rencontre couru par les artistes guatémaltèques de tous les domaines.

La discothèque **Jaguar Disco** du **Camino Real Westin Guatemala** *(Avenida La Reforma et 14 Calle, Zona 10, ☎333 4633 ou 337 4313)* propose une excellente ambiance pour tous les âges. Bon endroit pour se déhancher aux rythmes latin, pop et rock!

Dans la Zona 1, rendez-vous sans faute à la **Bodeguita del Centro** *(12 Calle 3-55, Zona 1, ☎230-2976)*, une boîte à chansons incontournable. Tous les soirs, on y présente des duos de *trova*, un style musical provenant de Cuba et popularisé dans toute l'Amérique latine grâce à Sylvio Rodríguez et Pablo Milanés.

▶▶ L'OUEST DU GUATEMALA ◀◀

Lago Atitlán

S'il est un lieu enchanteur entre tous au pays, c'est la région de ce lac perché à 1 560 m au milieu des montagnes et des volcans, en pleine culture maya. À l'ouest de la capitale, le lac peut sembler facilement accessible sur une carte. Mais qu'on se détrompe! Les lacets routiers n'en finissent plus, et il faut compter un temps de trajet deux fois plus long pour une même distance sur terrain plat. Peu importe, ça vaut le coup. Ici, la nature déploie sa splendeur avec des vagues énormes de verdure qui sont, en fait, des vallées innombrables contrastant avec les sommets des alentours. D'ailleurs, certains sommets dépassent les 4 000 m, ce qui en fait les plus hauts d'Amérique centrale. Entre ceux-ci, les poches de population sont composées à 95% de

DÉTAILS PRATIQUES

Transport: pour vous rendre directement à **Ciudad Guatemala**, un car part à 10h de **Panajachel** et à 10h30 de **Sololá** *(1,75$)*.

La plupart des cars menant à **Panajachel** passent par **Los Encuentros** et par **Sololá**.

Pour quitter Panajachel en autocar, rendez-vous sur la route de Sololá, à l'angle de la Calle Real.

À partir de Panajachel:

Vers Antigua. Durée: 3 heures; coût: 1,50$. Un seul bus par jour fait le trajet sans escale. Sinon, prenez un car en direction de Ciudad Guatemala et transférez à la gare de la capitale.

Vers Ciudad Guatemala. Durée: 3 heures; coût: 1,50$. Il y a des départs toutes les heures à partir de 5h30 jusqu'à 15h. Si vous manquez le dernier départ, prenez un car qui se rend au rond-point de Los Encuentros et tranférez sur place vers la capitale.

Vers Chichicastenango. Durée: 1 heure 30 min; coût: 1$. Il y a des départs toutes les heures à partir de 7h jusqu'à 16h.

Vers Quetzaltenango. Durée: 2 heures; coût: 1,50$. Quatre ou cinq départs par jour à partir de 5h jusqu'en début d'après-midi.

Vers San Lucas Tolimán. Durée 1 heure 15 min; coût: 0,80$. Nombreux départs quotidiens.

Vers la frontière mexicaine (Cocales-El Carmen). Pour vous rendre à la frontière mexicaine via la route du Pacifique, prenez un autocar jusqu'à Cocales (durée: 2 heures; coût: 0,80$). Là, prenez un autre autobus jusqu'à El Carmen. Vous pouvez aussi passer par l'Altiplano, via Quetzaltenango, pour vous rendre à El Carmen.

Bateau: Panajachel dispose de deux quais pour les départs en bateau en direction des villages environnants. Au pied de la côte vers Sololá, un petit chemin de terre mène au premier quai. Voilà le point de départ pour les villages de Santa Cruz (20 min), San Marcos (50 min) et San Pedro (1 heure 10 min). Tous les bateaux partent une fois qu'ils sont pleins et proposent un tarif de 1,75$/pers. pour les touristes étrangers.

À l'autre bout du village de Panajachel, le second quai est le point de départ pour Santiago Atitlán (durée: 1 heure; coût: 1,75$).

En minibus: plusieurs entreprises proposent des correspondances directes depuis Panajachel vers les principales villes du pays. Bien qu'il soit un peu plus cher que l'autocar, ce service s'avère beaucoup plus rapide et sécuritaire. Parmi les entreprises ci-dessous mentionnées, les prix ne varient que très peu de l'une à l'autre.

L'agence **Americo's Tours** *(3-45, Avenida 3, angle Calle Santander, ☎762-2021)* propose des départs confortables en minibus vers Antigua, Chichicastenango, La Mesilla, Cobán, Puerto Barrios et Tikal.

Prix un peu plus élevés que ceux de **Panatours**, située juste en face. Cette dernière accepte les différentes cartes de crédit et permet d'effectuer des avances de fonds sur votre carte.

Servicios Turísticos Atitlán *(3-47, Avenida 3, Zona 2, Calle Santander, adjacent à l'Hotel Regis, ☎762-2075, ☎762-2246)*.

Information touristique: le personnel des bureaux d'INGUAT *(Edificio Rincón Sai, ☎762-1392)* de Panajachel est particulièrement efficace. Vous y trouverez toute l'information nécessaire pour planifier votre visite des différents villages autour du lac.

Banque: pour changer vos devises, effectuer des avances de fonds sur votre carte de crédit Visa et profiter d'un service de guichet automatique ouvert 24 heures sur 24, rendez-vous aux bureaux du Banco Immobiliario *(Calle Santander, angle Calle Real)*.

Téléphone: les bureaux de Guatel se trouvent sur la Calle Santander.

Internet: le **Cafénet Panajachel** *(1,50$; Calle Santander, adjacent au Banco Industrial)* vous permet de vous brancher tant au courrier électronique qu'à l'Internet.

descendants des Mayas. La plupart parlent encore leur dialecte et ne comprennent pas l'espagnol. Bref: bonjour le bain culturel!

Panajachel se présente comme la porte d'entrée pour la majorité des voyageurs qui viennent s'aventurer dans la région du Lago Atitlán. Cette petite ville, située aux abords du Lago Atitlán, grandit à vue d'oeil, ce qui veut dire qu'elle devient de plus en plus touristique. En gros, venez ici pour changer vos chèques et renseignez-vous sur les coins chauds du moment pour aller

rassasier votre âme. Au bout de la Calle Santander s'étend le Lago Atitlán, où vous découvrirez la jolie promenade qui le borde. Empruntez ce sentier sur votre gauche pour vous rendre jusqu'au quai principal.

Santa Catarina Palopó *(à 5 km au sud-est de Panajachel)*. Les tisserandes de ce village, reconnu pour la qualité de ses tissus turquoise aux multiples motifs géométriques brodés à la main, ouvrent gentiment les portes de leurs ateliers aux voyageurs. De Panajachel, il faut une bonne heure de marche pour se rendre jusqu'à Santa Catarina Palopó, ce qui constitue une excellente excursion d'une demi-journée. Santa Catarina est un charmant petit village à flanc de montagne.

Sololá *(à 8 km de Panajachel)* est la capitale du département du même nom, qui englobe toute la région du Lago Atitlán. Cette petite ville est surtout prisée pour son marché, qui se tient les mardis et vendredis. Il a la particularité de ne pas s'adresser aux touristes, mais bien à la population locale et aux marchands et producteurs de l'Altiplano. La route qui y mène regorge de points de vue à couper le souffle sur le lac. Il est aussi possible d'effectuer la randonnée de quelques heures à pied entre **Santa Cruz** et **Sololá**.

La **Catedral Nuestra Senora de la Asunción** mérite qu'on s'y arrête. Dans son enceinte, vous pourrez découvrir quelques œuvres religieuses en argent et une baignoire en pierre pour les baptêmes datant des débuts de la colonie espagnole.

Panajachel

RÊVE

$

Ce ne sont pas les établissements hôteliers proposant des tarifs économiques qui manquent à Panajachel! À votre arrivée, commencez par parcourir la Calle Santander, où se trouvent une multitude de ces établissements bon marché.

Gérée par une famille cakchiquel, l'**Hospedaje Vista Hermosa** *(3-6; 3-35 Calle Monterey)* propose de petites chambres rudimentaires mais généralement propres. Moins fréquentée que les autres auberges de cette catégorie de prix, l'Hospedaje Vista Hermosa offre une bonne occasion de rencontrer une famille autochtone.

Panajachel

BOUFFE

$

Le **Comedor Vista Hermosa** *(en face du quai principal)*, comme son nom en espagnol l'indique, offre un excellent point de vue sur le lac. On y sert du poisson dans une ambiance toute tropicale. Pour le prix demandé, ce petit resto n'est pas mal du tout.

Le petit comptoir **Pizzería Florencia** *(Calle Santander)* dispose d'une petite et agréable terrasse. Essayez la pizza au *chorizo* (saucisson). Il propose une quinzaine de choix de garnitures, et vous pouvez acheter les pizzas à la pointe. De plus, on y sert des hamburgers, des sandwichs et des *empanadas*.

Deli Llama de Fuego *(Calle Santander, adjacent au Americo's Export)* Il s'agit d'un très bon petit café-terrasse qui sert d'excellents sandwichs végétariens (avocat, alfalfa, salade, tomate, oignon) ou jambon-fromage, de même que tout ce que vous pouvez désirer de mieux en termes de thé, jus de fruits, café...

SAN MARCOS LA LAGUNA

Enchanteur, d'une tranquillité renversante: les voyageurs y découvriront un environnement champêtre propice au relâchement. Il n'est donc pas étonnant qu'un centre de méditation (Las Piramides) y soit établi; cet endroit mérite d'ailleurs un arrêt, ne serait-ce que pour y visiter sa pyramide principale.

San Marcos La Laguna

RêVE

Paco Real *(6-11)* propose des *cabañas* ou des dortoirs selon vos dispositions budgétaires.

Las Piramides *(20$)* est le nom du centre de méditation qui permet de dormir et de participer aux méditations quotidiennes du groupe.

SAN PEDRO LA LAGUNA

Situé de l'autre côté du lac, ce village est sans doute le plus populaire auprès des randonneurs de tous les pays, qui grimpent le volcan San Pedro (3 020 m) en une journée. Le village est moins gros que Panajachel et c'est tant mieux, car l'infection touristique est moins apparente. La tranquillité et la beauté des lieux sont intactes, et les hôtels bon marché abondent. On y trouve une ambiance néo-hippie. On rejoint ce village par bateau.

Les plus aventureux peuvent se rendre au sommet du volcan San Pedro sans guide. Pour cela, empruntez le sentier à la sortie du village. Vous n'y rencontrerez qu'une seule fourche: suivez alors le chemin de gauche. La montée prend entre trois et quatre heures en ligne droite. Malheureusement, il n'y a pas de sentier balisé indiquant le chemin à suivre; il est donc préférable de demander des indications en chemin ou d'être accompagné par quelqu'un connaissant bien le sentier. Le volcan compte deux sommets; le deuxième propose des points de vue époustouflants qu'il ne faut pas manquer. Si vous préférez recourir aux services d'un guide, arrêtez-vous au restaurant Fondeadero, où José García et son fils proposent un tarif de 35 quetzals par personne (3 personnes minimum).

DÉTAILS PRATIQUES

Transport. À partir de **San Pedro**, vers **Panajachel**, **San Marcos** et **Santa Cruz**, les bateaux quittent le quai de San Pedro à 5h, 6h, 7h, 8h, 10h, 12h, 14h, 15h, 15h45 et 17h. Coût: 2$; durée: 1 heure.

Vers Santiago Atitlán, les bateaux de la compagnie Lancheros de Santiago quittent le quai de San Pedro toutes les deux heures (1,75$ aller, 3,50$ aller-retour; durée: 30 min).

San Pedro La Laguna

$RÊVE$

Familia Peneleu *(2$)* ▣ Maisonnettes propres. Il est possible de cuisiner sur place, et l'accueil chaleureux rendra votre séjour fort agréable.

L'Hospedaje Ti-Kaaj *(3$; sur le petit sentier de terre parallèle au lac, près du quai numéro 2)* est très prisée des randonneurs et dispose de nombreux jardins tropicaux parsemés de hamacs où vous pouvez dormir sans payer.

SANTIAGO ATITLÁN

Ce village tz'utujil est le plus important aux abords du Lago Atitlán. Il s'étend sur les flancs des volcan Tolimán et Atitlán sur une ancienne coulée de lave. De l'autre côté de la baie, face au village, s'élève le majestueux volcan San Pedro. On croisera ici l'intense culture maya, qui s'exprime dans les flamboyants tissus que ses représentants arborent fièrement. Le village existait avant l'arrivée des Espagnols.

Aujourd'hui, ce village poussiéreux cache de nombreux trésors et s'anime particulièrement pendant les processions de la Semaine sainte. Mais c'est le Maximón qui retiendra l'attention de tous les voyageurs qui s'aventureront dans ce village. Le Maximón est sans contredit l'un des saints les plus étranges du Guatemala. Représenté par une sculpture de bois, il fume le cigare et porte un chapeau! Le Maximón fait l'objet d'un culte sans retenue de la part des Tz'utujil, qui le transportent dans les rues de la ville pendant la Semaine sainte aux côtés des figures traditionnelles du catholicisme.

Santiago Atitlán

$

RÊVE

Logement chez l'habitant *(environ 5$)* ▶ Pour obtenir les adresses des gens chez qui vous pouvez passer la nuit, informez-vous auprès du **Boatwatch Café**.

La petite **Pensión Rosita** *(9$; Cantón Xechivoy, derrière le marché)* dispose de trois chambres (n°s 14-15-16) qui font face au volcan San Pedro. L'ensemble de l'établissement, propret, possède une petite cour intérieure. On y sert les trois repas.

DÉTAILS PRATIQUES

Transport en autocar à partir de Santiago Atitlán: pour rejoindre à Ciudad Guatemala (2$; départs à 3h, 4h, 5h, 7h, 11h, 12h et 14h; durée: 4 heures), rendez-vous au centre du village, où deux cars partent en même temps, mais empruntent des routes différentes. L'un passe par la côte et fait escale à Patulul, Santa Lucía, Esquintla, Palín et Amatitlán, tandis que l'autre emprunte la voie des montagnes et fait escale à Godínez, Agua Escondida, Tecpán et Chimaltenango.

En bateau: la compagnie **Lancheros de Santiago** (1,75$ aller; 3,50$ aller-retour; départs à 6h15, 7h15, 11h30, 11h45, 14h, 15h et 16h30; durée: 1 heure) propose plusieurs départs quotidiens en direction de Panajachel. Le trajet est direct, et bateau ne fait pas d'escale à Santiago Atitlán.

Si vous voulez vous rendre à San Pedro, les départs s'effectuent à 7h, 9h, 10h30, 12h, 13h, 15h et 17h30. Aller 1,50$; aller-retour 3,50$; durée: 30 min.

CHICHICASTENANGO

À 2 000 m d'altitude, les nuits sont froides à «Chichi». Entouré de majestueuses montagnes et au coeur de la culture maya, ce village, situé à 20 km au nord de Panajachel, est surtout reconnu pour son coloré marché qui a lieu les jeudis et les dimanches. Le dimanche, c'est vraiment trop bondé et les autobus de touristes font en sorte que le marchandage devient plus compliqué. Le truc pour obtenir les meilleurs prix consiste à se pointer en fin de journée, juste avant le démantèlement des comptoirs. En tant que tel, l'endroit est charmant, surtout en semaine, avec ses rues tortueuses, sa place centrale et ses deux vieilles églises. Les services de cars relient le village plusieurs fois par jour, notamment à partir de **Ciudad Guatemala** et de **Panajachel**.

Chichi-
castenan-
go

RÊVE

Posada Girón *(10$; Calle 6, au nord du parc)* ▶ Confort basique et propreté assurée.

Posas Santa Marta *(10$; Avenida 5, vers le nord)* ▶ Bien que le décor soit sans charme, l'endroit est tranquille et dépanne bien.

ANTIGUA

Entourée de trois majestueux volcans, Antigua fait rêver par son cadre enchanteur. On y vient pour admirer les traces que le passé a laissées sur celle qui fut la capitale du pays entre 1543 et 1773, jusqu'à ce que deux tremblements de terre la défigurent. De cette époque, il reste donc de nombreuses ruines coloniales et un parfum d'«outre-tombe». La ville compte la moitié de la population qu'elle avait il y a 300 ans, et la majorité des touristes qui la fréquentent sont des étudiants qui viennent passer quelques semaines d'immersion espagnole grâce aux nombreuses écoles qui proposent des cours avec séjours en famille. Pendant la Semaine sainte, Antigua vit au rythme de célébrations ininterrompues.

Les ruines *(Parque Central)*. Une fois de plus, il est tout indiqué de débuter sa familiarisation avec l'endroit en partant du parc. Comme la ville n'est pas très étendue, il est facile de déambuler à pied. Peu importe la direction que vous emprunterez, vous tomberez à coup sûr en face de vieux trésors, qu'ils soient sous forme de vieux couvents, d'églises ou de palais. Il y a quand même un peu plus de monuments intéressants au nord du parc.

Les musées *(fermés le lundi)*. Le **Museo de Arte Colonial** *(Calle 5 Oriente, une rue à l'est du parc)* possède une belle collection de meubles et de biens de consommation courante d'Antigua la période du XVIIᵉ au XIXᵉ siècles. Sur un des côtés du parc se trouve aussi le **Museo del Libro Antiguo**, où l'on peut admirer la réplique de la première presse à imprimerie du Guatemala, de même que de très vieux livres et documents.

Cerro de la Cruz *(Avenida 1 Norte)*. Il faut marcher environ une demi-heure vers le nord pour arriver sur ce petit sommet qui offre une belle vue sur toute la ville. N'y allez pas seul.

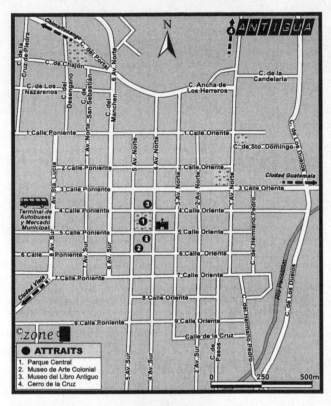

ATTRAITS
1. Parque Central
2. Museo de Arte Colonial
3. Museo del Libro Antiguo
4. Cerro de la Cruz

DÉTAILS PRATIQUES

Transport: Alameda Santa Lucía et Calle 4 Poniente. Les cars pour **Ciudad Guatemala** partent tant qu'il fait clair, aux 45 min; 1$. Pour **Panajachel**, plusieurs cars toute la journée; 2$ et deux heures de route.

Argent: les banques sont sur la Calle 4 Poniente, en face ou tout près du parc. Aucun problème pour changer votre argent ou vos chèques de voyage.

Information touristique: INGUAT; Calle 4 Oriente,

☎832-0763. Le personnel parle anglais et répond gentiment à vos questions. Informations variées et cartes disponibles.

Courrier: en face de la station de bus, Calle 4 Poniente et Almaceda Santa Lucía.

Téléphone: Avenida 5 Sur et Calle 5 Poniente.

Internet: il y a quelques endroits où l'on reçoit du courrier électronique. Renseignez-vous auprès de l'INGUAT.

Écoles de langues. Reconnue mondialement pour ses écoles d'espagnol, Antigua en possède plusieurs dizaines. La plupart des forfaits vous donnent droit à une vingtaine d'heures de cours privés. Il en coûte environ 100$ par semaine, et le prix inclut le logement et les repas dans une famille locale, ce qui est le meilleur moyen d'apprendre et de pratiquer. Voici quelques écoles populaires: **Projecto Lingüístico Francisco Marroquín** *(4, Avenida 4 Sur)*; **Centro Lingüístico Maya** *(20, Calle 5 Poniente, ☎832-0656)*; **Instituto Antigüeño** *(24, Calle 1 Poniente, ☎832-2682)*.

Ciudad Vieja *(à 6 km au sud-ouest)*. Première capitale du Guatemala entre 1527 et 1541, elle a été complètement détruite par un glissement de terrain qui a provoqué des inondations. Peu de choses à voir aujourd'hui, si ce n'est quelques ruines et l'une des plus vieilles églises de toute l'Amérique centrale. Les bus partent toute la journée d'Antigua.

Volcans. Les trois volcans de la région ont une altitude qui dépasse les 3 500 m. Bref, pour les monter, ce n'est pas de la rigolade. Les sentiers sont parfois très difficiles à suivre, la présence de *bandidos* peut causer de mauvaises surprises (même aux groupes accompagnés) et les longues heures d'effort en décourageront plus d'un. Bien sûr, les panoramas sont à couper le souffle, particulièrement lorsqu'on s'approche de ces cratères fumants. Il est possible de faire une randonnée de nuit au Volcán Agua ou même une aventure de deux jours sur l'Acatenango et le Fuego, beaucoup plus difficiles à atteindre. On se renseigne à l'office de tourisme pour les dernières nouvelles et pour louer les services d'un guide.

Antigua

 ## RÊVE

Hospedaje El Pasaje *(5$; Alameda de Santa Lucía et Calle 5 Poniente)* ▶ Bel endroit propre et amical, mais parfois bruyant. On appréciera certainement sa terrasse sur le toit.

Pensión El Arco *(8$; 32, Avenida 5 Norte)* ▶ Dans un coin plus tranquille. Ses petites chambres sont toujours très propres. Eau chaude.

Casa de Santa Lucía *(10$; Calle 5 Poniente et Alameda de Santa Lucía)* ▶ Plus chère mais très attrayante avec son décor pseudo-colonial. Salles de bain privées.

Antigua

 ## BOUFFE

Comedores *(au marché en face de la station de bus)* ▶ Comptoirs où l'on sert de la nourriture typique à des prix imbattables. Estomacs avertis uniquement.

Jardín *(sur un des côtés du Parque Central)* ▶ Nourriture nord-américaine et locale pour peu de sous au centre de l'action urbaine.

Capri *(24, Calle Poniente 4)* ▶ Les plats ne sont pas chers, mais malheureusement plutôt maigres. L'ambiance y est agréable, et l'endroit est populaire auprès des jeunes.

QUETZALTENANGO

La plus grande ville de l'ouest du pays trône à près de 2 400 m d'altitude. Ici on est toujours en territoire autochtone et dans une région agricole très accidentée. Le Volcán Santa María (toujours actif) observe la minuscule ville de 130 000 habitants du haut de ses 3 772 m, ville qui a d'ailleurs été complètement ravagée par une éruption au début du siècle. Jusque-là, Quetzaltenango vivait au rythme des plantations de caféiers qui faisaient sa gloire et l'enrichissaient. La reconstruction s'est

DÉTAILS PRATIQUES

Transport: la gare budget se situe un peu loin du centre-ville *(Calle 6, Zona 3)*. Pour vous rendre à cette gare, située aux abords du Parque Minerva, prenez un bus marqué «Parque». À partir de ce point-là, des cars partent chaque heure environ pour toutes les destinations d'envergure telles que la capitale, Panajachel, Chichicastenango et les petits villages mayas du nord.

Argent: les banques sont aux abords du Parque Central.

Courrier: Avenida 15 et Calle 4, Zona 1.

Téléphone: Avenida 12 et Calle 7.

Information touristique: INGUAT, au coin sud du parc. On y trouve les cartes habituelles.

accomplie rapidement, mais la ville a perdu son titre de métropole. Ce qui fait qu'il y a moins de bruit et de brouhaha que dans la capitale. Peu s'en plaindront. On vient aussi à Xela (comme les Mayas Quichés la surnomment) pour apprendre l'espagnol dans les nombreuses écoles. Comme il y a moins de touristes qu'à Antigua, on est forcé de parler la langue et l'on apprend en un temps record, pour peu que l'on s'y mette.

Parque Centroamérica. Ce parc central est un des plus intéressants du pays avec ses vieux bâtiments néoclassiques, sa cathédrale, mais aussi avec sa tentative de centre d'achats qui est aujourd'hui en déclin, faute d'une clientèle riche pouvant s'offrir du luxe.

Écoles de langues. Les prix sont les mêmes qu'à Antigua mais, comme il y a moins de *gringos* ici, vous serez moins tenté de parler autre chose que l'espagnol. Voici deux écoles recommandées: **Projecto Lingüístico Santa María** *(☎761-2570)*, **Projecto Lingüístico Quetzalteco de Español** *(☎761-2620)*.

Baños Los Vahos *(prendre un bus vers Almolonga et demander au chauffeur d'arrêter à Los Vahos)*. Sorte de petit sauna naturel dans les montagnes. Très agréable.

San Francisco El Alto *(à quelques kilomètres au nord; prendre le bus le matin très tôt)*. Minuscule agglomération maya qui vit au rythme du vieux calendrier de 260 jours. Venez ici si vous trouvez Xela encore trop grande. Un marché a lieu tous les vendredis. À **Momostenango**, c'est le dimanche qui est jour de marché. Le village est un peu plus loin au nord, mais toujours plus près de l'héritage culturel authentique.

Quetzal- tenango **$**	## RÊVE **Radar 99** *(5$; Avenida 13, près du parc)* ▶ Eau chaude sur demande et propreté parfois douteuse. Sympathique et pratique pour sa localisation. **Hotel Capri** *(7$; Calle 8, 11-39)* ▶ Toilettes communes et chambres sans charme mais confortables et propres. **Casa Kaehler** *(9$; à côté de Radar 99)* ▶ Très joli et très propre, ce vieil hôtel n'a pas beaucoup de chambres. Arrivez tôt.

Quetzal- tenango **$**	## BOUFFE **Utz' Hua** *(Avenida 12 et Calle 3)* ▶ Menu très standard et sans surprise, mais nourriture peu dispendieuse qui remplit l'estomac à fond. **Pizza Ricca** *(Avenida 14, 2-42)* ▶ De la bonne pizza vous attend ici. Avec tous les ingrédients imaginables au choix. Pas cher. **Restaurante Shangai** *(Calle 4, 12-22, près du parc)* ▶ LE restaurant chinois de Xela. Bons prix et bonne bouffe cuite par des chefs locaux.

HUEHUETENANGO

Dernière grande ville avant la frontière du Chiapas. On y sent l'influence du Mexique. Par ailleurs, le département se situe dans la région la plus élevée du Guatemala, avec des sommets dépassant les 4 000 m. Il est possible de prendre des cours d'espagnol ici également. Les touristes fréquentent encore moins cette ville que Quetzaltenango, ce qui facilite l'apprentissage de la langue. Un marché a lieu chaque jour. Pour pénétrer plus profondément dans les hauts plateaux, il faut vous rendre jusqu'à **Todos Santos Cuchumatán**, à 20 km au nord; le jour du marché (plus typique que ça tu meurs) est le samedi. Le village vit encore au rythme maya. Si vous voulez demeurer quelque temps à Huehuetenango, dormez à l'un des hôtels suivants.

RÊVE

Hotel Central *(6$; Avenida 5, 1-33, au nord du Parque Central)* ▶ Sécuritaire, tranquille et propre.

Hotel Maya *(6$; Avenida 3, 3-55)* ▶ Bonne adresse qui sert des repas toute la journée. Toilettes communes et eau chaude.

⏩ L'EST DU GUATEMALA ⏪

En s'orientant vers l'Atlantique, on se dirige inéluctablement vers un autre visage du Guatemala. Peut-être aussi un visage moins artificiel puisque l'on s'éloigne du circuit touristique typique. L'Est, ce sont des plantations de caféiers et de bananiers, une atmosphère de Far West alternant avec le calme immuable d'une vaste forêt brumeuse, et toujours l'héritage afro-caraïbe qui se fait sentir davantage à mesure qu'on se rapproche de l'océan.

COBÁN

Bien installée dans sa fraîche vallée, Cobán est une vieille ville maya. Les habitants de la ville sont tous de descendance amérindienne. C'est aussi dans cette région que l'on cultive la *monja blanca*, la fleur qui sert d'emblème national. Puisqu'on parle d'emblème national, il faut savoir que le quetzal fréquente assidûment les environs de Cobán. La ville doit son essor principalement à la présence de colons allemands qui établirent de vastes *fincas de café* au tournant du XXᵉ siècle. Leur présence s'estompa après un demi-siècle, lorsque la Deuxième Guerre mondiale éclata et que les États-Unis pressèrent le gouvernement guatémaltèque de les expulser. Plusieurs étaient des sympathisants nazis avoués. Parcs, grottes et rivières sont des attraits à ne pas manquer dans la région.

Parque Central. À partir de ce centre névralgique ayant la forme d'un triangle, vous pouvez vous promener un peu partout et découvrir les merveilles de la ville. Une fois que vous en avez assez de l'architecture coloniale autour du parc, orientez-vous vers le nord et cheminez au gré des vieilles rues de pierre. Vous arriverez bientôt devant l'église **El Calvario**, d'où s'offre un magnifique panorama de la ville et sa région.

DÉTAILS PRATIQUES

Transport: Avenida 8 et Calle 15. Les autobus partent chaque heure en direction de la capitale. Pour ce qui est de **Lanquín**, il faut prendre un des cars qui partent pour **Cahabón** plusieurs fois dans la journée. Si vous désirez vous rendre jusque dans le **Petén**, vous n'êtes pas au bout du périple; il y a deux ou trois bus par jour, dont les heures de départ varient et qui passent par **Sebol**, en route vers la vaste jungle du nord.

Argent: les banques sont regroupées autour du Parque Central.

Information touristique: bureau à côté du parc. On y suggère d'autres activités, et des sorties à Lanquín sont organisées. Contactez la famille **Acuña**, qui organise de très bonnes expéditions au même endroit et ailleurs.

Courrier et téléphone: tout près du parc.

Ⓩ **Parque Nacional Las Victorias** *(un peu à l'ouest d'El Calvario).* Ce parc est situé sur les terres d'une ancienne *finca* allemande. Aujourd'hui, un réseau étendu de sentiers grimpe vers les montagnes derrière la ville. Une belle et simple façon de passer la journée. Arrivez tôt!

Biotopo del Quetzal *(à 50 km au sud).* Prenez un bus et demandez au chauffeur de vous laisser au Biotopo. Le quetzal est un oiseau dont l'habitat est sérieusement menacé, ce qui a amené un biologiste à protéger une partie de son territoire. Ainsi, pour le visiteur, il est possible d'emprunter deux petits sentiers qui se laissent franchir en quelques heures et qui vous permettront peut-être de faire l'observation du fameux oiseau. Pour augmenter vos chances, soyez sur les pistes dès l'aube ou en fin d'après-midi. Il est possible de camper aux limites du parc.

Ⓩ **Lanquín** *(à 60 km à l'est).* On vient ici pour deux des attraits les plus fantastiques du pays. D'abord, il y a la grotte *(2$; amenez votre lampe de poche)* située 1 km avant le village. La rivière Lanquín émerge de la terre, et il est fortement conseillé d'aller se balader dans les souterrains (comptez un bon 2 heures). En après-midi, le spectacle des chauves-souris qui sortent par centaines est tout simplement surréel. Il est possible de camper gratuitement à côté de l'entrée de la grotte. Faites attention de ne pas tomber, soyez vigilant et munissez-vous de souliers à semelles adhérentes. **Semuc Champey** *(à 10 km au sud de Lanquín)* est l'autre attraction à ne pas manquer, quoiqu'il faille marcher plus de deux heures pour y arriver (essayez l'auto-stop si un véhicule passe). L'endroit, enchanteur entre tous, est constitué de piscines naturelles qui se déversent les unes dans les autres, au beau milieu de la forêt, avant de disparaître sous terre après le dernier bassin (attention!). Bien évidemment, on s'y baigne et, si l'on n'arrive plus à s'en aller, il est possible de monter sa tente tout près.

Cobán

RÊVE

Hotel La Paz *(6$; Avenida 6, Zona 1, ☎951-1358)* ▣ Petit mais très propre, avec un petit jardin à l'arrière. Paisible.

Hotel Monterrey *(10$; Avenida 6, 1-12, ☎951-1131)* ▣ Spacieux, propre et tranquille.

Hotel Central *(10$; Calle 1, 1-79, ☎951-1442)* ▣ Calme et propre. Possède une belle cour et un bon restaurant.

Cobán

$

BOUFFE

Café El Tirol *(à côté du parc)* ▣ Repas corrects et sélection de cafés renversante. On y sent l'influence du passage des colons allemands.

Café Santa Rita *(en face du parc)* ▣ Bon menu de plats guatémaltèques pour vraiment pas beaucoup de sous. Très populaire.

LIVINGSTON

(Z) Retour à l'ambiance tropicale insulaire dans ce coin perdu coupé du reste du pays et auquel on accède seulement via la navette maritime. La population est évidemment garifuna, c'est-à-dire qu'elle origine du mariage entre les esclaves africains et les Caraïbes, soit des Amérindiens des îles du même nom. Ces populations furent déportées de St-Vincent il y a 200 ans par la Couronne britannique, puis relocalisée dans les îles de la Baie (Honduras), à partir desquelles elles gagnèrent les terres côtières continentales allant du Belize au Honduras. Culturellement parlant, on se situe ici à des années-lumière de l'image officielle du Guatemala: population noire aux accents anglais, ambiance décontractée à la jamaïquaine et palmiers à profusion. La vie est tranquille à Livingston. Ceux qui sont en quête d'action feraient mieux de continuer leur route.

DÉTAILS PRATIQUES

Transport: on ne vient ici que par bateau et les horaires changent régulièrement. Les bateaux partent de **Río Dulce** et de **Puerto Barrios**. De cette dernière ville, le bateau partait tous les jours à 10h30 et 17h (arrivez une heure à l'avance pour vous assurer d'une place) et faisait le trajet inverse, à partir de Livingston, à 5h et 14h. Les bateaux privés vous prennent n'importe quand, mais ne valent le coup uniquement si vous êtes un groupe de six et plus. Une autre possibilité intéressante est de faire le trajet sur le Río Dulce, dans un sens ou dans l'autre: **Río Dulce-Livingston**, les mardis et vendredis à 6h30. Le trajet inverse se fait vers midi. Essayez de le faire dans un sens ou dans l'autre, car c'est vraiment génial.

Argent: aux dernières nouvelles, une banque changeait les chèques de voyage mais, en cas de fausse information, vous pouvez changer des billets verts dans plusieurs commerces.

Courrier et téléphone: en montant la rue du quai.

Los Siete Altares *(à 6 km au nord).* Il n'y a pas vraiment d'endroits pour se baigner, bien que le village se situe sur la côte. Si vous marchez le long du littoral vers le nord, vous arriverez en une heure à ce site de cascades et de piscines naturelles qui constituent un lieu paradisiaque pour la baignade. Il est aussi possible d'y aller en bateau en s'informant à Livingston. Si vous y allez à pied, ne faites pas la randonnée seul, spécialement si vous êtes une femme.

Lago Izabal et **Castillo de San Felipe** *(à 30 km à l'intérieur des terres, sur le Río Dulce).* Cette excursion en bateau mène au plus grand lac du pays. Plusieurs personnages de la haute sphère du pouvoir guatémaltèque ont leur résidence secondaire ici. Le lac est très grand, mais c'est le tour de bateau pour y arriver qui est intéressant (voir «Biotopo» ci-dessous). Quant au Castillo, il s'agit d'un vieux fort espagnol construit au XVIIᵉ siècle pour défendre les cargaisons espagnoles des attaques répétées des corsaires anglais. L'excursion se fait à partir de Livingston ou de Fronteras, au choix.

Biotopo Chocón Machacas et **Biotopo de Manatí** *(entre Livingston et le Lago Izabal).* Ces deux espaces protégés sont accessibles par bateau. Le mieux est d'organiser une expédition d'une journée à partir de Livingston. Cette aventure vous mènera dans un réseau de passages fluviaux où l'on peut observer la faune ailée dans toute sa beauté. Le Río Dulce est particulièrement impressionnant lorsque ses rives se relèvent et forment soudainement des falaises taillées dans le roc et couvertes du manteau épais de la jungle. Pour faire le voyage entre Livingston et Fronteras, il faut s'attendre à débourser une dizaine de dollars. Le bateau s'arrête à chaque attrait sur le chemin.

Living- ston $	### RÊVE
	Pour la paix totale, des bungalows à 3$ par personne sont disponibles en allant vers Siete Altares. On peut aussi pendre son hamac sur la plage. Il faut se renseigner côté sécurité. **Hotel Río Dulce** *(5$; sur la rue qui donne sur le quai)* ▶ Confort minime, mais propreté acceptable. Vieil édifice en bois. **El Vajero** *(6$; sur la gauche en venant du quai)* ▶ Accueillant et propre. Les chambres sont spacieuses et confortables.

Living- ston $	### BOUFFE
	La **Cafetería Coni** sert de la bouffe créole typique à des prix imbattables. Même chose pour le **Restaurant Lili**.

◼ PETÉN ET TIKAL ◼

Sous une végétation dense et un climat humide, des va-nu-pieds partagent les rues boueuses de minuscules villages avec une poignée de familles un tant soit peu plus riches. Complètement coupée du reste du pays même si une route a brisé son isolement en 1970, la région du Petén occupe près du tiers du territoire total du Guatemala. Ces basses terres sont le refuge d'épaisses jungles encore vierges et de nombreux lacs et rivières. C'est aussi l'endroit au pays où l'on retrouve le plus grand nombre de ruines mayas, entre autres celles de Tikal, d'Uaxactún et de Ceibal.

 Flores et **Santa Elena** sont les deux principales villes de l'immense Petén. La première fut le dernier bastion autochtone de ce territoire frontière finalement conquis par les Espagnols en 1697. Flores est surtout une charmante petite île à 500 m du rivage et de Santa Elena. Avec ses vieilles rues étroites, il fait bon flâner à Flores, particulièrement si vous avez des dizaines d'heures de bus dans le corps, comme c'est souvent le cas. Quant à Santa Elena, elle est beaucoup plus grande et elle offre tous les services pratiques. Cela dit, elle n'a vraiment aucun cachet particulier. Bref, restez tranquille à Flores, avec une escapade à Tikal, et votre séjour restera mémorable.

Flores

RÊVE

Certaines chambres de l'**Hospedaje Dona Goya** *(7-10; Calle de la Unión)* disposent de salles de bain privées et de balcons. C'est de loin le meilleur hôtel pour petit budget de Flores et de Santa Elena. Beaucoup d'informations et de cartes sont affichées afin de diriger les voyageurs dans la ville. En outre, essayez son petit restaurant, très sympathique.

Propre et économique, la **Posada Toucán** *(7$; Calle 15 Septiembre, 2)* offre un jouissif point de vue sur le lac. Vous oublierez la petitesse des chambres en vous prélassant dans une sympathique salle commune.

Santa Elena

$

RÊVE

Pour un séjour mémorable, rendez-vous à l'**Hotel Alonzo** *(5-10)*, situé tout près du service téléphonique Guatel. Vous bénéficierez de l'eau chaude dans les toilettes du rez-de-chaussée, et les ventilateurs de plafond allégeront la chaleur parfois accablante qui sévit dans ce beau pays. Notez que vous pouvez y changer vos chèques de voyage. S'il est complet, essayez l'**Hotel San Juan**.

TIKAL

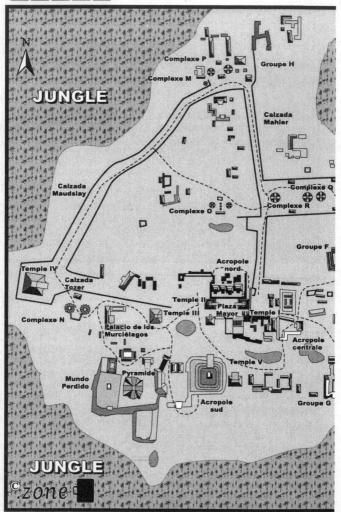

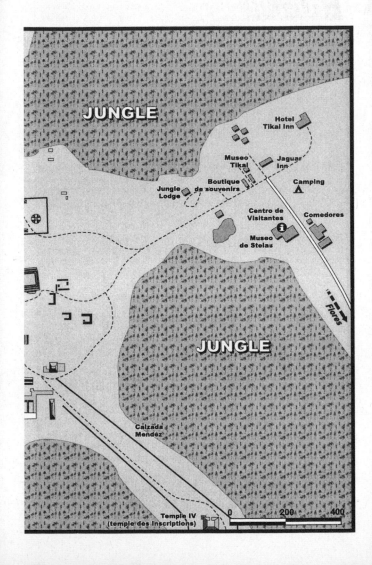

DÉTAILS PRATIQUES

Transport en avion: pour Ciudad Guatemala, **Tikal Jets** et **Aerovias de Guatemala** proposent sensiblement les mêmes tarifs et plusieurs vols par jour en direction de la capitale. L'avion constitue de loin la meilleure façon pour vous rendre dans le Petén (si vous en avez les moyens), puisque le transport routier est très long et éreintant. Les prix varient entre 80$ et 120$ pour l'aller-retour entre Ciudad Guatemala et Flores.

Pour **Belize City, Tropic Air** (*☎02-4567, ⬧02-62338; USA et Canada 800-22-3435; tropicair@btl.net*) et **Aerovias de Guatemala** proposent des vols quotidiens.

En bus: la gare routière se trouve au centre du marché de **Santa Elena**, un endroit somme toute chaotique, les inscriptions sur les pare-brise annonçant la destination du véhicule, que vous devez trouver par vous-même.

Trois compagnies d'autocars, soit **Tikal Express, Máxima** et **Fuente del Norte**, se trouvent à la même adresse depuis 1997, adjacente à la gare routière, sur la Calle Principal.

Pour tous leurs départs, il est préférable, dans la mesure du possible, de réserver une journée à l'avance pour obtenir de bons sièges. Sinon, vous risquez de ne pas trouver de siège.

Santa Elena - Ciudad Guatemala. Durée: 12 heures; coût: 10$; départs: 8h30, 9h30, 10h30, 11h30, 15h30, 16h, 17h, 18h, 19h, 20h et 20h30.

Vers Poptún. Durée: 3 heures; coût: 3$; même horaire et autobus que ceux pour Ciudad Guatemala.

Vers Río Dulce: durée: 7 heures; coût: 8$; mêmes horaires et autobus que pour Ciudad Guatemala.

Vers Chiquimula (frontière avec le Honduras). Départ: 5h30; durée: 9 heures; coût: 10$.

Vers El Naranjo. Départs: 5h, 7h et 9h; durée: 5 heures; coût: 3$.

Vers Tikal et Uaxactún. Départ: 13h; Tikal: durée 2 heures 30 min, coût: 1,50$; Uaxactún: durée 4 heures, coût 2,50$. Ce même autocar quitte Uaxactún pour Santa Elena à 6h et passe par Tikal vers 7h30.

Vers le Belize (Melchor de Menchos). Départs: 5h et 8h; durée: 3 heures; coût: 1,50$.

Transporte Rosita. Vers le Belize (Melchor de Menchos) depuis Flores: départs à 11h, 14h et 18h; durée: 2 heures 30 min; coût: 1,50$.

Bateaux: de nombreuses petites embarcations effectuent la navette entre Santa Elena, Flores et les petits villages sur les rives du lac Petén-Itzá.

Vers San Benito: 1$.
Vers San Andrés: 0,50$.

Argent: Flores et Santa Elena possèdent leurs propres établissements financiers qui changent vos chèques. Nombreux sont les hôtels et les commerces qui échangent chèques ou argent.

Courrier: vous trouverez le bureau de poste au centre de la ville sur le Pasaje Progreso, à l'est du parc (lun-ven 9h à 12h et 14h à 16h).

Téléphone: il y a un service de téléphone à Flores, soit **Guatel** (7h à 22h; ☎926-1299), situé sur la route de Santa Helena.

Information touristique: vous trouverez toute l'information touristique sur les sentiers écologiques de la région aux bureaux de la **CINCAP** (mar-sam 9h à 13h et 14h à 20h, dim 14h à 18h; à l'est du poste de police, Parque Central), le Centro de Información de la Naturaleza, Cultura y Artesanía del Petén.

Le **Centro de Visitantes de Tikal** (8h30 à 17h) dispose aussi d'un bureau d'information touristique.

Internet: pour avoir accès au réseau Internet, rendez-vous aux bureaux de **Tikal Net** (2$/message; 0,15$/min; Calle Centroamérica, ☎926-0655, tikalnet@guate. net).

Écoles d'espagnol: l'**Eco-Escuela de Español** (à Flores ☎928-8106, ☎926-1370, USA ☎202-973-2264) propose d'excellents cours privés d'espagnol dans le petit village de San Andrés, aux abords du lac Petén-Itzá. Le tarif est de 70$ par semaine, ce qui comprend cinq heures de cours par jour. Il faut débourser 50$ de plus par semaine pour résider chez l'habitant, ce qui inclut les trois repas.

Flores   BOUFFE

$

Le restaurant de l'**Hospedaje Dona Goya** possède une salle commune où l'on sert des petits déjeuners continentaux à partir de 2,50$, avec du muesli, des fruits et des salades. Ce restaurant, dont la propreté est une des marques de commerce, prépare aussi des sandwichs et des hamburgers.

Le **Restaurant Chaltunha**, au sud-ouest de l'île, dispose d'une petite terrasse en bordure du lac, d'où la vue sur la petite île de Santa Bárbara est mémorable. Les plats sont typiques et délicieux, notamment ceux de poisson.

La **Pizzería Picasso** loge dans une ancienne maison coloniale au centre de Flores. Essayez la pizza végétarienne ou la «toute garnie», toutes deux servies en portions généreuses.

Villages du lac Petén-Itzá

Quelques petits villages méconnus du lac Petén-Itzá méritent qu'on s'y arrête, à tout le moins dans le cadre d'une excursion d'une journée en bateau. Tous les bateaux partent des différents quais de Flores et de Santa Elena. Le village de **San Andrés**, qui s'étend au pied d'une montagne, est reconnu pour ses superbes levers de soleil. On y trouve beaucoup de voyageurs, la plupart venus étudier l'espagnol dans le cadre du programme offert par l'Eco-Escuela. **San José** se trouve à moins de 2 km de San Andrés. Ce petit village demeure l'un des seuls de la région où l'on parle fréquemment la langue itza. Vous pourrez y loger chez l'habitant. **El Remate** est le plus connu des villages du lac, parce qu'il est traversé par la route qui mène aux ruines de Tikal. On y trouve quelques petits restaurants et des auberges.

ⓩ **Tikal** *(8$; 5h à 20h; à 65 km au nord)*. Tikal s'impose sans nul doute comme l'un des endroits les plus fascinants de la planète. Du haut d'une pyramide, on se laisse bercer par le vol des toucans, par les cris envoûtants des singes crieurs et par les bruissements indéfinissables de la jungle, qui agit comme une véritable enceinte acoustique. Bien que ce centre cérémoniel ait été abandonné il y a plus d'un millénaire, Tikal demeure un temple on ne peut plus vivant. Ici, dans l'espace qui nous sépare du spectacle s'offrant à la vue, dans le silence de l'ascension vers les hauteurs et dans le vertige du sommet atteint, on ne peut s'empêcher d'entrer en communion avec les Mayas, voire avec l'humanité tout entière. À Tikal, le fait maya est en effet transcendé; il nous porte au-delà des cultures, des races et des frontières.

Les ruines. L'entrée du chemin menant aux ruines de Tikal est facilement reconnaissable à sa barrière, aménagée sous un grand arbre à la jonction avec le sentier qui mène à l'hôtel Jungle Lodge. Sur ce chemin filant vers l'ouest, vous apercevrez sur votre droite un grand *ceiba*, l'arbre national du Guatemala. Le *ceiba* était un arbre sacré pour les Mayas: sa partie inférieure, là où commencent les racines, représentait la nuit; son tronc figurait la vie de l'homme ainsi que le jour; et ses branches, enfin, se voulaient à l'image du ciel. Sur ce spécimen particulier, vous remarquerez les plantes parasites qui enveloppent les branches.

À quelques mètres au-delà du *ceiba* se trouve le point de contrôle de l'accès au site. Puisque la plupart des visiteurs obtiennent leur ticket au poste routier, ils n'ont ici qu'à le présenter au garde. Si, par contre, vous êtes sur le site pour plus d'une journée, vous devrez de nouveau payer à chaque jour *(8$US; 5h à 20h)*.

Passé le point de contrôle, vous vous retrouverez à l'entrée de l'indescriptible dédale de sentiers qui sillonnent le parc. Au premier rond-point, au sud, un long chemin permet d'accéder au **Temple VI**, soit le temple des Inscriptions. Le sentier du centre (sud-ouest) mène à la Calzada Méndez et au Temple VI, puis à la Plaza Mayor. Le sentier qui se dessine enfin sur votre droite conduit aux complexes Q et R, ainsi qu'à la Plaza Mayor.

Le chemin le plus court jusqu'à la «grande place» est celui du centre, qui passe par le Complexe F. Cependant, si vous n'avez qu'une journée pour explorer les ruines, le sentier qui s'ouvre sur votre droite constitue sans doute votre meilleur choix. En empruntant cet itinéraire, vous vous retrouverez au **Complexe Q** (771 ap. J.-C.), qui révèle une pyramide très bien conservée; composée de cinq terrasses, elle bénéficie d'une parfaite orientation est-ouest. D'entrée de jeu, il convient de noter que la plupart des complexes sont formés de deux pyramides jumelles situées l'une en face de l'autre. Or, dans le cas de ce complexe particulier, une seule des deux pyramides a été dégagée, et la seconde, plus à l'ouest, gît toujours sous la végétation. Devant la pyramide découverte, vous remarquerez neuf stèles lisses à la verticale; au pied de chacune se trouve un autel, soit une pierre ovale sur laquelle étaient sacrifiés des animaux et des hommes. Ces autels, tout comme les stèles enduites de chaux sur lesquelles les prêtres décrivaient en peinture le déroulement des cérémonies traditionnelles, étaient surtout utilisés pour célébrer la fin du Catún (période de 20 ans) et le début d'un nouveau cycle temporel.

Au sud du Complexe Q s'élève une structure à neuf entrées qui servait à abriter du soleil les membres de l'élite au cours des cérémonies. Au nord, une enceinte renferme une stèle gravée qui représente un dieu ou un gouvernant. Remarquez l'arche maya qui marque l'entrée de cette enceinte.

À l'intérieur de la structure se dressent la **Stèle 22** et l'**Autel 10**. La Stèle 22 comporte un bas-relief représentant le seigneur de la forêt ou du maïs. Sa main dépose ce qui semble être des grains de maïs, et il porte un sceptre, symbole de pouvoir. Les hiéroglyphes qui apparaissent sur la stèle n'ont pas été déchiffrés. Au pied de la Stèle 22, l'Autel 10 arbore une sculpture en bas-relief représentant un sacrifice, tant sur sa surface plane que sur ses côtés.

Dirigez-vous vers l'ouest entre les deux pyramides. À quelques mètres sur votre gauche surgit la première pyramide du **Complexe R**. Ce complexe n'a pas été touché par les archéologues et nous permet de voir ce à quoi ressemblait l'ensemble de Tikal au moment de sa découverte en 1878: les stèles gisent au sol, recouvertes par les racines des arbres, et la pyramide (790 ap. J.-C.) n'a fait l'objet d'aucune restauration.

Gravissez la petite pente jusqu'à la **Calzada Mahler**, un chemin qui débouche entre la Plaza Mayor et les groupes P et H. Cette route existait déjà du temps des Mayas, alors que sa largeur était de 40 m, et elle servait aussi bien à des fins commerciales que cérémonielles. Empruntez la Calzada Mahler sur votre gauche jusqu'à la Plaza Mayor, distante d'environ 500 m.

Plaza Mayor ou place centrale. Vous pouvez y accéder tant par le sud (Calzada Maler) que par le nord-est (Calzada Méndez).

Temple I (Le Grand Jaguar). Véritable symbole de Tikal et, par extension, du Guatemala tout entier, le Temple I fait 45 m de hauteur et date de l'an 700 de notre ère (période classique). Tikal était gouvernée par Ha Cacau au moment de sa construction, et un archéologue américain, Oubrey S. Trik, trouva son tombeau à la hauteur de la première terrasse du temple, quoique près de 6 m sous la surface de la place. Une réplique de ce magnifique vestige (Tombeau 116) peut être appréciée au Museo Tikal.

Le temple se compose de neuf plates-formes, au sommet desquelles un ensemble d'arches et de voûtes mayas relie trois salles. Sur la crête, on peut contempler (en fin d'après-midi seulement, parce que la lumière, à cette heure du jour, crée des ombres sur les bas-reliefs) l'image d'un souverain entouré de ce qui semble représenter des serpents.

Les archéologues ont trouvé de superbes linteaux gravés en bois, entre autres celui qui représente Ha Cacau assis sur son trône avec, à ses pieds, la figure du jaguar rampant, le protecteur du gouvernant. Ces pièces se trouvent toutes hors du Guatemala, à Londres, New York et Bâle.

Temple II (temple des Masques). Le Temple II, qui s'élève à une hauteur de 38 m, est à plusieurs égards une version réduite du Temple I, qui lui fait face. Construit à la même époque (700 ap.J.-C.) et par le même dirigeant, il compte trois terrasses auxquelles s'ajoute une plus petite pour supporter la crête. Tout comme dans le Temple I, on y trouve trois salles, dont une qui montre une murale dépeignant une cérémonie au cours de laquelle on décoche une flèche en direction d'un sacrifié. On le dénomme «temple des Masques» du fait que sa façade est décorée de masques que des jumelles permettent de déceler sur la crête vers 8h du matin, lorsque la lumière est bonne.

Acropole nord. Elle regroupe trois structures principales et semble surtout avoir servi de cimetière, puisqu'on y trouve de nombreux mausolées, sans doute érigés pour la classe dirigeante. C'est dans cette section qu'on peut admirer le plus grand nombre de masques sculptés en hauts-reliefs, entre autres le masque de Chac, dieu de la pluie, celui de Kinitch Acau, le Dieu-Soleil, et finalement une sculpture zoomorphe.

Après avoir gravi le premier niveau, descendez d'un étage, sous le toit de chaume, pour y découvrir le **masque de Chac**. On le reconnaît à son grand nez et à ses grandes oreilles. À ses pieds s'effectuaient des sacrifices humains par décapitation; le sang du décapité était aspergé sur le masque, après quoi son corps était brûlé sur place. D'ici, ne manquez pas le petit tunnel, à l'est, qui mène à un autre masque de Chac. Puis, un peu plus haut, se trouve le **masque du Dieu-Soleil**, reconnaissable au serpent qui lui sort des oreilles. Quant aux hauts-reliefs zoomorphes, vous les trouverez sur la prochaine terrasse.

Acropole centrale. Située du côté sud de la Plaza Mayor, l'Acropole centrale, longue de plus de 210 m, est ainsi dénommée parce qu'elle se trouve entre le Temple V et le Temple I. À son sommet s'étendent six petites cours entourées de bâtiments de un ou deux étages.

Derrière le Temple II (à l'ouest) vous attend une **aire de repos**, avec toilettes publiques et comptoir de rafraîchissements. Suivez le chemin vers la gauche (ouest) jusqu'au Temple III puis au Temple IV.

Temple III (temple du Prêtre-Jaguar). La fresque visible au sommet de ce temple, construit en 810 et haut de près de 55 m, en

constitue le point saillant. Au pied du Temple III repose la
Stèle 24, dont les inscriptions marquent l'année de la construction du temple. Bien qu'elle soit mauvais état de conservation,
vous pourrez identifier sur l'**Autel 6**, devant la stèle, la figure
d'une divinité reposant sur un plateau tripode.

Il faut monter avec prudence jusqu'au sommet du temple, puisque
l'accès en est plutôt difficile. Cependant, les téméraires seront
récompensés! Une des deux salles faîtières dispose d'un linteau
sur lequel figure une scène représentant un prêtre vêtu d'une
peau de jaguar, d'où le nom de temple du Prêtre-Jaguar.

En route vers le Temple IV, le chemin contourne le Temple III,
puis croise le **Palacio de las Ventanas** (Palais des fenêtres), ou
Palacio de los Murciélagos (Palais des chauves-souris). Non
fouillé, ce temple compte deux étages. Les différentes salles
communiquent entre elles, et l'on y trouve de nombreuses inscriptions d'époque.

À mi-chemin entre le «Palais des chauves-souris» et le Temple IV,
se dresse le **Complexe N**, aux pyramides jumelles. Datées de l'an
711, ces deux pyramides identiques, de forme rectangulaire,
disposent chacune de deux escaliers latéraux, et leur sommet ne
révèle aucune structure. Elles sont séparées par une place sur
laquelle on trouve de nombreuses stèles, parmi lesquelles la
Stèle 16 se démarque par la qualité de ses inscriptions, fort
bien conservées. L'**Autel 5**, à sa base, est aussi superbe.

Temple IV (temple du Serpent bicéphale). Construit en 741, le
Temple IV mesure 65 m de hauteur et figure parmi les plus hautes
structures du monde maya; de fait, il n'est surpassé que par
celle du Caracol, au Belize. On estime à près de 90 000 m^3 la
quantité de matériaux de construction utilisée pour la réalisa-
tion de cette grande pyramide.

Pour accéder au temple, il faut emprunter des échelles en bois
situées du côté nord de la pyramide (celles de la face sud ayant
été condamnées). Autrefois, on pouvait monter sur la crête même
du grand temple, mais l'accès en est aujourd'hui interdit de
manière à prévenir sa détérioration. Vous pourrez, par contre,
faire le tour du temple sur la dernière terrasse de la partie
supérieure, et ainsi admirer la crête tout près. Ce temple offre
les plus belles prises de vue sur l'ensemble des ruines de Tikal
au lever du soleil.

Construit par le dirigeant Ha Cacau, le seigneur du cacao, le
Temple IV porte aussi le nom de temple du Serpent bicéphale. On
y a en effet trouvé un linteau à l'image d'un trône reposant sur
un serpent à deux têtes. Les figures sur bois découvertes dans

les salles du Temple IV se trouvent aujourd'hui à Bâle, Londres et New York.

Le Temple IV dispose aussi de trois salles similaires à celles des temples I, II et III. Les archéologues croient que la dernière salle servait à garder les instruments cérémoniels du prêtre, notamment des objets sacrés tels qu'encensoirs et lames d'obsidienne.

Revenez sur vos pas et empruntez le chemin qui conduit aux ruines de Mundo Perdido.

Mundo Perdido. Pour les plus beaux couchers de soleil, gravissez sans faute la grande pyramide du Mundo Perdido (Monde perdu), qui offre un point de vue superbe sur Tikal et la jungle qui l'entoure. D'une hauteur de 30 m, cette pyramide date de l'an 600 de notre ère (période préclassique tardive). Elle aurait, à cette époque, été l'une des plus grandes du monde maya. Son architecture rappelle celle de Teotihuacán, au Mexique.

Temple V. Le Temple V, d'une hauteur de 57 m, fut construit vers l'an 700 de notre ère et n'a qu'une seule petite salle à son sommet. Lors de notre passage, cette pyramide faisait l'objet de travaux de restauration majeurs sous les auspices du gouvernement espagnol, si bien que nous n'avons pu y accéder.

Temple VI (temple des Inscriptions). Ce temple, qui se trouve à l'extrémité de la Calzada Méndez, fut construit en l'an 766 de notre ère par le dirigeant Yaxkin Caan Chac. Le point saillant de cette pyramide tient au plus long glyphe de Tikal, inscrit dans la crête de 12 m de hauteur. On trouve deux salles au sommet, tandis qu'à la base se dressent la **Stèle 21** et l'**Autel 9**, plutôt endommagés, quoiqu'on puisse encore en apprécier les glyphes. Sur la partie supérieure de l'autel est gravée la figure d'un prisonnier couché sur le dos.

Le **Parque Nacional de Tikal** abrite deux musées qui renferment des pièces archéologiques trouvées sur les lieux et qui expliquent l'histoire des Mayas, la découverte des ruines de Tikal ainsi que les travaux effectués par les archéologues au fil des années. Tous deux méritent d'être visités, même si vous ne disposez que d'une seule journée.

Tikal

RÊVE

$

D'une manière générale, les hôtels de Tikal ont fâcheusement tendance à perdre les réservations. Il est donc fortement recommandé de confirmer votre réservation le jour même ou la veille de votre arrivée.

Le **Jaguar Inn** *(5-48; ☎502-926-0002)* est populaire auprès des randonneurs et propose plusieurs formules d'hébergement. Outre les *cabañas* avec salle de bain partagée à 25$, vous pouvez aussi camper sur la propriété ou dormir dans un hamac avec moustiquaire pour 5$ par personne. Le Jaguar Inn s'imprègne d'une ambiance quasi familiale.

Tikal

BOUFFE

$

Le restaurant du **Jaguar Inn** est très invitant et propose une atmosphère détendue en plus d'un menu économique.

Uaxactún

Situé à environ 40 km au nord de Tikal, Uaxactún se présente comme un site archéologique maya de grandeur moyenne datant de l'époque classique. Les férus d'archéologie ne voudront pas manquer la visite de ces ruines d'une singulière importance dans l'histoire du savoir archéologique portant sur les Mayas. Certains voyageurs risquent d'être déçus par les ruines d'Uaxactún, qui n'ont rien de la grandeur de celles de Tikal. La visite est cependant une aventure en soi, puisque la route pour les atteindre franchit la jungle sur environ 24 km.

Uaxactún

RÊVE

Vous pouvez camper dans le petit village adjacent aux ruines et profiter des hamacs (avec moustiquaire) du **EcoCampamento** *(4$ par personne; ☎926-0077 à Flores)*. Les tentes, fournies par l'établissement, et les hamacs reposent sous un toit de palmes qui permet de rester au sec en cas de pluie.

Uaxactún

RÊVE

$

Pour des chambres en bonne et due forme, rendez-vous à l'**Hotel y Campamento El Chiclero** *(7$)*, qui se trouve directement devant l'arrêt d'autobus du village. Les chambres, propres, n'ont pas de salle de bain privée. Les propriétaires, des plus sympathiques, proposent des excursions dans la région.

Sayaxché

Le village de Sayaxché, situé à 60 km au sud-ouest de Flores sur les abords du Río de la Pasión, se présente comme une base intéressante pour la découverte des sites archéologiques de la région. Tranquille et peu fréquenté, Sayaxché n'a rien à offrir en soi, si ce n'est ses allures de village frontière. Au-delà de Sayaxché, on ne trouve plus que l'impénétrable jungle et quelques cultivateurs. L'excursion jusqu'aux ruines d'**El Ceibal** est particulièrement intéressante, puisqu'on y arrive par bateau et qu'il faut ensuite marcher sur un sentier qui monte de façon assez prononcée.

Sayaxché

RÊVE

$

Les chambres de l'**Hospedaje Mayapán** *(4$)* n'offrent pas grand-chose aux voyageurs, si ce n'est un prix dérisoire. Elles ont toutefois l'avantage d'être toutes munies d'un ventilateur.

Situées à trois rues de l'Hospedaje Guayacán, les petites et coquettes chambres de l'**Hospedaje Margot** *(5$)* feront l'affaire des voyageurs qui ne passent qu'une nuit à Sayaxché. Vous devrez partager la salle de bain, mais profiterez d'une terrasse arrière.

El Ceibal	RÊVE
$	À quelques distances de Sayaxché, vous pourrez camper gratuitement à El Ceibal et profiter de l'éveil tropical de la faune ailée et des mammifères (parfois rugissants...). Vous pourrez en outre visiter les ruines d'El Ceibal, qui, quoique moins grandioses que celles de Tikal, sont aussi moins achalandées.

Poptún

À **Poptún** *(à mi-chemin entre Flores et Livingston)*, les amateurs de plein air seront comblés par les forfaits proposés par la **Finca Ixobel**. En effet, la propriétaire Carol Divine suggère toute une gamme d'activités en pleine jungle: vous pourrez faire de l'équitation, dormir dans une cave et «faire le singe» dans des hamacs, le tout pour 95$ (forfait de 4 jours). Vous pouvez également vous laisser emporter en chambre à air *(tubing)* sur la rivière Machiquila *(10$)* ou faire de l'équitation *(4$/h)*. Muni d'une bougie et d'une lampe de poche, vous ferez l'exploration d'une caverne *(5$; apporter de bons souliers et une lampe de poche; on y vend des lampes de poche pour 2$)*; l'escalade et la nage sont au rendez-vous. Puis, la dernière étape de ce forfait défiera votre sang-froid, alors que quelques mètres seulement vous séparent des eaux noires, dans lesquelles vous tomberez sûrement tout en retenant votre souffle ou en criant votre désespoir!

Poptún	RÊVE
$	**Finca Ixobel** *(4$; à une demi-heure de marche au sud du village)* ▶ Si vous vous arrêtez ici pour les nombreuses activités offertes, ça vous permettra, en plus de vous dégourdir les jambes, de faire le long voyage jusqu'au Petén en deux temps. On dort dans des hamacs ou dans des cabanes, au choix.

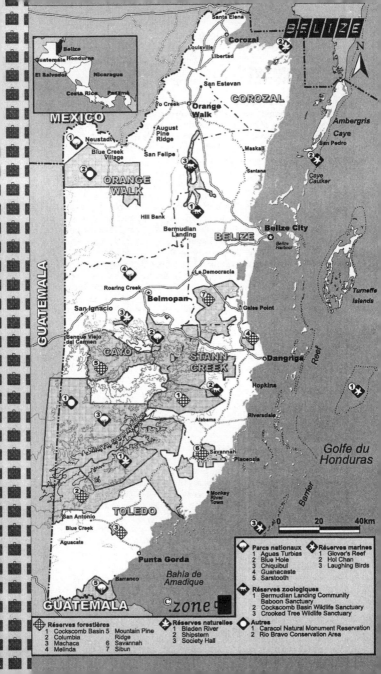

▮▮▮▮▮ Dans la plupart des pays d'Amérique centrale, les régions se différencient par leur affiliation à un océan particulier. Or le Belize fait exception à la règle, car ses côtes donnent exclusivement sur la mer des Caraïbes. La composition de sa population est quand même particulière à chacune de ses régions. Ainsi, au nord et à l'ouest, on retrouve des habitants *mestizos*, issus du croisement entre amérindiens et Espagnols. À Belize City et dans les villages côtiers, ce sont des Créoles que l'on retrouve en majorité. En ce qui concerne le sud, c'est l'endroit où ont trouvé refuge les descendants d'esclaves africains métissés aux Indiens caraïbes et déportés de St-Vincent à la fin du XVIIIe siècle par la Couronne britannique. On les appelle Garifunas. Par ailleurs, la culture maya était très répandue ici, et quelques groupes de l'ouest du pays ont réussi à préserver leur identité sans avoir à se défendre, comme au Guatemala, contre des escadrons sans pitié.

▮▮▮▮▮ Au chapitre des exceptions, ce n'est qu'un début. Le Belize a été colonisé par les Anglais et ses corsaires dès le XVIIe siècle. Son territoire a toujours été difficile d'accès en raison de la deuxième plus grande barrière de corail du monde, dont l'étendue forme un bouclier naturel à seulement une vingtaine de kilomètres des côtes. On raconte que les pionniers du pays se sont échoués sur ces récifs et n'ont eu d'autre choix que de demeurer en ces terres hostiles. La langue officielle est ainsi l'anglais, mais l'espagnol et les dialectes créoles sont couramment utilisés. Le Belize compte environ 200 000 habitants pour un territoire un peu plus grand que le Salvador, qui lui en compte 6 000 000! C'est de loin la plus faible population des pays d'Amérique centrale. Enfin, le Belize n'a acquis son indépendance qu'en 1981. À cette date, il a cessé de s'appeler Honduras britannique et a pris en main sa destinée.

▮▮▮▮▮ Avec ses montagnes, ses petites îles merveilleuses le long de la barrière de corail, ses plantations de bananiers et de canne à sucre, ses forêts tropicales impénétrables et ses ruines mayas, le Belize demeure représentatif du sous-continent, avec de nettes couleurs caraïbes. Seulement, il est moins exploré que ses voisins, ce qui permet au voyageur au budget serré d'avoir accès à des lieux immaculés de présence touristique, et offrant le charme d'une identité qui ne se prostitue pas (encore) pour un marché. Profitez-en, ces contextes ne sont pas éternels, du moins dans cette civilisation, qui ne l'est pas non plus! Amen.

▶▶ BELIZE CITY ◀◀

Si tous les chemins du monde mènent à Rome, tous ceux du Belize mènent à Belize City. Véritable carrefour routier et maritime, Belize City est le point incontournable pour quiconque traverse le pays. C'est aussi à partir de cette ville que l'on prend le bateau pour accéder aux Cayes et à la barrière de corail. L'endroit se révèle idéal pour faire des emplettes ou mettre à jour la liste des produits dont on manque, car c'est la seule véritable «grande» ville du pays, et l'on y trouve tous les produits et services nécessaires. Du reste, on en fait le tour rapidement et l'on part vite ailleurs, à moins de vouloir profiter des attraits situés un peu plus loin dans les terres.

Métropole sur la mer des Caraïbes, Belize City a beaucoup d'affinités avec le célèbre archipel. Sa population est tantôt noire, tantôt métissée, vaguement blanche, et une ambiance de flibustiers se fait clairement sentir lorsqu'on se promène dans ses rues qui croisent des canaux où de vieilles maisons de bois s'entassent les unes contre les autres. Encore ici, la pauvreté ne se cache pas. Les problèmes de sécurité semblent s'estomper avec les années, mais ne prenez pas de chance: arrivez le jour.

Swing Bridge *(dernier pont au sud, sur Haulover Creek).* Ce pont enjambe le cours d'eau qui sépare la ville en deux. C'est le point de départ idéal pour ceux qui désirent tâter le pouls de la ville. Vous avez deux possibilités: partir vers le sud et longer la rivière jusqu'à la mer des Caraïbes, d'un côté ou de l'autre du pont (vous aurez ainsi l'occasion de croiser certains monuments importants comme l'ancienne maison du gouverneur et quelques parcs centraux) ou tout simplement vous perdre dans les dédales de ruelles plus étroites les unes que les autres.

ⓩ **Belize Zoo and Tropical Education Center** *(6$; 9h à 16h30; Western Highway, ☎081-3004).* Ce zoo de 400 ha à 40 km au nord de la ville permet d'observer tous les animaux du pays, et ce, dans leur habitat naturel. Malheureusement, ces animaux sont dans des cages où l'on a reconstitué leur habitat naturel. Mais bon, au moins on peut les voir. Pour les inconditionnels, voir les deux réserves ci-dessous. Prenez un bus sur la Western Highway et demandez au chauffeur de vous laisser à l'entrée.

Altun Ha *(2,50$; 9h à 17h; à 48 km au nord de la ville).* Attention: ceux qui en ont marre des sites archéologiques qui se ressemblent tous seront surpris. Non que le style de celui-ci se distingue dramatiquement des Chichén Itzá et autres Palenque et Copán, mais il se situe en pleine jungle, et de nombreux sentiers en parcourent le territoire, offrant une occasion inespérée d'observer la faune. Découvert en 1957, Altun Ha est en quelque

DÉTAILS PRATIQUES

Transport en autocar: vers **Corozal, Orange Walk** et le **Mexique** *(Batty Brothers, située au 54 East Collet Canal, ☎027-7146)*; départs toute la journée. Deux heures de route ou plus pour 3-4.

Vers **Belmopan** *(2$ et 1 h 15 min de trajet)* et **Dangriga** *(5$ et 3h30 de route; Z-line, Magazine Rd., ☎027-3937)*: départs à 8h, 10h, 12h, 14h, 15h, 16h et 17h. Pour **Punta Gorda,** il en coûte 11$ pour huit heures de route; téléphonez pour connaître l'heure de départ. Une autre compagnie, **James Bus Line** *(West Collet Canal St.)*, propose ses bus vers Punta Gorda tous les jours à 7h, sauf le mercredi et le vendredi. On peut rejoindre **San Ignacio** et la **frontière guatémaltèque** en changeant d'autobus à Belmopan.

Bateau: Marine Terminal & Museum *(10 North Front St., ☎023-1969)*. Réservez une journée à l'avance les fins de semaine. Départ pour **Caye Caulker** toutes les deux heures entre 9h et 17h; 40 min de bateau et 7,50$. Avoir imperméable et insectifuge à portée de main. Le départ pour **San Pedro** se fait à 9h et coûte 15$. Mais San Pedro, c'est très cher de toute façon et les touristes y sont assez *high-class*.

Argent: Belize Bank, Barclay's Bank et **Bank of Nova Scotia** sont toutes sur Albert Street. On peut y faire des avances de fonds sur Visa et l'on peut aussi y changer ses chèques de voyage. Fermés les après-midi, sauf le vendredi.

Courrier: Queen Street et North Front Street; 8h à 16h30.

Téléphone: 1 Church Street, à côté du parc. Ouvert de 8h à 20h.

Information touristique: 83 North Front Street. Cartes et brochures sont disponibles.

sorte le cimetière dans lequel on enterrait les grands prêtres de la civilisation maya. Le temple du Dieu-Soleil s'élève à 18 m. Pour s'y rendre, on prend un bus vers le nord et l'on demande au chauffeur d'arrêter à l'intersection pour Rockstone Pond. Il reste ensuite une quinzaine de kilomètres à faire sur le pouce.

Bermudian Landing Community Baboon Sanctuary *(5$; 8h à 17h; à 33 km au nord-ouest)*. Royaume des singes crieurs qui répondront à toutes vos tentatives d'imitation, cette réserve renferme un espace de 32 km² dans lequel se promène une grande quantité d'animaux. Vous pouvez recourir aux services de guides qui savent les faire descendre de leurs perchoirs, et même louer un canot et voguer sur la rivière adjacente. On prend un bus vers le nord pendant environ 20 km, et l'on demande au chauffeur d'arrêter à l'intersection pour Bermudian Landing, d'où l'on fait du pouce.

Crooked Tree Wildlife Sanctuary *(4$; 8h à 16h; ☎022-2084)*. Ici, on trouve surtout des oiseaux rares qui survolent les marais et la lagune. L'expérience est magique, mais il en coûte cher pour faire des excursions spéciales et dormir sur place, dans le magnifique petit village, à moins que vous ne campiez. L'entrée de la réserve est à 4 km de la Northern Highway et à 50 km de Belize City. On prend un bus vers le nord et l'on marche le reste ou l'on sort son pouce.

Belize City

$

RÊVE

Bon Aventure Hotel *(12,50$; 122 North Front St., ☎024-4248 ou 024-4134)* ▣ Petites chambres propres. Bien situé et géré par une famille chinoise sympathique qui répond à vos questions. La **North Front St. Guesthouse**, juste à côté, est un peu plus chère mais attire beaucoup les voyageurs avec sac à dos. Chambres grandes et propres.

Mira Río *(13,50$; 59 North Front St., ☎023-4147)* ▣ De l'autre côté de la rue et sur le bord de la rivière. Simple et plus tranquille si votre chambre donne sur le cours d'eau. Bar, terrasse et billard.

Seaside Guesthouse *(20$ en dortoir; 3 Prince St., ☎027-8339)* ▣ Géré par des quakers, l'établissement verse ses profits à des oeuvres socio-environnementales. On peut en parler longuement avec les employés et obtenir des tuyaux sur comment en faire plus. Ah oui! Les chambres sont simples et propres, et les gens peuvent vous conseiller sur votre périple.

Belize City

$

BOUFFE

Dit's Restaurant *(King St. et Albert St.)* ▣ Favori des habitants. On y sert de généreuses portions de *rice & beans* à prix modique. Relax et sans prétention. On y fait aussi de bons desserts.

Belize
City

$

BOUFFE

GG's Café & Patio *(2-B King St., ☎027-4378)*. Décor agréable, menu varié et meilleurs hamburgers de Belize City.

Macy's Café *(18 Bishop St., ☎027-3419)*. Menu varié et bouffe typique mais aussi internationale. Beaucoup d'aventuriers s'y retrouvent dans son ambiance détendue.

▶▶ LES CAYES ◀◀

La majeure partie de la deuxième plus grande barrière de corail du monde passe par le Belize. Elle constitue l'un de ses attraits les plus fameux. Les Cayes, ce sont de petites îles éparpillées le long de cette barrière. On y vient donc pour relaxer à l'ombre des palmiers, mais aussi pour faire de la plongée sous-marine. Ceux qui ne peuvent défrayer les coûts d'un cours de plongée (moins cher si vous vous rendez jusqu'à Útila, au Honduras) se rabattront sur la plongée-tuba. Quelques îles ont des infrastructures pouvant accueillir les voyageurs. Retenons principalement Ambergris Caye et Caye Caulker. De celles-ci, seule Caye Caulker mérite notre attention, car elle est de loin plus abordable et moins infectée de *yankees* que sa grande soeur au nord. C'est aussi la plus décontractée, avec des habitants *mestizos* et *garifunas* très accueillants.

CAYE CAULKER

Avec ses 7 km de longueur, tous les points de l'île sont facilement accessibles à pied. Le contraire serait surprenant, puisque Caye Caulker ne compte qu'une douzaine de véhicules. Il y a un panneau de circulation très évocateur à ce sujet: *Go Slow.* Ce qui résume l'ambiance nonchalante, voire contemplative de l'île. Ici, on se dit qu'on pourrait s'amener avec une caisse de livres et lire pendant un mois en alternant avec des journées de plongée-tuba. Regardez le crépuscule de l'intérieur ou armé d'un puissant insectifuge contre les puces de sable qui sortent à cette heure.

Plongée-tuba *(Dolphin Bay Travel, Front St., ☎022-2214)*. Ce comptoir fait office d'agence globale pour tous les organisateurs d'excursions. Les prix sont identiques à ceux des détaillants et varient entre 5$ et 20$ pour une journée de plongée. Pour des excursions spéciales, plus loin, il faut sortir

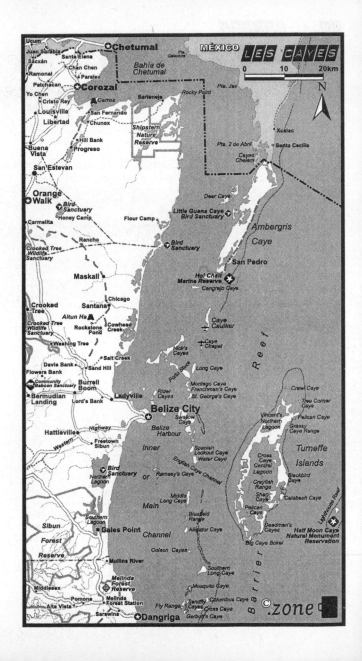

DÉTAILS PRATIQUES

Transport en bateau: on conseille de réserver un jour à l'avance les fins de semaine. Les départs pour **Belize City** se font à 6h45, 8h, 10h et 15h chaque jour. Le trajet dure 40 min et coûte 7,50$. On achète les billets au pied du quai, aux bureaux de la **Caye Caulker Water Taxi Association**, au ☎022-2992. De l'arrière de l'île, sur le Back Pier, on peut attraper l'un des bateaux qui reviennent d'**Ambergris Caye** si l'on agite assez fort les bras à 10h30 ou 13h30.

Argent: l'**Atlantic Bank** (8h à 14h, sam 8h à 12h, Middle St.) est le meilleur endroit pour échanger vos chèques et vos devises ou pour obtenir une avance de fonds.

Renseignements touristiques: **Dolphin Bay Travel** (Front St., au nord du quai, ☎022-2214). Ici, on prend le temps de répondre à vos questions.

C'est aussi ici qu'on peut acheter les billets pour les excursions vers la barrière de corail. Possibilité de prix encore plus avantageux si vous formez un groupe.

Courrier: Post Office (ouvert de 8h à 17h en semaine, sauf le vendredi: après-midi seulement; Back St. South).

Téléphone: les bureaux de BTL sont sur Front Street, près du quai.

Internet: Island Girl Productions (9h à 12h et 16h à 19h; Front St., au nord du quai, ☎022-2309; islandgirl@btl. net) propose un service de courrier électronique à 0,50$/2 min, en plus de produire un journal local, le *Village Voice*, publié aux deux semaines et offrant de l'information sur l'île, parfois utile aux voyageurs.

les billets. Un guide rasta, Johnny, connaît bien les différents endroits pour observer la faune aquatique que vous désirez voir. La particularité est qu'il vous emmène dans son petit bateau à voiles, ce qui ajoute à la tranquillité de l'aventure. Si vous logez aux Ignacio Beach Cabins, il est possible de faire une excursion avec Ignacio et, si le temps est maussade et que vous avez trop froid après une heure, il sortira ses appâts et vous fera pêcher. Évidemment, le soir, on déguste le festin. On peut louer de l'équipement de plongée-tuba sur l'île mais, pour ce qui est des cours de plongée sous-marine, ils sont vraiment hors de prix. Attendez d'être rendu à Útila, au Honduras, où c'est trois fois moins cher.

The Cut *(au nord du village)*. Un ouragan a laissé sa trace de façon pour le moins inusitée lors de son passage: il a coupé l'île en deux. C'est à cet endroit que l'on peut se baigner sur la seule véritable plage de l'île. Sinon, il faut aller au large en excursion de plongée et se baigner dans la mer.

Caye Caulker

$

RÊVE

Miramar Hotel *(10$; Front St.)* ▶ Populaire auprès des *backpackers* à cause de son prix imbattable sur l'île, l'hôtel est souvent complet et propose des chambres correctes.

Castaways Hotel & Restaurant *(11$; Front St., ☎022-2294)* ▶ Économique, central, bonne bouffe, chambres simples et confortables.

 Ignacio Beach Cabins *(15$; sur la plage au sud, ☎022-2212)* ▶ Petites cabanes sympathiques au milieu des palmiers de la plage. Beau quai à votre disposition et toilettes dans chaque chambre. Possibilité d'excursions au récif avec Ignacio.

Caye Caulker

$

BOUFFE

Glenda's Restaurant *(Back St., ☎022-2148)* ▶ On y sert de bons et généreux repas le matin et le midi, dans une rue moins touristique que Front Street. Brioches à la cannelle et *burritos*, mmmmm!

I&I Resto-Bar *(entre Front St. et Back St., vers le sud)* ▶ Plats végétariens et variés, dans une terrasse remplie de verdure et avec une constante musique reggae.

Marin's Restaurant *(Back St.)* ▶ Un peu plus cher, mais ça vaut néanmoins le coût pour les portions gigantesques et les bons plats de viande ou de poisson grillé.

⏭ NORD DU BELIZE ⏮

Ce qui distingue la région du nord du Belize, c'est son relief très peu accidenté et, du même coup, extraordinairement favorable à l'agriculture. C'est ici qu'on produit la plus grande partie des agrumes du pays, sans oublier la canne à sucre, dont vous croiserez à coup sûr plusieurs champs lors d'une virée en bus. Le flot de camions qui transportent les cannes vers l'usine de transformation est incessant et peut parfois causer des bouchons sur l'autoroute. En ce qui concerne les attraits du coin, il y a toujours la nature, fièrement représentée dans toute sa splendeur par la **Rio Bravo Conservation Area**, collée sur le Guatemala et le Mexique, mais malheureusement difficilement accessible ou très coûteuse.

Un bon moyen de jumeler le meilleur des deux mondes est de participer à une expédition vers un des nombreux sites mayas du territoire, qui se retrouvent très souvent en pleine jungle. Car la région compte un riche passé maya. C'est ici qu'on a découvert les plus vieux sites de cette civilisation, qui datent de l'an 2500 avant notre ère. Le nord a par ailleurs également servi de terrain d'exil pour de nombreux *Mestizos* mexicains durant la guerre des castes qui ravageait le Yucatán au XIXe siècle. Ça explique pourquoi vous entendrez plus d'espagnol que d'anglais ici et verrez moins de descendants d'esclaves.

ORANGE WALK

Plantée au beau milieu des champs de canne à sucre, Orange Walk a aussi été le lieu de la dernière rébellion maya entre 1866 et 1872. Pour compléter le tableau, quelques colonies de mennonites se sont installées à proximité de cette ville de 10 000 habitants. On dit qu'au milieu des champs les fermiers n'hésitent pas à faire pousser des plants de marijuana, de façon à ne pas être esclaves d'un seul produit, dont le cours est fixé par les spéculateurs d'une grande capitale occidentale étrangère.

(Z) **Lamanaí** *(à 35 km au sud; par la New River)*. Cette expédition d'une journée est probablement la meilleure raison de passer par Orange Walk. Faune et flore sont au rendez-vous du trajet en bateau qui vous mène à bon port. Vous passerez également devant la communauté mennonite de **Shipwreck** en cours de route. Après deux heures de bateau, la rivière et les marais font place à une lagune, et les premières collines apparaissent. Sur celles-ci se dressent des temples encore recouverts de végétation. La fondation du site remonte à 1 500 ans avant J.-C., soit sept siècles avant la fondation de la grandiose cité de Tikal. Avec ses 783 structures, dont à peine 10% ont été restaurées, Lamanaí est le deuxième site en importance au pays (après Caracol), et son temple le plus élevé trône à 32 m de hauteur. Fait rarissime: le site était habité par 3 500 Mayas lors de l'arrivée des premiers missionnaires franciscains. C'est d'ailleurs grâce à eux si l'endroit porte son nom d'origine. Le bateau qui part d'Orange Walk coûte 30$ par personne si vous arrivez à former un groupe de

DÉTAILS PRATIQUES

Transport: les bus ont tendance à être plus fréquents le matin, mais le délai d'attente ne dépasse jamais une heure, que vous alliez à **Belize City** ou à **Corozal**. Le tarif est d'environ 2$. Il est aussi possible de prendre un autocar en direction des ruines de **Lamanaí** les mardis et jeudis après-midi, à partir du marché, mais le trajet en bateau est incomparablement plus spectaculaire.

Argent: la **Belize Bank** et la **Scotia Bank** sont en face du parc central sur la rue principale. Ouvertes de 8h à 13h et de 15h à 18h.

Renseignements touristiques: **Jungle River Tours** *(20 Lovers' Lane, ☎032-2293)*. Prenez un verre au bar adjacent à l'office de tourisme tout en discutant des mille visages du Belize avec les employés. Ils sont très gentils et connaissent à fond leur région.

Courrier: en face du marché; Hospital Crescent. Ouvert en semaine de 8h à 13h et de 15h à 17h.

cinq curieux. L'adresse de l'organisateur est la suivante: **Jungle River Tours** *(20 Lovers' Lane, ☎032-2293, Orange Walk)*. C'est cher mais ça vaut le coup. Et le repas du midi est fourni. Réservez une journée à l'avance.

Cuello *(entrée libre; à 5 km à l'ouest)*. Ces ruines plus modestes détiennent le record d'ancienneté pour un site maya: elles datent de l'an 2500 avant J.-C. Elles se trouvent de nos jours sur la propriété d'une distillerie de rhum. Il est possible de prendre un bus au coin des rues Aurora et Santa Ana.

Corozal *(50 km plus au nord qu'Orange Walk)*. Village un peu plus petit où l'on trouve quelques bons hôtels pour les voyageurs sans le sou (notamment le **Maya** et le **Capri**). À partir de ce village, les ruines mayas de **Cerros** sont facilement accessibles via l'un des bateaux qui traînent au port. À quelques kilomètres au nord de la ville se trouve également le **4-Mile Lagoon**, le meilleur endroit de la côte nord pour se baigner et relaxer tranquillement. Les bus en direction de la frontière vous y déposeront.

Orange Walk	RÊVE
$	**Jane's** *(13$; Market Lane)* ▶ Belles chambres doubles dans une maison agréable mais à la propreté douteuse. **Hotel Taisán** *(15$; centre-ville, ☎032-2752)* ▶ Toilettes communes et chambres simples, petites et propres. Peut parfois être bruyant.

Orange Walk	BOUFFE
$	On trouve une quantité impressionnante de **restaurants chinois** abordables, disséminés un peu partout dans la ville. On vous suggère le **Hong Kong** et le **Lee's**. **Juanita's Guesthouse & Restaurant** *(8 Santa Ana St., ☎032-2677)* ▶ Spécialités du pays et ambiance de restaurant de quartier incomparable. On y sert tous les repas.

▶▶ SUD DU BELIZE ◀◀

Au sens propre et figuré, c'est ici qu'on sort des sentiers battus. Parce qu'en effet la route se détériore et donne au touriste moyen un prétexte pour arrêter son épopée. Cela a comme conséquence de laisser les attraits du coin dans leur beauté immaculée. D'où le fait que les habitants sont moins agressifs face aux touristes, dont la présence n'est pas devenue banale comme dans le reste du pays. Alors, courez à l'assaut des villages garifunas sympathiques, des jungles impénétrables qui gardent les secrets mayas, des plages et des Cayes moins fréquentées. Vous devrez parfois payer le prix pour parvenir si loin, mais il faut se rappeler que plus la route est longue, plus la découverte devient fabuleuse. Pour une ambiance de carnaval, passez dans la région les 18 et 19 novembre, jours où l'on fête l'arrivée des premiers Garifunas.

DANGRIGA

La plus grande population de Garifunas vit à Dangriga, ville qu'elle a elle-même fondée en 1823 après son expulsion de l'île de St-Vincent. La culture Garifuna vient du mélange entre les Indiens caraïbes et les descendants d'esclaves africains qui

---

DÉTAILS PRATIQUES

Transport: Z-Line *(Commerce St.,* ☎*052-2160)* est la principale compagnie de bus.

Belmopan: 3$; départs à 5h, 6h, 8h 14h et 17h; durée: 2 heures. Ces bus vont jusqu'à **Belize City** en quatre heures.

Belize City: 4,50$; départs à 5h15 et 8h15; durée: 2 heures.

Placencia: 4$; départs à 12h15 et 16h30; durée: 2 heures.

Punta Gorda: 6,50$; départs à 12h, 16h, et 19h; durée: 5 heures.

Argent: les banques sont sur Commerce Street.

Renseignements touristiques: le **New River Café** est un endroit populaire auprès des voyageurs, ce qui en fait la principale source d'informations sur la région. La nourriture y est cependant un peu dispendieuse.

Courrier: 16 Caney Street.

Téléphone: Commerce Street, en face du poste de police.

échouèrent sur St-Vincent au XVIIe siècle et se firent amis des autochtones. Le métissage dura un siècle, avant que les Anglais, fort du traité de Paris, tentent de rétablir l'esclavage. Le peuple libre garifuna s'y opposa violemment et fut déporté vers les îles de la Baie du Honduras. Non content, il émigra par la suite le long des côtes caraïbes, du Honduras au Belize. Cette culture est présente partout à Dangriga, qui représente le principal pôle commercial de la région. On fait rapidement le tour de cette ville aux baraques de bois côtoyant quelques constructions à l'allure coloniale.

Gales Point *(à 40 km au nord de Dangriga).* Cela n'est pas une plage, mais bien un petit village au beau milieu d'une nature côtière abondante. On peut quand même s'y baigner et louer des kayaks, mais la principale attraction demeure l'observation de la flore et de la faune (lamantains, crocodiles, tortues de mer, iguanes, tapirs, jaguars...). Pour s'y rendre, on attrape le bus pour Belize City à 6h ou 9h au coût de 2,50$. Il revient à 15h45 et 17h30.

Ⓩ **Hopkins** *(à 13 km au sud de Dangriga).* Divisez par 10 la taille de Dangriga, déplacez-la le long d'une petite baie et vous avez Hopkins. Ici, le terme Garifuna prend tout son sens, et la plupart des habitants vous salueront à votre passage. Cette petite localité fait assez «bout du monde» et en dépaysera plus d'un. Pour vous donner une idée, l'électricité et la télévision n'ont pas encore fêté leur dixième anniversaire à Hopkins. Une jolie promenade sur la plage permet la baignade dans un décor enchanteur de petites cabanes de bois alternant avec de nombreux palmiers. Le résultat est un décor paisible dans une ambiance amicale, propice au contact avec les habitants et leur culture bien originale. Il y a un bus qui s'y rend chaque jour. Renseignez-vous sur place. En ce qui concerne l'hébergement, une bonne variété de possibilités s'offre à vous. Non loin, au sud d'Hopkins, se situe le village de **Sittee River**, point de départ pour **Glover's Reef**. Chaque dimanche matin à 8h, un bateau se rend dans cet archipel situé à plus de 60 km des côtes. Le trajet dure cinq heures et coûte 40$. Le bateau revient le samedi. Il y a bon nombre de *cabañas* où l'on peut séjourner pour environ 100$/semaine. Le camping, sur ces îles paradisiaques, est permis et beaucoup moins dispendieux. Amenez masque et tuba, crème solaire et lotion insectifuge.

ⓩ **Maya Center et Cockcomb Basin Jaguar Reserve** (*un peu plus loin qu'Hopkins, vers l'intérieur des terres*). Avis aux mordus ou à ceux qui n'ont pas peur de se faire mordre: ici se trouve la seule réserve de jaguars en Amérique centrale. Un arrêt s'impose au village maya, très typique avec ses costumes traditionnels et tout, directement à l'entrée de la réserve. Une particularité de ce village est son **Hmen Herbal Center & Medecine Trail** (*☎05-2266*), incontournable pour entrer dans le mystérieux monde des herbes médicinales mayas. Le centre peut vous organiser des randonnées dans le parc, de même que la visite de son jardin botanique (*2$*). Il s'agit du parc le plus sauvage du pays, et les aventuriers devraient l'inscrire sur leur liste d'attractions. En plus des jaguars, on y voit des grenouilles aux couleurs flamboyantes et des pumas. Pour s'y rendre, il faut prendre un des bus pour Punta Gorda et descendre à Maya Center, pour ensuite faire du pouce ou se joindre à une expédition à partir de ce village. Les randonnées de plus d'une journée sont possibles, mais il est indispensable d'être accompagné d'un guide pour cause de sentiers parfois inexistants.

Placencia (*à 50 km au sud de Dangriga*). Un autre village à l'atmosphère résolument caraïbe et l'impression d'être réellement sur une île. Placencia est à l'extrémité sud d'une bande idyllique de sable qui s'étend sur 17 km. Ses plages comptent d'ailleurs parmi les plus belles du Belize, côté continent. On s'y baigne dans une eau limpide où il fait bon admirer les coraux en apnée, ou l'on s'y promène simplement le long d'un rivage qui semble sans fin. Il est possible d'organiser des sorties à la barrière de corail. Les horaires de bus changent constamment, mais il y a au moins un bus par jour qui part de Dangriga; on se renseigne à Dangriga. Le charmant **Paradise Vacation Hotel** *(20$; à la pointe sud du village)* n'est pas le moins cher établissement du village, mais il offre un confort au-dessus de la moyenne et peut organiser toutes sortes d'expéditions, autant vers la barrière de corail qu'à l'assaut de la jungle et des sites mayas ensevelis.

Punta Gorda *(à 115 km au sud de Dangriga)*. À partir de ce port (le plus austral du pays), on peut gagner le Guatemala ou le Honduras au moyen d'un traversier pour les voitures. Les bateaux pour Puerto Barrios, au Guatemala, quittent chaque matin à 9h *(Requenas Charter Services 10$; 12 Front St., ☎05-2070)*. D'autres bateaux peuvent prendre le départ s'il y a suffisamment de passagers. Autrement, Punta Gorda est un petit village paisible et très multiculturel, à partir duquel on peut atteindre les fabuleuses ruines mayas de Lubaatun, à une vingtaine de kilomètres du village. Il n'y a pas d'autobus qui se rend dans ce coin, et vous devez prendre un autre moyen de transport pour San Miguel. Seulement à faire si la civilisation maya vous excite énormément. À Punta Gorda, on peut dormir à la **Nature's Way Guesthouse** *(13$; 65 Front St., ☎07-2119)* dans des chambres simples à l'ambiance familiale. Des excursions peuvent être organisées dans les environs via cet établissement. Demandez de l'information sur les programmes d'hébergement chez des familles de villages mayas. **Z-Line** et **James Bus Line** proposent des départs vers le nord à 4h30 ou 11h, dépendant du jour. Aucun service les jeudis et les vendredis.

Cayes du Sud *(îles accessibles en bateau à partir de Dangriga)*. Il est possible de rejoindre plusieurs Cayes du sud et, selon vos moyens, d'y rester quelque temps. À partir de **Placencia**, l'hôtel **Kitty's Place** *(☎06-2327, ≈06-2326, ketty's@btl.net)* organise des excursions de camping sur **French Louie Caye**, une toute petite île où habitent quelques familles de pêcheurs. Le prix de 60$ inclut les activités de kayak de mer et de plongée-tuba. L'autre option est **Southwater Caye**, île plus grande que la précédente et composée de palmiers et de sable blanc. L'île est au beau milieu de la barrière de corail, ce qui en fait le lieu tout indiqué pour les fervents du monde du silence. On peut s'organiser avec le personnel du **Pelican Resort** *(☎05-2044, ≈05-2570, pelican-beach@alt.net)* à partir de **Dangriga**: 150$ pour une semaine et une chambre double dans un paradis coupé du monde.

Dangriga

$

RÊVE

Cameleón *(13$; près du centre)* ▣ Pas de toilettes privées. Propre, pas cher et sécuritaire.

Bluefield Lodge *(19$; 6 Bluefield Road, ☎05-2742)* ▣ L'endroit où aller, même si c'est un peu plus cher. Les chambres sont belles, aérées, et il est possible de choisir sa chambre avec ou sans salle de bain, ce qui peut en réduire le coût.

Gales Point

$

RÊVE

Pour les rêves, une petite auberge sans prétention nommée **A Jentings** *(20$ avec petit déjeuner)* fera l'affaire.

Hopkins

$

RÊVE

Côté budget, c'est le **Caribean View Motel** *(15$)* que l'on vous propose pour son prix et sa position directement sur la plage.

Dangriga

$

BOUFFE

Burger King (rien à voir avec la multinationale...) *(Commerce St.)* ▣ Excellents petits déjeuners. Bouffe traditionnelle et américaine, au choix.

Les **Starlight** et **Alida's Restaurants** *(dans la même rue)* proposent des menus chinois et traditionnels.

⏭ OUEST DU BELIZE ⏮

L'ouest du Belize, c'est le Belize de l'intérieur. Même si vous n'êtes jamais à plus de 150 km de la mer, vous aurez l'impression d'être à des années-lumière des coraux. Ici, c'est la jungle qui règne, et l'on se demande d'ailleurs comment les Mayas ont réussi avec succès à édifier leurs nombreux temples à des endroits où il n'y a même pas de cours d'eau. La route qui part vers l'ouest passe par Belmopan, la nouvelle capitale où les fonctionnaires ne

viennent que bosser pour la journée avant de retourner dans la
«vraie ville» qu'est Belize City. Mais le coeur de l'ouest, c'est
véritablement San Ignacio, situé un peu plus loin, au beau milieu
des richesses de la région. Et 25 km plus loin, c'est déjà le
Guatemala.

SAN IGNACIO

(Z) Incontournable, San Ignacio donnera satisfaction autant à
ceux qui veulent bouger qu'aux oisifs en quête de tranquillité. Car les attraits sont nombreux ici, et la nature est tout
simplement fantastique. Selon le temps dont vous disposez et vos
intérêts, San Ignacio est l'endroit tout indiqué pour servir de
camp de base pour des expéditions quotidiennes dans le coin.
Située sur un terrain vallonné et légèrement en altitude, la
ville offre un climat agréable, et il fait bon s'y promener. San
Ignacio n'est pas très étendue, et la marche constitue le moyen
de transport idéal. Ce moyen serait aussi très économique en plus
de garantir une bonne santé à ceux qui marchent quotidiennement.

Cahal Pech *(2,50$; fermé le lun et dim après-midi)*. Ces ruines
mayas sont situées à côté de la ville, sur la route qui va au
Guatemala, un peu après l'hôtel San Ignacio. La cité s'étend sur
1 ha et offre de beaux points de vue sur la région. Un petit
musée complètera l'éducation de ceux qui tendent vers l'érudition
totale.

El Pilar *(à 25 km au nord-ouest)*. Renseignez-vous au **Eva's
Restaurant** pour les excursions organisées. Cette cité est
intéressante, car on y sent réellement le passage du temps.
Contrairement à la plupart des sites du pays, celui-ci n'a pas
encore été excavé, déterré, remodelé, et l'on n'a pas encore posé
de gazons entre ses 25 *plazas*. Bref, bonjour Indiana Jones, c'est
ici que ça se passe! Vous aurez le sentiment d'être le premier
arrivé depuis la chute d'El Pilar, il y a 1 000 ans. On voit
aussi beaucoup de vie animale dans les sentiers qui traversent El
Pilar.

Pantí Medecine Trail *(5$; à 12 km au sud-ouest)*. L'élève d'un
vieux Maya décédé il y a quelques années a décidé de construire
ce sentier pour rendre hommage à son professeur. Celui-ci lui
avait enseigné quelques secrets sur les vertus médicinales
associées aux plantes de la forêt vierge. Le sentier identifie
plus de 4 000 espèces et s'avère extrêmement intéressant. On s'y
rend en canot ou avec l'une des expéditions organisées en ville.

(Z) **Xunantunich** *(2$; à 12 km à l'ouest)*. Probablement le site le
plus accessible du coin. Il suffit de prendre un des
nombreux bus qui vont vers la frontière aux heures et de des-

DÉTAILS PRATIQUES

Transport: les bus partent du marché vers **Belmopan, Belize City, Benque Viejo** et la frontière du **Guatemala** chaque demi-heure dès 8h. Selon votre destination, vous paierez entre 0,75$ et 2,50$. **Tikal** est à 150 km de San Ignacio. Il en coûte 20$ pour le transport aller-retour avec Mini Transporte Miaita (**☎092-2253**).

Argent: les banques offrent tous les services et sont situées sur Burns Avenue.

Renseignements touristiques: avec ses murs tapissés d'informations pour les touristes en tout genre, **Eva's Restaurant** est une mine d'or pour le voyageur qui y rencontrera assurément des pairs avec qui échanger ou partager les frais (et les réduire) d'une expédition. Affiches, cartes et aussi bonne bouffe.

Courrier: Post Office, au-dessus de la station de police.

Téléphone: le **BTL** est situé un peu plus loins sur Burns Avenue.

Internet: l'accès au réseau se fait au **Eva's** (quel bon endroit!).

cendre au village de **San José Succotz**. Très bien restauré depuis bon nombre d'années déjà, son *castillo* de 40 m de hauteur en fait la plus haute structure maya après celui de Caracol. Les points de vue sur les différents horizons de la région sont à couper le souffle.

Ⓩ **Moutain Pine Ridge** et **Caracol** (*respectivement à 20 km et à 100 km au sud*). Point d'entrée des terres vierges vers les Maya Mountains, la région ressemble à un immense territoire où toute la colonisation et le défrichement restent à faire. Et soudainement, on trouve tout plus beau ainsi, et l'on s'imagine abordant le Belize en 1502. Oui, bon, il y a quand même des routes, bien sûr. Retournez au Eva's pour voir quand les prochaines expéditions abordables partent. Il est possible de faire une journée de baignade et d'exploration aux incroyables **Hidden Valley Falls**, tombant sur plus de 1 000 m dans un désert de verdure. La même journée, on vous emmènera aux **Rio Frio Caves**, un réseau de cavernes et de rivières souterraines où l'on peut jouer au spéléologue. L'impression de petite fourmi se donnant l'illusion d'avancer dans un champ infini devient rapidement un truisme, à mesure que le véhicule se déplace et que la forêt sans cesse s'agrandit. L'autre expédition, plus ambitieuse, et qui nécessite au moins une autre journée, consiste à se rendre à

Caracol, LA cité maya du Belize, comme Copán l'est au Honduras et Tikal au Guatemala. Caracol est plus vaste que Tikal, et le déchiffrage des hiéroglyphes raconte des victoires militaires de Caracol sur sa voisine du Petén. Caracol, ce sont 35 000 constructions et 150 000 habitants sur 8 km² à son apogée. Gigantisme paradoxal du fait que le site ne soit pas situé près d'un cours d'eau: on se demande comment ils ont amené tous ces matériaux à bon port, puisqu'il n'y avait pas de port. Caracol est très loin, et il en coûte plus cher pour s'y rendre. Et plus on va loin, plus on s'enfonce dans le *no man's land*, où la faune circule plus facilement que les mutants *homo sapiens*. En plus, ces derniers peuvent observer des jaguars ailleurs que sur le bord des routes où ils ont été mortellement happés par les voitures.

San Ignacio
$

RÊVE

Ⓩ **Cosmos Camping** *(3-8; à une demi-heure de marche vers le nord, le long de la rivière)* ▶ Avantage (ou désavantage) d'être à l'écart de la ville: cette oasis de verdure possède quatre chambres rudimentaires avec le chant des grillons comme somnifère infaillible. Badigeonnez votre peau d'aloès que vous cueillez vous-même dans une douche remplie de plantes. Si vous avez une tente, c'est ici qu'il faut la planter. La rivière coule au fond de la propriété, et il est fortement suggéré de **louer le canot** des propriétaires pour 10$ et remonter le cours d'eau, plus loin que la ville, pour arriver dans la jungle, avec ses iguanes immobiles et sa mystérieuse aura.

The Budget Hotel *(10$; 17 Burns Ave., ☎092-2024)* ▶ Propre et très central. Deux salles de bain communes. Le bruit venant de la rue et de son animation matinale aura l'avantage de vous réveiller tôt pour vous faire profiter de votre journée (ta gueule maman!).

Tropicool Hotel *(12,50$; 30 Burns Ave., ☎092-3052)* ▶ Propre et sécuritaire dans une ambiance familiale. Excellente adresse.

San
Ignacio

$

BOUFFE

Martha's Kitchen *(10 West St., ☎092-3647)* ▶ Plats typiques, *burritos*, sandwichs et plats végétariens. Idéal pour relaxer au coucher du soleil.

(Z) **Original Eva's Restaurant** *(22 Burns Ave., ☎092-2267)* ▶ Plus qu'un resto-bar, c'est le point de ralliement des voyageurs. Menu très varié et toujours délicieux. On y vient pour le petit déjeuner, le souper, ou pour siroter une bière. Bref, n'importe quelle occasion est bonne.

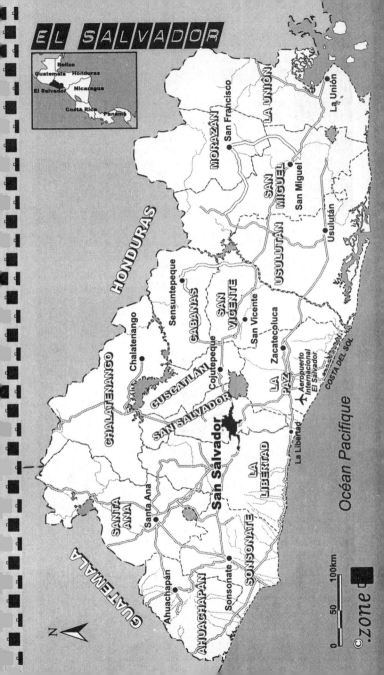

▌▌▌▌ Petit bout de terre collé sur le Pacifique, entre le Honduras et le Guatemala, El Salvador est le plus petit pays d'Amérique centrale, mais aussi le plus densément peuplé des Amériques. On y compte en effet six millions d'habitants sur un territoire de la taille du Massachusetts.

▌▌▌▌ Malheureusement, ce pays est plus connu pour ses violents conflits que pour ses beautés naturelles, pourtant nombreuses et spectaculaires. En effet, 75% de l'économie est orientée vers la culture du café, du sucre et du coton, et le contrôle des riches terres volcaniques productrices a toujours été au centre de la plupart des discordes. Une douzaine de familles, mieux connue sous l'appellation d'«oligarchie», a exercé un monopole à la fois au niveau des propriétés (40% des terres pour 2% de la population) et de la politique depuis le milieu du siècle dernier. Car El Salvador ne comptait qu'un demi-million d'habitants en 1850, c'est-à-dire jusqu'à ce que le café devienne immensément populaire en Europe et favorise du même coup la prospérité du pays. Un sociologue de réputation a récemment affirmé que la révolution industrielle n'aurait pu avoir lieu sans le café, nécessaire au moral des ouvriers. À l'aube de cette révélation, on comprend que certains chacals aient voulu s'assurer la mainmise de ce lucratif créneau.

▌▌▌▌ Bref, au Salvador, les guerres civiles ont coûté la vie à quelque 100 000 personnes (le «sauveur» était en vacances, dit-on) depuis les années trente, et les derniers conflits se sont réglés il y a tout juste 10 ans, lorsque l'ONU décida d'agir comme médiateur de paix. Ces tourments ont fait en sorte de décourager le touriste qui se voyait mal contempler les richesses naturelles au beau milieu d'une fusillade. Les tensions se sont relâchées depuis quelques années, et les deux derniers gouvernements ont été élus (contrairement aux précédents!), ce qui représente un pas non négligeable pour la nation. Néanmoins, la pauvreté demeure très visible et les écarts entre pauvres et riches sont loin d'être anéantis.

▌▌▌▌ De nos jours, le voyageur peut se promener sans toujours avoir l'impression qu'un fusil est braqué dans son dos. Les contrôles militaires sont encore fréquents, mais il s'agit de contrôles routiniers qui ne menacent pas le globe-trotteur. Surveillez tout de même votre image, car douaniers et autres officiers ont tendance à être moins sympathiques devant des gens dont un laisser-aller émane, soit de leur habillement, soit de leur physionomie (barbe et cheveux longs, malpropreté). Bref, profitez du temps calme qui semble vouloir régner sur le Salvador, et admirez ses nombreux attraits: montagnes, plages, volcans et plantations de caféiers.

⏭ SAN SALVADOR ⏮

Enfoncée dans une vallée, la capitale du pays n'est certainement pas le plus bel endroit à visiter au Salvador. Dans cette ville comptant plus d'un million d'habitants, les espaces verts sont rares, et la combustion des gros diesels a de la difficulté à se dissiper dans cette géographie en forme de cuvette. Les bien-nantis de la ville se sont récemment installés sur les hauteurs des collines environnantes, où l'air est plus respirable, ce qui a eu pour effet l'affaiblissement du centre-ville en tant que centre dynamique. L'entretien des vieux quartiers coloniaux est inversement proportionnel à la place qu'occupe la pauvreté, sans cesse grandissante. Selon les flancs que l'on gagne à partir du fond de la vallée, on tombe tantôt sur des palaces de béton armé, tantôt sur des châteaux de cartes en panneaux de plastique ou de carton où logent des familles entières.

Il peut être tout de même agréable de circuler à travers le vieux quartier de la ville, ne serait-ce que pour l'impression de désolation qui s'en dégage. Outre cela, c'est plutôt le désert en ce qui concerne les attraits. Malgré tout, la capitale, située avantageusement en plein centre du pays, se révèle être le lieu tout indiqué pour graviter vers les régions éloignées, là où se trouvent de nombreuses oasis...

Centre-ville. Quiconque s'attend à trouver des vestiges coloniaux d'envergure appréciable devra se trouver un bon vendeur de rêve pour voir quelque chose du genre, car le centre de la ville est assez désolant avec sa place centrale (**Plaza Barrios**), qui compte tout juste assez d'arbres pour offrir de l'ombre à quelques pigeons. L'immense **Catedral Metropolitana** est collée sur le parc, avec sa grosse structure de béton caverneuse coiffée d'un haut dôme. En fait, elle n'a jamais été achevée parce que les créan-ciers qui finançaient le projet se sont brouillés avec les autorités religieuses de l'époque, lesquelles se rapprochaient trop des pauvres à leur goût. Du côté ouest du square se trouve le **Palacio Nacional**, où siégeait le gouvernement avant que le tremblement de terre de 1986 l'endommage considérablement.

Marchés. Pour dénicher des pièces artisanales à bon prix (si l'on est prêt à marchander quelque peu), le **Mercado Ex-Cuartel** *(Calle Delgado et Avenida 8 Norte)* est l'endroit où aller. En ce qui concerne les aliments et les articles pour la maison, c'est au **Mercado Central** *(Calle Rubén Darío, trois rues au sud, entre Avenidas 7 et 9)* que vous pourrez vous les procurer.

Ⓩ **Panchimalco** *(à 14 km au sud; prendre le bus 17)*. Ce petit village est situé au coeur d'une région verdoyante, et sa population est presque exclusivement amérindienne. Il est

DÉTAILS PRATIQUES

Transport. Vers l'ouest: le **Terminal de Occidente** *(boulevard Venezuela et Avenida 49 Sur; prendre les lignes 4, 27 ou 34 pour s'y rendre)* dessert les destinations de l'ouest telles que **La Libertad**, **San Juan Opico**, **Santa Ana**, **Ahuachapán** et **Sonsonate**.

Vers l'est, le centre et le nord : le **Terminal de Oriente** *(boulevard Ejército et Avenida 38 Norte; prendre les lignes 7, 29, 33 ou 34 pour s'y rendre)* dessert **San Sebastián**, **Ilobasco**, **Cojutepeque**, **San Vicente**, **El Poy**, **Chalatenango**, **San Miguel**, **Usulután**, **La Unión** et **Santa Rosa de Lima**.

Vers le sud: le **Terminal del Sur** *(Autopista del Sur; prendre le bus 11-B)* dessert **Zacatecoluca**, **La Herradura** et la **Costa del Sol**.

Le service débute à l'aube et s'arrête en après-midi. Les prix varient selon les destinations mais demeurent très bas.

Argent: le **Banco Agricolo Commercial** change les dollars. Pour ce qui est des chèques de voyage, il est préférable d'utiliser les *casas de cambio*, abondantes un peu partout.

Information touristique: l'**Instituto Salvadorño de Turismo** *(619 Calle Rubén Darío, entre les Avenidas 9 et 11 Sur)* a de l'information en anglais et en espagnol sur les attraits de la ville de même que des cartes utiles. Vous pouvez leur poser les questions que vous voulez, et ils sauront vous diriger selon vos intérêts.

Courrier et téléphone: Centro de Gobierno, sur Rubén Darío entre les Calles 5 et 7 Sur.

agréable de se promener dans ses petites rues pavées qui passent devant une petite église coloniale.

Parque Balboa *(0,60$; bus 12 «Mil Cumbres»)*. De nombreux sentiers sillonnent ce parc rempli de jardins luxuriants. Il faut absolument aller jusqu'à l'extrémité sud du parc (avec le bus ou en marchant 45 min), où se situe la **Puerta del Diablo**, série de crêtes à partir desquelles on a une vue impressionnante sur toute la région.

Lago de Llopango *(à 16 km à l'est de San Salvador)*. Plus gros lac du pays avec 8 km de largeur sur 12 km de longueur, il occupe le cratère d'un volcan éteint. On y vient pour s'y baigner, mais on

1. Catedral Metropolitana
2. Plaza Barrios
3. Palacio Nacional
4. Teatro Nacional
5. Mercado Ex-Cuartel
6. Mercado Central
7. Estadio Nacional
8. Estadio Cuscatlán
9. Plaza Las Américas
10. Feria Internacional de El Salvador
11. Mercado Nacional de Antesanias
12. Basílica La Ceiba de Guadalupe
13. Universidad Centroamericana
14. Universidad Nacional de El Salvador
15. Capilla de la Divina Providencia

évite les fins de semaine, où trop de visiteurs s'y déplacent. On y accède avec l'autobus 15.

Los Chorros *(0,60$; à 18 km au nord-ouest de la ville)*. Il faut prendre l'autobus 201 «Ordinario» en direction de Santa Ana. Los Chorros se compose d'un ensemble de bassins naturels et de cascades entourées de splendides collines verdoyantes. L'endroit est enchanteur autant pour la baignade que pour la promenade, mais évitez les fin de semaine, où le paradis devient trop encombré.

Volcán San Salvador *(Santa Tecla)*. Ce sommet d'environ 2 000 m, visible depuis la ville, peut être escaladé assez facilement. L'autobus 101 mène à **Santa Tecla**, d'où l'on prend le 103, qui se rend une fois l'heure au pied du volcan. Il faut ensuite compter quelques heures pour l'ascension, mais aussi (et surtout) pour parcourir le contour des deux cratères situés sur la piste. Le cratère **El Boquerón** est particulièrement renversant. Attention de ne pas tomber des parois parfois très à pic.

La Libertad *(à 31 km au sud de la capitale)*. Port de pêche et principale station balnéaire du pays, La Libertad possède des plages moyennes. Il est préférable de se diriger vers les plages voisines telles que **Playa El Sunzal** et **Playa El Tunco**, beaucoup plus sablonneuses et fouettées par de puissantes vagues qui font la joie des surfeurs. Ces deux plages sont situées à 8 km à l'ouest de La Libertad, et l'on s'y rend avec l'autobus local 80. Mais auparavant, il faudra prendre le bus 102 depuis San Salvador, à partir du Terminal de Occidente. Apportez-vous de quoi bouffer pour vos excursions sur les plages éloignées de la ville.

San Salvador

RÊVE

Hotel Yucatán *(6$; 673 Calle Concepción)* ▶ Quartier peu sécuritaire la nuit mais c'est le moins pire des hôtels du coin. Salles de bain communes.

Hotel San Carlos *(10$; 121 Calle Concepción et Avenida 2 Norte)* ▶ Son principal atout est d'être là où les bus Tica s'arrêtent. Sinon, l'endroit est plutôt délâbré et dans un quartier mal famé.

Hotel Panamericano *(10$; 113 Avenida 8 Sur et Calle Delgado, ☎222-2959)* ▶ Grandeur des chambres variable, mais logis confortables. Quartier peu sûr la nuit.

La Libertad

RÊVE

Porto Bello *(6$; Av. 1 Sur et Calle 2 Poniente, ☎335-3013)* ▶ Obscur et peu invitant, son seul avantage est d'être peu dispendieux.

El Retiro Familial *(11$; vers la pointe)* ▶ Bon petit hôtel un peu plus cher.

San Salvador

$

BOUFFE

Los Entremeses de Federico *(2$; Calle Ponient, entre les Avenidas 13 et 15)* ▶ Menu varié dans un centre-ville délabré. Les repas sont souvent sous forme de buffet. Ouvert le midi seulement.

La Zanahoria *(4$; 1144 Calle Arce, entre les Avenidas 19 et 21)* ▶ Les plats végétariens sont à l'honneur dans ce restaurant en plein air.

⏭ NORD DU SALVADOR ⏮

Cette région a durement été touchée par la guerre civile, et la pauvreté y est la conséquence autant que le dénominateur commun. Le territoire est aujourd'hui libre, et les combats ont cessé depuis longtemps. Il y fait moins chaud que dans la capitale, car la région est ponctuée de nombreux sommets dont le plus élevé du pays. Pour une escapade de fraîcheur loin des pots d'échappement de San Salvador, il faut venir faire un petit tour dans le coin.

LA PALMA

Imaginez une route qui serpente entre les collines pour vous déposer dans une petite agglomération de 6 000 habitants juchée à 1 100 m d'altitude au beau milieu d'une forêt de pins. Très vite, vous découvrez que vous pouvez atteindre le sommet le plus élevé à partir de ce village, que l'activité principale y est l'artisanat sous forme de sculptures de bois et de draperies aux couleurs vives, et qu'une courte marche vous mène à de superbes chutes. Vous trouvez ce mélange d'attraits plutôt sympathique, et il vous semble que la vie a été bonne avec La Palma. Vous y restez quelques jours. Précisons quand même que les 80 km qui zigzaguent entre la capitale et le village prennent plus de trois heures d'autobus bondé à parcourir. Mais il faut le prendre du bon côté, quand on sait que l'attente fertilise la surprise! À

DÉTAILS PRATIQUES

Transport: les bus pour **San Salvador** (numéro 119) partent toute la journée et prennent entre trois et quatre heures pour franchir la distance. Il est aussi possible de prendre un bus pour le Honduras sur une route qui mène à **Copán** et à **San Pedro Sula**.

Renseignements touristiques: à l'hôtel La Palma.

---

quelques kilomètres du village, on tombe sur la frontière qui sépare le pays du Honduras.

Casa de la Cultura *(Parque Central)*. Plusieurs ateliers *(talleres)* sont éparpillés autour du centre de la ville. La Casa de la Cultura peut vous renseigner et vous diriger vers le type d'artisanat qui vous intéresse. Sachez que La Palma est l'endroit où sont produites la quasi-totalité des oeuvres artisanales du pays: sculpture, céramique, gravure sur bois, peinture...

Cerro El Pital *(autobus 119 vers San Ignacio, puis 4X4 jusqu'à Chiquito, un autre village)*. Avec ses 2 730 m, c'est le toit du Salvador. Contrairement à la plupart des montagnes du pays, ce n'est pas un volcan et il n'a pas la forme conique caractéristique. L'ascension se fait en une heure et demie environ sur un sentier non identifié mais bien visible. Le panorama est impressionnant et permet de voir jusqu'au Honduras, à quelques kilomètres au nord. Un autre pic moins élevé, le **Miramundo**, peut être escaladé à partir de Chiquito.

Los Tecomates *(90 min de marche de La Palma)*. Cette randonnée vous mène directement au pied d'une spectaculaire chute en plein milieu des montagnes. Il est conseillé d'être accompagné d'un guide. On se renseigne à l'hôtel La Palma.

La Palma   **RÊVE**

Hotel La Palma *(20$; sur la route principale, à l'entrée du village, ☎335-9012)* ▶ C'est cher, mais il n'y a guère d'autre alternative, et puis vous serez content d'être dans une de ces belles chambrettes aux plafonds de bois. Terrasses et jardin agréables.

La Palma

BOUFFE

Cafetería La Terraza *(Parque Central)* ▶ Sympathique adresse où l'on mange de la bouffe typique et pas chère sur une terrasse.

Cafetería La Estancia *(à côté de La Tarraza)* ▶ Même genre de menu dans un endroit un peu moins attirant, car c'est sobre et entre quatre murs.

▶▶ EST DU SALVADOR ◀◀

Difficile de penser qu'une guerre a pu avoir lieu jusqu'en 1992. Dans un monde censé être évolué, comment se fait-il qu'un barbarisme du genre peut encore exister? Ceci n'est pas un traité sociologique, et il n'en est nul besoin car les traces de la guerre sont encore facilement repérables dans l'est du Salvador, où les rebelles avaient beaucoup de pouvoir. La région a probablement été la plus touchée de tout le territoire salvadorien. Les gens ont repris leur vie dans le calme, vite pris pour acquis en temps de paix mais qui devient précieux après des années de combats. L'est du pays, comme ailleurs, est une mosaïque de plages, de montagnes, de villages coloniaux et de mémoires à vif.

SAN MIGUEL

Au centre de la région orientale du pays se trouve San Miguel avec ses 240 000 âmes à l'ombre du volcan Chaparrastique. Une fois de plus, la ville comme telle n'offre rien d'extraordinaire. Même les vestiges coloniaux qu'elle aurait pu contenir n'existent plus depuis les éruptions du volcan, dont la dernière date de 1976. Mais c'est l'endroit idéal d'où l'on peut faire des excursions vers le nord, le sud ou encore plus à l'est.

Chinameca *(à 20 km à l'ouest de la ville; prendre le bus 333)*. Cette petite ville coloniale aux rues pavées et à la vieille église se trouve à cheval sur un terrain accidenté. Il est agréable de se promener ici au milieu des montagnes et tout près du volcan. Vapeurs sulfureuses et mares de boue en constante ébullition (**Los Ausoles de la Viejona**) sont visibles à 1 km de l'extrémité de la ville, où se trouve le cimetière.

Perquín *(à 180 km au nord; prendre le bus 332B; 3 heures de route)*. Tous les amateurs de Che Guevara ou de la révolution en général devront passer par cette ville qui fut le siège de la résistance FMLN entre 1980 et 1992. La ville n'a jamais cédé aux

---

DÉTAILS PRATIQUES

Transport: quand on vient de **San Salvador**, il faut prendre le 301, qui part fréquemment du Terminal de Oriente: trois heures de trajet pour 2,50$. Le Terminal de San Miguel est situé au centre-ville *(Calle 6 Oriente entre les Avenidas 8 et 10 Norte)* et dessert, outre la capitale, **Playa El Cuco** (320), **La Unión** (324),

Perquín (332-B) et **Playa El Tamarindo** (385).

Argent: les chèques de voyage peuvent être difficiles à changer. Les banques et les *casas de cambio* sont à proximité de la cathédrale.

Courrier et téléphone: près de la place centrale.

---

nombreux bombardements du gouvernement de l'époque, mais ces attaques ont laissé des cicatrices manifestes. En voyant ce paysage de collines, on s'imagine aisément la folle partie de cache-cache à laquelle se sont adonnés les guerrilleros. La population partie en exode revient peu à peu et tente de refaire une beauté à cette ville au climat montagnard. À 300 m, dans la colline au-dessus de la place centrale, se situe le **Museo de la Revolución Salvadoreña** *(1,20$; mar-sam 9h à 16h)*. Ce musée créé par le FMLN en 1992 expose le point de vue de la révolution en partant des conditions de pauvreté inimaginables dans lesquelles vit la population. Conditions qui ont motivé le processus révolutionnaire. Derrière le musée, on peut voir un immense cratère laissé par une bombe de 230 kg. Incroyable, cette photo du carnage aérien du village voisin d'El Mozote; carnage qui se chiffra à 500 civils tués. Et ainsi de suite. Ce musée est très intéressant et en sensibilisera plus d'un.

Les Playas *(entre 40 km et 65 km au sud de San Miguel)*. Plusieurs plages de sable volcanique aux teintes variant du gris léger au noir foncé sont éparpillées le long de la côte. La plupart sont assez rocailleuses, et on les rejoint toutes en empruntant l'autobus 385 à partir de San Miguel. Pour ce qui est de trouver du logement et de la nourriture, votre meilleur choix est sans contredit **Playa El Tamarindo,** et vous devrez vous contenter d'une nuit dans le hamac d'une petite hutte.

Volcán Chaparrastique ou Volcán San Miguel *(aux limites sud-ouest de la ville)*. La randonnée jusqu'au sommet de ce volcan, dont la dernière éruption majeure date de 1976, demande trois heures environ, mais on peut aussi faire la plus grande partie de la distance en 4X4, si bien qu'il ne restera qu'une dernière heure de marche avant le sommet. À 2 130 m, le cratère est fabuleux, et l'on peut descendre à l'intérieur grâce à un réseau de marches. La piste n'est pas toujours visible, et il peut être préférable pour les moins aventureux de louer les services d'un guide. Essayez de joindre Tereso de Jesús Ventura via Marío Cruz, au ☎661-4210.

San Miguel

$

RÊVE

Hotel San Rafael *(8$; Calle 6 près de la station de bus, ☎661-4113)* ▶ Petit coin très simple mais d'une propreté acceptable, avec ventilateurs et salles de bain.

Hotel Caleta *(8$; Avenida 3 Sur, ☎661-3233)* ▶ Beaucoup de chambres avec toilettes dans un beau petit hôtel propre et bien aménagé.

Perquín

$

RÊVE

On peut dormir à la (pas toujours très propre) **Casa de Huéspedes Gigante** *(5$; facile à trouver dans le petit village)* ▶ Sombre et sinistre.

⏭ OUEST DU SALVADOR ⏮

Les grains de café sont produits par milliers de sacs dans cette région montagneuse qui fait le bonheur des amateurs de plein air. Outre les montagnes et le superbe parc du Cerro Verde, il y a des lacs panoramiques et de beaux petits villages coloniaux qui ont été moins détruits par les récents conflits. Le FMLN était beaucoup moins présent dans la partie occidentale du pays.

SANTA ANA

Santa Ana est à l'ouest du Salvador, ce que San Miguel est pour la portion est du pays. C'est-à-dire la principale ville et le carrefour des échanges. Le café et le sucre sont les deux produits qui font tourner la roue de l'économie locale. Avec ses collines fertiles environnantes, Santa Ana est un lieu de transit tout indiqué pour le café. Et elle doit son essor à ce produit qui devint très recherché il y a un siècle et demi. Santa Ana est très près de la capitale (tout juste 60 km), mais cette proximité ne l'a pas empêchée de garder son charme d'antan pendant que la capitale drainait tout le «progrès» d'une évolution «moderne». Elle reste le point de départ idéal pour explorer des régions où il est difficile de loger. Dans la ville même, vous trouverez,

---

DÉTAILS PRATIQUES

Transport: la gare est au coin de l'Avenida 10 Sur et de la Calle 15 Poniente. Service vers **San Salvador** toute la journée avec le bus 201; 0,60$ pour une heure de route. Le bus *directo* va plus vite. Pour **Sansonate**, bus 205 toute la journée. Et pour **Metapán**, numéro 235. Quelques-uns de ceux-ci continuent jusqu'à la frontière guatémaltèque.

Argent: le **Banco Salvadoreño** *(près du Parque Central)* change les chèques de voyage.

Courrier et téléphone: Avenida 2 Sur et Calle 7 Poniente pour le courrier. Pour les appels téléphoniques, le building Antel est à côté de la cathédrale.

---

comme d'habitude près du **Parque Central**, les vieux édifices coloniaux restaurés et autres théâtre, cathédrale et églises. Un autre parc plus à l'ouest, le **Parque Menéndez**, est dominé par la belle **Iglesia del Calvario**.

Lago de Coatepeque *(à 13 km au sud de Santa Ana; prendre le bus 220)*. Situé au pied des volcans du coin, ce lac de cratère jouit d'une température agréable, parfaite pour la voile et la baignade. Malheureusement, quelques propriétés viennent gâcher le tableau, mais la peinture demeure de toute beauté.

Parque Nacional de Cerro Verde *(à 50 km au sud; prendre le 248, qui ne passe pas souvent)*. Ce parc comprend trois sommets d'environ 2 000 m d'altitude. Outre le Cerro Verde, il y a le Volcán de Santa Ana, le plus haut volcan du pays avec ses 2 365 m, et le Volcán Itzaco, dont la dernière éruption date de 1957. Toutes les randonnées partent du parking du Cerro Verde et demandent entre une et trois heures. Il vaut la peine d'attaquer les deux volcans pour les horizons fantastiques que l'on obtient sur la région, mais surtout pour les cratères hallucinants et leurs lagons sulfureux.

Reserva Natural de Montecristo *(à 200 km au nord; bus 235)*. La réserve est un des endroits les plus immaculés du pays, où les animaux sont restés maîtres. À un point tel qu'il est difficile pour un être humain de s'y rendre sans un 4x4. Arrêtez-vous à Metapán, et demandez de l'information auprès du personnel de l'**Hotel San José de Metapán**.

C'est un peu avant Metapán qu'il faut descendre (km 97, demandez au chauffeur) pour rejoindre le **Lago de Güija**, encerclé d'une nature verdoyante et de collines ondulantes. Il fait bon s'y promener, et vous pouvez demander aux pêcheurs du coin s'ils veulent vous en faire faire le tour.

Santa Ana	RÊVE

Hotel Livingston *(7$; Avenida 10 Sur et Calle 9 Poniente, ☎441-1801)* ▶ Pas cher et propre, ce qui est le minimum nécessaire pour bien dormir. Vous pouvez choisir entre des chambres avec ou sans salle de bain.

Pensión Monterrey *(8$; même localisation que Livingston, ☎441-2755)* ▶ Plus petit mais toujours propre.

Hotel Libertad *(12$; Avenida 1 Norte et Calle 4 Oriente, ☎441-2358).* ▶ Plus cher mais mieux situé, cet hôtel possède des chambres propres sans charme particulier. La terrasse du toit offre un beau panorama sur la ville.

Lago de Coatepeque	RÊVE

Amacuilco Guest House *(15$; à 200 m du bureau d'Antel, ☎441-0608).* Chambres simples dans un environnement agréable. Très bohème.

Santa Ana	BOUFFE

Los Horcones *(à côté de la cathédrale)* ▶ Hamburgers et *tacos* dans une belle salle remplie de verdure et de beaux meubles. Et peu dispendieux.

Kyomi *(Avenida 4 Sur entre les Calles 3 et 5)* ▶ Poissons, steaks et sandwichs dans un décor moins charmant que la moyenne, surtout par rapport à Los Horcones.

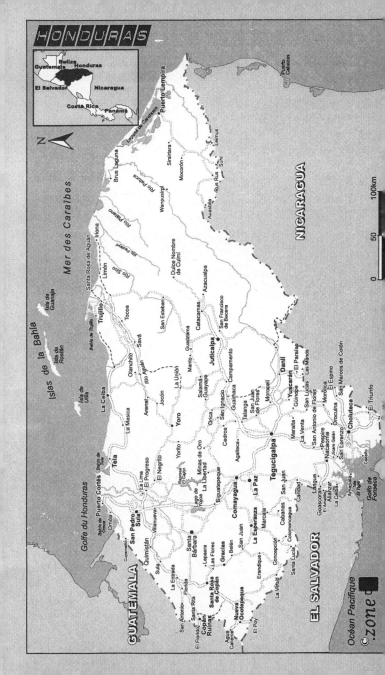

▌▌▌▌ À prime abord, vous pourrez demeurer perplexe en constatant le fusil qui pend à la taille de chaque mâle que vous croiserez. Mais qu'on se rassure, les gens ici sont bien éduqués et la plupart laissent leur arme aux gardiens avant d'entrer à la banque. Comme pour tous les pays centraméricains, le Honduras urbain est bien différent du Honduras rural. Ce dernier ressemble parfois à un décor de Far West avec cow-boys et alcool en quantité industrielle. C'est dans cette zone intérieure que se situent les fabuleuses montagnes du pays, dont il faut compter plusieurs jours pour atteindre les sommets car les sentiers ne sont pas balisés comme au Costa Rica; la présence d'un guide est indispensable. Peu de touristes se rendent dans ces montagnes et vous vivrez un dépaysement assuré. De plus, pas d'éruptions surprises puisque le Honduras ne compte aucun volcan actif.

▌▌▌▌ Depuis toujours, la moitié du tourisme est orientée vers les Islas de la Bahía, sur la côte Caraïbe. Et l'on comprend pourquoi quand on voit cette eau d'un bleu éclatant qui entoure quelques îles aux nombreux palmiers et au rythme définitivement ralenti par rapport à celui des villes côtières trépidantes. Si vous venez au Honduras, vous devez absolument passer par Útila, la plus petite et la moins chère des trois grandes îles de la Baie. C'est l'endroit tout indiqué pour passer son cours de plongée sous-marine (cours le moins cher au monde en eaux tropicales) ou pour simplement relaxer dans un cadre enchanteur. En fait, ce qui pourrait être plus difficile, c'est de repartir des dites îles.

▌▌▌▌ Contrairement à tous ses voisins de grandeur similaire, la côte Caraïbe est beaucoup plus peuplée au Honduras qu'ailleurs. Plusieurs villes côtières de dimensions appréciables s'y trouvent, ce qui simplifie l'accès à la côte pour le *gringo* grâce à des routes dont la qualité varie. La meilleure est celle qui passe par San Pedro Sula.

▌▌▌▌ Dernier détail: le pays jouit d'une stabilité politique depuis plusieurs décennies et n'a pas été ébranlé, comme tous ses voisins immédiats, par un conflit armé durant les années quatre-vingt. En fait, ce pays producteur de bananes a plutôt servi de quartier général aux États-Unis lors d'interventions au Guatemala en 1954 et, plus récemment, au Nicaragua, via le Río Coco. Des retraités de l'armée ont d'ailleurs décidé d'encaisser leurs chèques bimensuels de pension et de rester dans le coin, histoire d'accentuer le fossé entre riches et pauvres, s'apparentant déjà à un abîme sans fond. Une étude récente conduite par des économistes indépendants concluait que le modèle néolibéraliste instauré au pays en 1990 avait accentué dramatiquement ces disparités et que la population affectée par la pauvreté était passée de 68% à 80% entre 1988 et 1998. En même temps, on révèle que violence et dépressions nerveuses sont à la hausse, et que les demandes de soins psychiatriques ont augmenté de 25% entre 1994 et 1997.

▌▌▌▌ Bref, on ne se promène pas le soir sur la plage, on évite les quartiers pauvres et l'on garde sa caméra cachée le plus clair du temps.

⏭ TEGUCIGALPA ⏮

Si vous arrivez par avion, vous aurez une vue surprenante sur cette étendue de maisons qui traîne entre les crêtes vertes, comme une vague trop forte qui se serait échouée là et aurait oublié de se retirer. La ville est grande et étendue, mais le centre-ville se laisse visiter très bien à pied. Une ceinture de quartiers pauvres entoure ce centre, et il est déconseillé de s'y promener. Comme telle, la ville offre son passé colonial, comme d'habitude, avec ses églises et places publiques à l'architecture originale. Sinon, la circulation est horrible (et la pollution encore pire), les taxis possédant même trois ou quatre types de klaxons dans le but illusoire de se faire entendre clairement. Les rues sont étroites, et il semble que les urbanistes dormaient au moment où l'on avait besoin d'eux, il y a 300 ans. Certaines rues laissent carrément place à des escaliers, car la ville est construite à cheval sur quelques collines. Tegucigalpa se révèle être un lieu de transit plus qu'autre chose. Pendant que vous y êtes, profitez de la bonne fraîcheur car vous vous trouvez à environ 1 000 m d'altitude.

Plaza Morazán (Parque Central). Centre de la vie urbaine où rien n'arrête jamais de bouger: on y trouve, le jour, plusieurs vendeurs de loterie avec leurs billets étalés à leurs pieds. Des milliers de pigeons se promènent aussi entre le toit de la cathédrale et les miettes de pain qu'on leur lance. Du côté est se trouve la **Catedral San Miguel**, blanchie à la chaux, dont la splendeur architecturale contraste de manière dramatique avec le reste des bâtiment, et davantage encore avec les maisons des rues sinueuses juste un peu plus au nord. Deux rues vers l'ouest et deux autres vers le nord, se dresse l'**Iglesia Los Dolores**, en meilleur état que la cathédrale et dans laquelle on entend moins les klaxons de la circulation.

Parque La Leona *(Av. 7 et Calle La Leona vers le nord)*. Une courte marche, à travers les rues qui zigzaguent au gré de la géographie urbaine, vous mènera droit à ce petit parc, véritable oasis de verdure au milieu de l'asphalte et au-dessus des fumées de diesel du centre-ville. Cet endroit vous donne une bonne vue sur la ville et sur les cimes environnantes.

DÉTAILS PRATIQUES

Transport: toutes les lignes d'autobus partent du quartier Comayagüela. Prenez la Calle 6 et dépassez le marché vers le sud.

Vers San Pedro Sula: la compagnie El Rey *(3$; Av. 6 et Calle 9)* dessert cette destination chaque heure entre 2h30 et 18h30. Comptez cinq heures de route. Il y a d'autres compagnies autour qui ont des bus allant dans la même direction. Ces bus s'arrêtent aux points intermédiaires tels que Comayagua et Siguatepe.

Vers Tela et La Ceiba: Traliasa *(5$; Av. 7 et Calle 8)* vous amène en sept heures sur la côte à 6h et 9h.

Vers Santa Rosa de Copán: Sultana est le nom de la compagnie *(3$; Av. 8 et Calle 12)* qui envoie des autobus dans la région des fameuses ruines de Copán à 6h et 10h (sept heures de route).

Vers Trujillo: le terminus Cotraipbal *(6$; Av. 7 entre Calles 11 et 12)* envoie ses bus à 5h, 9h et 12h. Ce dernier passe par **La Unión** et le trajet dure neuf heures.

Vers Choluteca: Mi Esperanza *(2$; Av. 6 et Calle 24)* offre un trajet de trois heures à partir de 6h, à chaque heure.

Nicaragua: Tica Bus dessert ce pays *(20$; Calle 16 entre Av.5 et 6)*. Jusqu'à Managua, le trajet dure neuf heures et coûte 20$. Bus de luxe climatisé. L'autre option est de prendre un bus de Mi Esperanza (voir **Choluteca**, ci-dessus) vers **San Marcos de Colón** pour 2$, à 6h et 7h30, et, de là, de prendre un taxi jusqu'à la frontière. Les bus Tica peuvent vous amener aux capitales du **Costa Rica** *(30$)* et du **Panamá** *(40$)*, en 24 et 48 heures, respectivement.

Guatemala: prenez un bus pour **San Pedro Sula**, puis une correspondance à partir de là.

Argent: vous devrez peut-être visiter quelques banques avant qu'on vous laisse changer vos chèques de voyage. Les banques et bureaux de change sont situés autour de la Plaza Morazán. Le Banco Ficensa se trouve sur le boulevard Morazán et est susceptible de faciliter vos démarches.

Renseignements touristiques: l'Instituto Hondureño de Turismo est au troisième étage de l'édifice Europa, sur l'Avenida Ramón Cruz près de la Calle Rep. de México, tout juste au-dessus de la Lloyd's Bank. Vous y trouverez des cartes et des listes d'hôtels, en plus des renseignements sur la vie culturelle de la ville.

Courrier et téléphone: Av. Cervantes et Calle Morelos, à quatre rues du parc. Service de poste restante. Pour le téléphone, il faut aller à Hondutel, ouvert en tout temps, au coin de l'Avenida 4 et de la Calle 5.

El Picacho *(sommet de 2 300 m au nord de la ville)*. Des bus desservent régulièrement la route vers El Hatillo. À partir de là, la route devient très cahoteuse et un véhicule tout-terrain

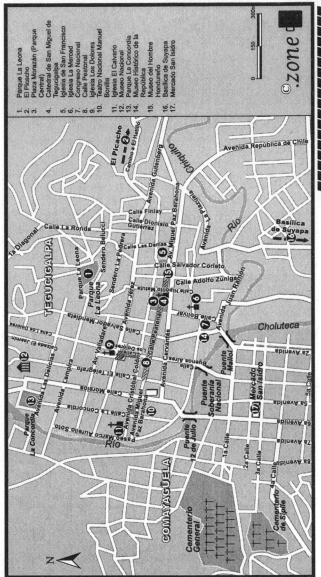

©.zone

1. Parque La Leona
2. El Picacho
3. Plaza Morazán (Parque Central)
4. Catedral de San Miguel de Tegucigalpa
5. Iglesia de San Francisco
6. Iglesia La Merced
7. Congreso Nacional
8. Calle Peatonal
9. Iglesia Los Dolores
10. Teatro Nacional Manuel Bonilla
11. Iglesia El Calvario
12. Museo Nacional
13. Parque La Concordia
14. Museo Histórico de la República
15. Museo del Hombre Hondureño
16. Basílica de Suyapa
17. Mercado San Isidro

0   150   300m

devient nécessaire pour franchir les derniers 3 km. Il faut donc marcher ou avoir un véhicule privé. Quelques taxis prennent parfois les gens. De ce point de vue, le panorama est à couper le souffle et, comme autour d'une trop bonne table, les convives se taisent et contemplent en silence le festin spirituel.

Museo Histórico de la República *(1,50$; lun-sam; Calle Morelos, à deux rues à l'est du Parque Concordia).* Probablement le musée le plus intéressant de toute la ville, avec ses nombreuses pièces représentant les différentes époques historiques du pays. Très instructif: une grande place est laissée à l'ethnologie et l'anthropologie.

Mercado *(Av. 6, Comayagüela)* Le capharnaüm de la ville s'étend sur plusieurs pâtés de maisons, et l'on y trouve de tout. Si vous avez oublié d'apporter des sandales ou désirez une grosse papaye, voire même un porte-clés, vous êtes au bon endroit. N'y allez pas à la noirceur à moins de vouloir vous faire vider les poches.

Teguci-galpa

RÊVE

Ⓩ **Hoteles Granada** *(5-10; Av. Gutemburg et Calle Finlay, ☎372-381)* ▣ On dit «les», hôtels Granada car il y en a trois, tout aussi confortables les uns que les autres, et très prisés des voyageurs au budget serré. La propreté y est indiscutable, et seul le bruit provenant des autobus et camions qui circulent autour pourra vous gêner quelque peu (moins dérangeant dans Granada 2 et 3). Mais de toute façon, ce bruit se retrouve dans toute la ville.

Hotel Marichal *(8$; Av. 5 et Calle 5, ☎370-069)* ▣ Peu de clarté dans certaines chambres. Bien situé et toujours propre.

Hotel Nan Kin *(9$; Av. Gutemburg en face de la station d'essence San Miguel, ☎380-271)* ▣ Endroit sympathique qui possède son propre restaurant chinois. Très propre et sécuritaire. On peut aussi y faire laver son linge.

Teguci-
galpa

$

BOUFFE

Long Li *(Av. Guemburg, au nord-est du Granada 1)* ▶ Bouffe chinoise abordable et légumes frais.

Pizzería Tito *(Morazán et Colonel Palmira)* ▶ On y sert de la pizza et des mets italiens pour peu de frais.

El Patio 2 *(Morazán)* ▶ Bouffe nationale et étrangère de bonne qualité. L'ambiance y est agréable, voire parfois mouvementée, et les portions sont plus que raisonnables *(5$ et plus)*.

⏭ CÔTE CARAÏBE ⏮

On arrive sur la côte et les montagnes s'effacent d'un coup dans l'immensité de l'océan. On peut gravir les sommets, mais il faut compter souvent des semaines pour arriver sur une cime où l'on ne verra que des nuages. Il pleut beaucoup dans les montagnes, et les sentiers ne sont pas aussi apparents que l'on pourrait le croire. Quant à la population, plus on se rapproche de l'eau et plus sa couleur s'assombrit. Les descendants d'esclaves métissés de sang d'indigènes des îles Caraïbes, les Garifunas, sont très présents ici. D'ailleurs, nombreuses sont les petites communautés exclusivement garifunas, alignées entre les plus grandes villes de la région. Les Garifunas survivent de la pêche et souffrent d'un exode rural qui touchent les jeunes voulant plus de moyens. La culture disparaît lentement, mais les vieux de 80 ans sont encore nombreux et très vivants. En fait, leur état de santé et leur vitalité devraient faire honte à tout Nord-Américain qui vit dans le beurre et n'arrive plus à courir dès la cinquantaine.

TELA

Petite ville de l'ouest de la côte Atlantique, Tela fut l'un des principaux ports bananiers du pays. La United Fruit avait son quartier général ici jusqu'au moment où un feu détruisit une partie du quai, ce qui les incita à se déplacer près de San Pedro Sula. Aujourd'hui, Tela est donc plus tranquille, mais c'est également la ville qui attire le plus de touristes honduriens pour ses magnifiques plages. Cela dit, elle n'en est pas pour autant débordante de touristes, et vous aurez assez de place pour marcher tranquillement sur la plage. Évitez de le faire seul ou après le coucher du soleil, car des bandits rôdent toujours et des cas de viol et d'agressions ont été enregistrés. L'endroit

DÉTAILS PRATIQUES

Transport: bus pour **El Progreso** chaque demi-heure pour 1$, toute la journée. El Progreso est le point de correspondance obligé pour San Pedro. Il y a un bus par jour pour **Tegucigalpa** (8 heures et 4,50$) qui part de l'hôtel Los Arcos. Enfin, pour **La Ceiba**, le service se fait en 2 heures 30 min et coûte 3$. Les bus se prennent près du parc. Il est possible de prendre le train le vendredi et le samedi à 13h en direction de **Puerto Cortés** pour 1$. Le trajet en sens inverse se fait à 7h, et chaque voyage dure cinq heures. Enfin, ceux qui désirent se rendre aux **îles de la Baie** à partir de Tela peuvent essayer de savoir s'il y a un bateau au port (aucun service régulier).

Argent: on conseille de ne pas être pris uniquement avec des chèques de voyage à Tela, car il peut s'avérer laborieux de les changer en lempiras. Seule la *casa de cambio La Teleña* voudra peut-être le faire *(Av. 4 et Calle 9)*.

Renseignements touristiques: Garifuna Tours *(au sud-ouest du parc, ☎448-1069, garifuna@hondutel.hn)* possède une expertise du coin inégalable. Ils organisent toutes sortes d'expéditions chaque jour et font la **location de bicyclettes** *(5$ la journée)*.

Téléphone, courrier et fax: Av. 4, au nord-est.

Internet: le service de courrier électronique est disponible à l'hôtel Villas, à côté du parc.

est très relax et l'on y vient pour prendre la vie en douce. Une réserve naturelle, à l'est de la ville, est parfaite pour l'observation de la faune.

Plages. Les plages autour de la ville peuvent être un peu crasseuses. C'est pourquoi nous vous recommandons d'aller un peu vers l'ouest ou encore de traverser l'un des ponts vers Nuevo Tela, en face de l'hôtel Telamar.

Villages garifunas. Sans doute les plus beaux, ces authentiques villages autochtones se trouvent autour de Tela. Plusieurs cars desservent la route qui va vers l'ouest et passe à travers de ceux-ci. Une option intéressante consiste à louer une bicyclette à l'hôtel Telamar ou à un particulier. Parmi ces villages, on retrouve entre autres **San Juan, Tornabé** et **Miami**. Ce dernier, situé à 12 km de Tela, se situe également à la limite du parc Punta Sal et n'est accessible qu'en tout-terrain ou par bateau. Des camions embarquent parfois les infortunés. À Miami, toutes les habitations sont typiquement*garifunas* et l'on peut très bien voir la pointe du parc. Il est possible de prendre la journée et de marcher à travers ces trois petits villages, mais la bicyclette et le camion sont des options moins éreintantes. Les plages sont ici toutes plus incroyables les unes que les autres.

② Parque Nacional Punta Sal *(à 22 km à l'ouest de Tela).* Bienvenue dans le délire de la vie et toutes les formes qu'elle prend à Punta Sal. Le parc renferme une quantité impressionnante d'écosystèmes avec ses mangroves, récifs de corail, savanes humides, plages rocailleuses et forêts tropicales. Singes et oiseaux tropicaux y abondent. Pour y accéder, c'est un petit peu plus complexe. La meilleure façon est sans doute d'attraper un camion qui part à 7h30 de la station Shell et vous amène jusqu'à Miami. De là, vous devrez convaincre quelqu'un de vous emmener en canot pour le petit bout de chemin qu'il vous reste à parcourir. Si vous êtes équipé pour le camping, de belles plages n'attendent que vous. Des tours organisés *(15-18)* par Garifuna Tours *(au sud-ouest du parc, ☎448-1069)* sont aussi très bien, notamment celui en canot sur la mer. On se renseigne à l'hôtel Telamar.

Refugio de Vida Silvestre Punta Izopo *(à 12 km à l'est de Tela).* Il faut prendre l'autobus de Tela à **Triunfo de la Cruz**, un autre village garifuna. À partir de là, demandez les indications vers le parc. Quelqu'un vous fera traverser un cours d'eau et, après quelques heures de marche, vous pourrez louer des kayaks et aller vous promener dans les lagons pour admirer la faune et la flore tout aussi merveilleuses qu'à Punta Sal. L'alternative pépère consiste à faire l'excursion avec Garifuna Tours (voir «Punta Sal», ci-dessus).

Jardín Botánico de Lancetilla *(4$; à 5 km à l'ouest de Tela sur l'autoroute).* Ce jardin a été conçu par la United Fruit en 1926 pour tester la résistance et le développement de nouvelles espèces. On y rencontre des essences tropicales provenant non seulement d'Amérique, mais aussi de partout autour du globe. Des oiseaux ont profité de la présence de nombreux arbres fruitiers pour établir leur domicile dans l'enceinte du jardin. La meilleure façon de se rendre au parc est en vélo.

Tela

RÊVE

Posada del Sol *(5,50$; Av. 3 et Calle 8, ☎448-2111)* ▸ Bon prix pour un endroit qui reste propre et accueillant avec son petit jardin.

Hotel Mar Azul *(9$; Av. 5 et Calle 11, ☎448-2313)* ▸ Rudimentaire, mais dans un beau décor et avec un propriétaire attentif à toutes vos questions.

Mi Casa es Su Casa *(11$, pdj; Av. 6 entre Calles 10 et 11)* ▸ Un peu plus cher il est vrai, mais très chaleureux. Ambiance familiale dans une maison privée. Seulement quatre chambres.

Tela

BOUFFE

Généralement, la bouffe des restaurants d'hôtel est délicieuse et peu coûteuse. C'est là aussi qu'on trouve du poisson et des fruits de mer.

Luces del Norte *(une rue au nord du parc)* ▸ On y sert tous les repas, et le poisson y est aussi frais que délicieux. En plus, il y a une sélection de livres à vendre ou à échanger. Bon point d'information sur ce qui se passe en ville, parce que les voyageurs s'y retrouvent régulièrement.

Tía Carmen *(Av. Honduras et Calle 8)* ▸ On y sert de la nourriture typique à des prix ridicules. Les plats s'envolent vite, alors arrivez tôt.

⏭ À L'OUEST DE TELA ⏮

On se rapproche rapidement du Guatemala, mais il est impossible d'y aller par la route. Toutefois, une nouvelle route relie maintenant San Pedro Sula et **Puerto Cortés**, le port principal du pays. C'est de là que toutes les bananes sont envoyées à l'étranger. Outre cela, il n'y a pas grand-chose à voir ici. Certes, les plages des alentours sont toujours belles, mais elles le sont autant vers l'est de la côte. La vieille forteresse de San Fernando à **Omoa**, à 15 km à l'ouest de Puerto Cortés, attirera quelques curieux. Pour voir un fort du même gigantesque gabarit, il faut aller jusqu'à Campeche au Mexique ou à Carthagène en

Colombie. Cette forteresse servait à défendre les cargaisons d'argent provenant de la capitale contre les attaques de corsaires anglais. Omoa est le point de départ du bateau qui amène les passagers à **Livingston**, au Guatemala. Et Omoa est aussi réputée pour ses plages, mais également pour ses nombreuses chutes et ses énormes montagnes où l'on peut se promener. Aucun problème pour trouver de l'hébergement et de la nourriture dans ces deux villes. Le vendredi et le samedi matin, le train se rend à Tela à 7h (5 heures de trajet pour 1$).

LA CEIBA

Troisième ville en importance au pays, La Ceiba est un peu trop grande pour être vraiment paisible comme les autres villes côtières. Et d'un autre côté, elle est trop petite pour prétendre à la grandeur d'une métropole. Décidément, on n'est pas très gentil avec La Ceiba. Longtemps port principal pour les fruits embarqués vers l'étranger par la United Fruit, La Ceiba a depuis perdu sa mainmise sur ce précieux marché, désormais basé à Puerto Cortés et à Puerto Castilla. Cependant, elle est toujours adossée à ces immenses montagnes qui culminent à presque 2 500 m et dont les sommets nécessitent une semaine de marche dans la jungle avec un guide. Les montagnes bloquent les nuages et permettent au soleil de rayonner sur la ville. Enfin, c'est à La Ceiba que l'on s'embarque généralement pour les Islas de la Bahía et les paradis sous-marins.

Playa Perú et Río María *(à 9 km à l'est de La Ceiba)*. On peut s'y rendre en deux heures en suivant la plage à partir de la ville ou encore prendre un des bus marqués **Sambo Creek** (village garifuna) qui passent toutes les 45 minutes à partir du terminus. Sur le chemin de Playa Perú, demandez au chauffeur de vous laisser au Río María, à partir duquel vous remontez le cours pour environ une demi-heure avant d'arriver aux superbes piscines naturelles de la rivière qui dégringole en magnifiques cascades. Il est évidemment possible de s'y baigner et, pour plus de tranquillité, on suggère d'y venir en semaine. Playa Perú est une superbe plage de sable blanc aux nombreux palmiers et à l'eau limpide.

Cuero y Salado Refugio *(10$; à 40 km à l'ouest de La Ceiba)*. Ce parc porte le nom des deux principaux cours d'eau qui le parcourent. On y retrouve des vaches de mer, des jaguars et des singes, entre autres. Pour s'y rendre, on prend le bus vers Tela et l'on descend à **Unión Porvenir**, d'où part une ligne de train de 8 km sur laquelle on actionne manuellement une petite voiture pendant une heure *(9$)*. Le parc abrite des écosystèmes terrestres et marins reliés entre eux grâce à de petits cours d'eau s'élargissant régulièrement en canaux. Il y a beaucoup de marais et d'oiseaux migrateurs également. Il ne faut pas oublier

DÉTAILS PRATIQUES

Transport: il n'y a qu'une gare de bus à La Ceiba, à mi-chemin entre l'aéroport et la ville. On y accède en taxi ou avec un bus du Parque Central. **Tela** est desservie chaque demi-heure pour 1$ (2 heures de route); **Trujillo,** chaque heure et demie pour 3$ et un trajet de quatre heures; **San Pedro Sula,** quatre heures de route et 2$, chaque heure; **Tegucigalpa,** un bus à 6h et un autre à 15h30 pour 6$ et un trajet d'au moins sept heures. Les bus partent généralement entre 5h et 18h.

Bateau: le nouveau quai se trouve à 6 km du côté est de la ville. Le seul moyen de s'y rendre est par taxi *(5$)*. C'est ici que se prennent les bateaux pour les **Islas de la Bahía.** Les bateaux se rendent à **Roatán** en semaine à 15h30, (sauf le lundi, à 5h) en deux heures pour 11$. Le samedi, c'est à 11h, et le dimanche, à 7h.

Pour **Útila,** le bateau fait le trajet en une heure en semaine seulement. Il part à 10h du même quai et coûte 10$. Pas de voyage vers Útila les fins de semaine.

On suggère d'arriver une demi-heure avant les heures mentionnées ci-dessus pour s'assurer d'une place et être certain de son coup.

Argent: Bancomer, sur le Parque Central, change les chèques de voyage et est même ouvert le samedi matin.

Renseignements touristiques: un service de renseignements est mis à la disposition du voyageur 24 heures sur 24 à l'hôtel **Colonial,** situé sur l'Avenida 14 de Julio, tout juste au sud de la Calle 6.

Courrier et téléphone: pour le courrier, il faut se rendre sur l'Avenida Morazán au coin de la Calle 13, au sud-ouest du parc. L'édifice de Hondutel est plus près, sur l'Avenida 1 au coin de la Calle 5.

Internet: l'**Internet Café** *(hondusoft@gbm.hn)* est situé dans le Centro Comercial Panoyotti; on peut y surfer, utiliser le service de courrier électronique et même *chatter.* Ouvert de 8h a 21h, du lundi au samedi.

Cours d'espagnol: le **Centro Internacional de Idiomas** offre des cours à la semaine et le prix *(130$)* inclut le séjour dans une famille locale. On s'informe au ☎40-0574.

d'apporter son lunch et son eau, de même que son équipement de camping si l'on veut y passer la nuit. Pour toute question ou un permis, il faut se rendre à la FUCSA, une rue au nord et trois à l'ouest du Parque Central de La Ceiba. On peut réserver un refuge à partir du bureau pour 2$ par nuitée.

Museo de mariposas y otros insectos *(1$; Colonia El Sauce, Segunda Etapa, Casa G-12).* Les 5 000 espèces de papillons du pays font partie de l'exposition du musée, en plus de 1 000 autres insectes. Instructif pour les amateurs.

Ⓩ Pico Bonito *(entrée du parc à 12 km à l'ouest de La Ceiba)* Ce parc est le plus grand du groupe de parcs créés en 1987 par le Honduras. Le Pico Bonito et le Santa Bárbara sont les deux immenses sommets (2 435 m et 2 480 m) que l'on peut très bien voir en arrière de La Ceiba, particulièrement lorsqu'on est sur le quai ou qu'on s'éloigne en bateau vers les îles. Il faut prendre l'autobus Ruta 1 de Mayo à partir du Parque Manuel Bonilla et descendre à **Armenia Bonito**, puis faire 5 km à pied. Une petite cabane fait office de bureau de renseignements, et l'on peut camper. À partir de là, quelques sentiers longent le Río Bonito et permettent la baignade, de même qu'ils procurent des panoramas splendides de la mer des Caraïbes. Si vous voulez escalader le Pico Bonito lui-même, sachez qu'un guide est indispensable à cause de l'absence de sentier, que des serpents venimeux «fers-de-lance» sont présents et qu'il faut compter entre 7 et 10 jours pour la randonnée. Un ancien *marine* du temps des *contras* possède une maison dans la jungle et vient faire son tour sur le quai de La Ceiba presque chaque jour. Il vous emmènera aux spectaculaires chutes de Las Gemelas (200 m) ou au sommet du Pico Bonito, moyennant certains frais. On le reconnaît à ses tatouages et à sa bicyclette qui traîne une petite remorque.

La Ceiba **RÊVE**

Hotel Los Ángeles *(2$; Av. La República et Calle 6)* ▣ Vieux bâtiments de bois aux chambres sans ventilation et pas chères, mais extrêmement bruyantes et avec lits elliptiques. Toilettes communes. En dernier recours seulement.

Ⓩ Hotel California *(6$; Calle 6, un peu à l'est de l'Avenida República, ☎442-0303)* ▣ Nettement mieux avec sa petite cour intérieure, sa ventilation et ses toilettes privées. Patronne sympathique.

La Ceiba

RÊVE

$

Hotel Granada *(9$; Av. Atlántida, près de Calle 6, ☎443-0181)* ▶ Bien situé entre le parc et le quai, cet hôtel a aussi son petit restaurant et sa télé dans le hall d'entrée. Les 58 chambres possèdent toutes leur propre douche et leur ventilateur.

La Ceiba

BOUFFE

$

My Friend *(Zona Viva, longer la Calle 1 vers l'est)* ▶ Malgré son nom horrible, ce restaurant est très sympathique avec son toit de chaume. Le menu est réputé pour ses grillades de poisson.

El Canadiense *(Av. 14 de Julio et Calle 1)* ▶ Petit resto-bar ouvert par un Québécois il y a quelques années. Pour prendre congé de l'espagnol et manger de la bonne nourriture toute la journée. On peut aussi utiliser la table de billard.

Ⓩ **Pulpusería Universitaria** *(Calle 1, avant Av. 14 de Julio)* ▶ Nourriture typique et excellente dans un endroit chaleureux et ouvert à l'avant.

ISLAS DE LA BAHÍA

Cet archipel aux riches barrières coralliennes est composé de trois principales îles: Útila, Roatán et Guanajo. Elles sont situées à environ 35 km de La Ceiba, et l'ambiance y est complètement différente. L'héritage est plus anglais qu'espagnol, et bon nombre d'habitants n'y parlent qu'anglais. En fait, ces îles ont longtemps été contrôlées par les Britanniques, qui y déplacèrent leurs esclaves récalcitrants de St-Vincent au siècle dernier, ce qui explique la composition de la population actuelle. Beaucoup de touristes passant par le Honduras ne viennent qu'aux îles exclusivement. Il y a d'autres choses à voir que les îles, mais cela n'enlève rien à leur splendeur. Et un voyage au Honduras sans un petit arrêt aux îles ne serait pas complet. La vie y est au ralenti, avec moins de tension que sur la terre continentale, moins d'autos aussi, et une atmosphère résolument antillaise.

ÚTILA

On ne parlera que d'Útila car c'est la moins chère des îles. Ceux qui désirent aller à Roatán devront débourser plus, et probablement qu'ils n'auront jamais ce livre entre les mains. Sans blague, Roatán propose des sites de plongée différents et c'est le seul endroit où l'on peut côtoyer des dauphins. Outre cela, Útila devrait vous satisfaire. Véritable oasis de palmiers avec une seule plage qui fait le tour de l'île comme un blanc d'oeuf entoure son jaune, Útila n'a qu'un seul défaut: il faut en partir un jour. Parlez-en à tous ces gens qui sont venus soi-disant pour une semaine et qui sont encore là trois ans plus tard. Il y en a plus que vous ne pensez. Ici c'est le paradis de la plongée et l'endroit le moins cher sous les tropiques pour obtenir sa certification. Notez que les plages près de la ville ne sont pas propices à la baignade et que le courant est coupé à minuit chaque soir. Il ne faut pas se promener seul après cette heure et éviter le quai près du pont.

Plongée sous-marine. Vous pouvez rester très longtemps ici avant d'avoir fait le tour de tous les petits coins où faire de la plongée. Dès que vous sortez de la navette, les représentants des différentes écoles vous assailliront pour vous vanter leurs rabais. Prenez votre temps, rien ne presse. Ce qui est important, c'est de bien voir comment l'école prend soin de son équipement. N'allez pas dans un établissement où masques, palmes, détendeurs et *wet suits* sont indistinctement empilés en un tas difforme. Ce qui différencie les écoles, c'est principalement la personnalité des instructeurs. Assurez-vous de bien vous entendre avec eux et de choisir le personnel qui vous plaît le plus, parce que vous allez passer trois jours en leur compagnie. Certaines écoles offrent un forfait comprenant l'hébergement, c'est le cas d'**Útila Watersports**, au personnel très sympathique et professionnel. Les autres écoles dont l'équipement paraissait en très bonne condi-tion sont **Gunter's** (☎425-3350), **Captain Morgan** (☎425-3161) et **College of Diving**, entre autres. Les prix varient selon la saison. En juin 1998, le cours de base (*open water*, comprenant cinq plongées) coûtait 125$.

Excursions. Louez des canots chez **Gunter's** pour 10$/jour et promenez-vous vers le **lagon** après la pointe du **Blue Bayou** en longeant la côte vers l'ouest. Vous serez bientôt dans le canal qui relie le sud et le nord de l'île. Prenez de l'équipement de plongée de surface, et vous pourrez explorer les récifs de la côte nord si la mer n'est pas trop forte. Il est aussi possible de marcher vers **Pumpkin Hill** en suivant la route qui part du quai vers le nord-est pendant 4 km. La vue n'est pas fantastique mais des cavernes où les pirates ont enterré des trésors, selon la légende, se trouvent non loin de là. On recommande de louer un

DÉTAILS PRATIQUES

Transport: le seul endroit d'où l'on vient et où l'on va à partir d'Útila, c'est **La Ceiba.** Généralement, on s'embarque sur la navette maritime qui fait le trajet du lundi au vendredi à 11h30 pour 10$. On l'attend sur le quai au moins 30 min avant l'heure dite. On peut aussi utiliser l'avion pour se rendre à l'île ou la quitter. Cette alternative coûte un peu plus cher (17$), mais demande 15 min au lieu d'une heure en bateau. Quelques comptoirs vendent des billets, notamment celui un peu à droite du Bancahsa.

Argent: Bancahsa est en face de **Captain Morgan,** directement dans l'axe du quai. On y change les chèques de voyage et l'on y fait des avances de fonds sur Visa seulement.

Renseignements touristiques: aucun bureau comme tel, mais le personnel de **Gunter's** peut répondre à vos questions. Ce sont eux aussi qui organisent des navettes pour les plus petite îles à l'ouest d'Útila.

Courrier: directement en face du quai à côté de **Captain Morgan.** Ouvert de 8h à 17h et le samedi avant-midi.

Téléphone: Hondutel est situé en face du **College of Diving,** à gauche quand on arrive du quai. Même horaire que pour le courrier. On peut aussi téléphoner à partir du comptoir à l'entrée du **Reef** (voir «bouffe»).

vélo. Près de l'aéroport, à l'extrémité est d'Útila, on peut suivre un sentier de 2 km qui longe la côte est et qui aboutit dans la baie de **Big Bight.** On peut y apprécier des piscines naturelles mais la côte est rocailleuse, il est donc avisé d'apporter ses sandales.

Útila

RÊVE

Hotel Crosscreek *(9$; tv; à droite du quai, derrière l'école du même nom,* ☎425-3134) ▸ Superbes chambres directement sur le bord de l'eau. Possibilité de forfaits avec l'école Crosscreek.

Útila

RÊVE

$

Hotel Celena *(7$; à 500 m à l'est du quai)* ▶ Un des rares hôtels à avoir une génératrice, ce qui veut dire du courant toute la nuit, et surtout un ventilateur qui tourne pendant tout ce temps. Confortable et propre, avec toilettes communes ou individuelles. C'est l'hôtel où l'on couche si l'on prend le forfait avec l'école Útila Waters ports: 130$ pour le cours, et trois dodos gratos à l'hôtel.

Laguna del Mar *(11$; un peu plus loin que le Celena,* ☎425-3103*)* ▶ Très propre et équipé de ventilateurs et de moustiquaires. Belle terrasse, mais pas de courant (ni de ventilation) après minuit. Un type sert les rouleaux à la cannelle que sa femme prépare, chaque matin, à son comptoir à côté de l'hôtel. Arrivez tôt car le secret est désormais connu.

Útila

BOUFFE

$

Reef Bar and Grill *(du côté sud, à l'est du quai).* On y sert de bonnes portions de poulet grillé qu'on peut déguster à ciel ouvert sur une splendide terrasse.

Seven Seas *(un peu plus loin que le Reef)* ▶ Bouffe typique donnant une diarrhée typique aux estomacs typiquement inadaptés. Si vous vous sentez assez fort, essayez les *baleadas con ensalada y huevos*.

ⓩ **Bundu Café** *(un peu avant le Reef)* ▶ Bon café et snack léger le matin et le midi. Ambiance sympathique et étonnante collection de livres en tout genre.

Les trois mensonges d'Útila

1) Je pars demain
2) Je ne bois pas ce soir
3) Je t'aime

TRUJILLO

Trujillo est là depuis le tout début quand Christophe Colomb y passe en 1502, lors de son quatrième et ultime voyage. La ville devient capitale pour quelque temps, avant de sombrer sous les attaques des pirates pendant plusieurs siècles. En fait, elle sera abandonnée un bon nombre de fois par ses habitants, et un vieux fort avec des canons sera construit pour protéger ce petit point stratégique au fond d'une merveilleuse baie. La ville est juchée sur une falaise que l'on descend facilement pour arriver à la mer, dans laquelle on peut se baigner et apprécier son pouvoir hypnotisant. Trujillo serait incomplète sans le passage du désormais célèbre William Walker pour le chapitre final de son opéra tragicomique. Le seul résultat de sa tentative de conquérir la ville fut celui d'être fusillé à bout portant. Bon débarras!

Fortaleza de Santa Bárbara *(1$; à droite de la place centrale).* Cette vieille forteresse date de 1599 et servait à repousser les attaques des corsaires. Il reste une dizaine de gros canons et quelques fondations de bâtiments. Le tout n'est pas très spectaculaire, mais la vue sur la baie de Trujillo est de toute beauté.

Aguas Calientes *(3$; à 7 km en direction de Tocoa).* Prenez un autobus et demandez au chauffeur qu'il vous laisse aux eaux thermales. Vous arriverez devant quatre bassins d'eaux sulfureuses aux propriétés magiques qui sont aménagés près d'un hôtel de luxe.

Parque Nacional Capiro y Calentura *(au sud, vers la Villa Brinkley).* Un sentier dépasse cette villa et continue dans la montagne. Le trajet se fait en cinq heures environ, et l'on suggère de ne pas y aller seul pour plus de sécurité. Quelques singes vous feront sûrement une apparition surprise lors de votre ascension. Par temps clair, on peut arriver à distinguer les Islas de la Bahía au loin.

Villages garifunas *(prendre la route de la plage vers l'ouest).* **Santa Fe, San Antonio** et **Guadalupe** sont trois petits villages garifunas à une dizaine de kilomètres de Trujillo. On les rejoint en marchant ou en attrapant un bus qui passe sur la route. On peut aussi marcher sur la plage et revenir avec le bus. Les Garifunas sont de sympathiques gens avec lesquels on peut passer du temps et manger le poisson probablement le plus frais du pays. Les plages sont sans fin et étincelantes de blancheur.

DÉTAILS PRATIQUES

Transport: tous les bus s'arrêtent à côté du Parque Central avant de partir. Les bus partent aux heures environ pour **La Ceiba, Tela** et **San Pedro Sula.** Certains partent dès 14h et coûtent entre 3$ et 5$. Le bus pour **Santa Fe** passe à 9h30 sur la plage *(0,40$).*

Argent: les banques sont situées autour du Parque Central, et il n'y a aucun problème pour changer des chèques de voyage ou pour avoir des avances de fonds sur Visa ou MasterCard.

Courrier et téléphone: à partir de l'église, remontez une rue vers le sud.

Cours d'espagnol: le **Centro Internacional de Idiomas** (☎44-4777) et **Ixbalanque** (☎44-4461) offrent des tarifs à la semaine avec quatre heures de cours par jour. Il est possible de loger chez des familles pour 85$ par semaine.

Trujillo

RÊVE

$

Hôtel Mar de Plata *(6$; à quatre pâtés de maisons à l'ouest du parc, ☎434-4458).* Pas toujours très propre et parfois bruyant. Prenez une chambre à l'étage. Propriétaires sympathiques et ventilation incluse.

Hotel Emperador *(8$; à deux rues à l'ouest du parc, ☎434-4446)* ▶ Petites chambres dans lesquelles on ne veut pas passer trop de temps. Confort ordinaire et décor agréable. Cour intérieure.

Hotel Trujillo *(10$; près du marché, ☎434-4202)* ▶ Bien situé et d'une propreté étincelante. On y trouve douche, toilette et ventilation dans chaque chambre.

Trujillo

BOUFFE

$

Restaurante Pantry *(à deux rues du parc)* ▶ Ouvert toute la journée. On y propose un menu varié qui saura satisfaire les goûts les plus différents. Bonne pizza. Le bar prépare toutes sortes de cocktails.

Restaurante Granada *(près de l'Emperador)* ▶ Personnel très affable et nourriture variée allant du poisson frais à la garifuna au petit déjeuner complet. Bon choix.

El Patio *(à trois rues du parc)* ▶ La nourriture est bonne et le personnel aimable, mais on y sert souvent un seul plat, ce qui limite les décisions. Bon marché.

⏭ À L'EST DE TRUJILLO ⏮

Ici se trouve le vaste territoire de la **Mosquitia**, très peu habité, infecté de malaria et à la nature éclatante. C'est ici que se font les expéditions vers des plages totalement vierges ou encore à travers l'épaisse jungle sur un des *ríos* qui s'enfoncent dans une végétation autrement impénétrable. Des vols desservent presque chaque jour **Palacios** et **Puerto Lempira** à partir de La Ceiba ou de la capitale. Le logement est difficile à trouver, et il est impératif d'avoir fait préalablement provision de devises nationales. Les excursions dans la jungle s'organisent à partir des deux villes mentionnées ci-dessus. La location de canots, pirogues et autres embarcations est dispendieuse. Votre meilleur approche serait celle de flâner sur les quais pour savoir si un cargo ou un autre navire de transport de marchandises pourrait vous prendre pour la traversée.

⏭ OUEST ET SUD DU HONDURAS ⏮

L'ouest du Honduras est caractérisé par son site archéologique le plus riche: Copán. Situé près de la frontière avec le Guatemala, c'était un des centres les plus grandioses de l'Empire maya, auquel personne ne reste indifférent. La région en tant que telle est vallonnée et l'on y retrouve quelques parcs nationaux, dont celui qui renferme le plus haut sommet du pays. Il y a aussi de beaux petits villages au passé colonial et à l'héritage artisanal. On y retrouve également la ville de San Pedro Sula, important centre industriel du pays situé plus au nord, qui n'est intéressante que pour celui qui a des affaires à y traiter.

Le sud du Honduras, quant à lui, est une petite bande de terre coincée entre les frontières du Salvador et du Nicaragua, avec 124 km de littoral sur le Pacifique. Les plages sont définitivement moins attrayantes que sur la côte Caraïbe, mais les petites îles volcaniques du Golfo de Fonseca demeurent agréables. À l'intérieur des terres, la chaleur est suffocante.

SAN PEDRO SULA

On pourrait vous dire que San Pedro est la ville qui croît le plus rapidement en Amérique centrale grâce à l'industrie du vêtement et à sa position stratégique au centre des plantations de bananiers, mais on passe sur tout ça très rapidement en vous disant que cette ville de 650 000 habitants est un lieu de transit obligé pour tous ceux qui prétendent sillonner le pays en entier. Essayez de changer de bus très vite et de ne pas dormir ici. Non que l'aventure soit périlleuse, mais plutôt dénuée de sens. Et la chaleur de la ville est beaucoup plus écrasante que le bord de la mer, où une brise flotte toujours.

Museo de Antropología y Historia *(0,35$; Av. 3 et Calle 4, NO)*. Fermé le lundi, ce musée présente une collection particulière ayant trait aux premiers habitants de la vallée fertile de l'Ulúa, où se situe la ville. Bonne option si vous devez tourner en rond dans la ville quelque temps.

Parque Nacional Cusuco *(9$; à 20 km à l'ouest de San Pedro)*. Ce parc englobe deux sommets de plus de 2 200 m, et il est possible d'y faire de la randonnée sur des sentiers dont la durée varie entre une heure et deux jours. Les pistes sont faciles à suivre, car il s'agit d'anciennes routes de coupe de bois. Renseignez-vous auprès de la **Fundación Ecológica Hector Rodrigo Pastor Fasquelle** *(Av. 7 et Calle 1, NO, ☎521-014 ou 596-598, ☎576-620)*. Le parc contient la forêt de pins la plus élevée en altitude d'Amérique centrale, et il est possible de se rendre jusqu'à Tegucigalpita par la côte.

DÉTAILS PRATIQUES

Transport pour **Tegucigalpa**: depuis la Calle 6 entre les Avenida 6 et 7, les bus partent chaque heure environ, dès 5h45, et coûtent 4$ pour un trajet de six heures

Vers **La Ceiba**: Av. 2 Sur entre Calles 5 et 6, SO. Trois heures de trajet pour 2$, chaque heure entre 5h et 18h30.

Vers **Copán**: Calle 6 entre Avenidas 6 et 7. Départs à 7h, 11h, 13h, 14h, et 15h (six heures de route et 3$).

Argent: le Banco Atlántica, sur le Parque Central, change les chèques de voyage au meilleur taux.

Renseignements touristiques: Sectur, Calle 4 entre Avenidas 3 et 4, NO. On y vend des cartes de la région.

Courrier et téléphone: courrier sur l'Avenida 3 entre les Calles 9 et 10, SO. Hondutel est situé au coin de l'Avenida 4 et la Calle 4, SO.

San Pedro Sula

RÊVE

Hotel Brisas del Occidente *(5$; Av. 5 et Calle 7, SO, ☎522-309)* ▶ La plupart des chambres sont spacieuses, mais précisez que vous désirez une fenêtre. La propreté est minimale mais correcte.

Hotel San José *(8$; Av. 5 et Calle 7, SO, ☎571-208)* ▶ Vraiment pas cher et vraiment propre, dans un bâtiment récent où télé et eau purifiée sont à la disposition des chambreurs dans le hall d'entrée.

San Pedro Sula

BOUFFE

Café Skandia *(du côté nord du parc, au rez-de-chaussée du Gran Hotel Sula)* ▶ Ouvert en tout temps. On y sert de bons *club sandwichs*, des gaufres, des salades et plein d'autres bonnes choses.

San Pedro Sula	BOUFFE
$	**Comedores** *(Av. 17 et Calle 10)* ▶ On trouve ici plein de comptoirs abordables où l'on sert de la nourriture typique.

COPÁN RUINAS

La petite ville de Copán est l'agglomération la plus rapprochée des ruines du même nom, à seulement 1 km du célèbre site maya, et est bien située dans les hauteurs des montagnes. Son climat est par conséquent toujours confortable. La ville elle-même est sympathique avec ses habitants qui semblent avoir moins peur qu'ailleurs de vous parler, probablement à cause du flot de touristes qui fréquentent les ruines. Le tout crée une atmosphère paisible avec des rues pavées et bon nombre de maisons à l'allure coloniale. Plusieurs autres petites villes coloniales intéressantes dans des environnements verdoyants sont éparpillées non loin de Copán, notamment Santa Rita, Santa Rosa de Copán et Gracias.

Ⓩ **Les ruines** *(10$; à 10 min de marche du centre-ville).* Le prix d'entrée comprend les services d'un guide qui vous permettra de mieux comprendre l'histoire et le contexte culturel du site. Un énorme musée vient d'ouvrir sur le site et il faut compter 5$ pour y entrer. Le musée plus modeste situé en ville demande 2$. Il est tout indiqué de visiter le nouveau musée avant les ruines pour se mettre dans l'ambiance. Plus de 2 000 sculptures, stèles et objets de toutes sortes sont présents dans le musée. On conseille de disposer d'une journée entière car le site est énorme et l'on peut s'y promener longtemps. Plusieurs monuments sont encore enfouis dans la jungle tout autour. Les archéologues situent l'apogée de la ville à l'an 500 de notre ère, alors qu'elle devait compter 20 000 habitants.

Aguas Calientes *(1,10$; à 20 km au nord de la ville).* Des camions partent près du terrain de soccer et de l'hôtel Paty. On peut se baigner dans ces eaux sulfureuses mais attention de ne pas aller dans la zone bouillante!

DÉTAILS PRATIQUES

Transport: pour la frontière du **Guatemala**, des camions partent toute la journée et chargent 2,50$. Marchandez si l'on vous en demande trop. Les bus pour **San Pedro Sula** partent de l'hôtel Patty à 4h, 5h, 6h, 7h et 15h (6 heures de route et 3$). Il faut passer par là pour retourner à **Tegucigalpa**.

Argent: le **Banco de Occidente**, sur la Plaza Central, change l'argent US et les chèques de voyage.

Courrier: près du vieux musée, ouvert en semaine et le samedi matin.

Téléphone: Hondutel est situé au même endroit. Ouvert tous les jours de 8h à 21h. On peut aussi utiliser le service de fax, mais en semaine seulement.

Internet: service disponible à l'hôtel **Gemelos**.

Cours d'espagnol: Ixbalanque (☎983-432, ≈576-215) offre des cours privés à raison de quatre heures par jour. Vous êtes également logé et nourri dans des familles. Le tout pour 125$ par semaine.

Copán Ruinas

$

RÊVE

Hotel Los Gemelos *(5$; légèrement au sud du pont qui mène aux ruines)* ▶ Simple, propre et amical. On peut y laver son linge. Vous serez réveillé à l'heure que vous désirez si vous le demandez la veille. Le café y est bon et gratuit: à savourer dans le beau jardin!

Hotel California *(8$; en face du Gemelos, ☎651-4077)* ▶ Un peu plus cher, mais très confortable et sécuritaire. Décor original et repas du soir délicieux. Endroit recommandé pour les voyageurs avec sacs à dos.

| Copán Ruinas |
| $ |

BOUFFE ET MONDE

Llama del Bosque *(à deux rues du parc, après le vieux musée)* ▶ Spaghettis, poulet, hamburgers et autres plats généreux. Très populaire auprès des touristes.

Tunkul Bar *(en face du Llama del Bosque)* ▶ Salades, soupes, *burritos* au poulet ou au boeuf. Superbe terrasse d'où l'on peut admirer les étoiles et danser au son de la musique reggae ou tout simplement relaxer en prenant son petit déjeuner.

GOLFO DE FONSECA

Ceux qui n'ont pas le temps passent en vitesse par cette région, en direction du Salvador, de Tegucigalpa ou du Nicaragua. On comprendra que cette région de champs de coton et d'éleveurs ne mérite pas d'attention excessive, mais elle demeure intéressante à plusieurs égards. Pour apprécier le Golfo de Fonseca, il faut absolument quitter l'excessive chaleur des villes de l'intérieur, où tout se fait au ralenti, car c'est le seul moyen de rester vivant. Choluteca, la ville principale de la région, a certes un charme colonial, mais elle reste trop loin de la brise et des magnifiques couchers de soleil de la côte.

ISLA DEL TIGRE

Si vous avez envie de visiter un seul endroit dans le coin, c'est ici qu'il vous faut arrêter sans l'ombre d'une hésitation. Une ambiance bizarre y règne à cause de la multitude de bâtiments abandonnés qu'on y trouve. La principale ville de l'île, Amapala, était en pleine croissance jusqu'à ce qu'elle perde son titre de port principal du Pacifique au profit de San Lorenzo, sur la côte. On dit que les pirates ont caché des trésors ici. Sir Francis Drake lui-même est passé par Amapala il y a quelques siècles. L'île possède de belles plages où l'on peut se baigner et faire du camping. Impossible toutefois de comparer ces plages à celles de la côte Caraïbe.

DÉTAILS PRATIQUES

Transport: pour atteindre l'Isla del Tigre et Amapala, il faut prendre un bus (Avenida 6 et Calle 24, de Tegucigalpa, à 6h, 10h, 14h et 18h) vers **Choluteca** et descendre à **San Lorenzo**. De San Lorenzo, des bus réguliers partent pour **Coyolito**, d'où l'on prend le bateau vers l'île. Le bateau part quand il est plein (10 personnes) et coûte 0,40$. Compter au moins une demi-journée de route à partir de Tegucigalpa.

Argent: Banco El Ahorro Hondureño.

Excursions. L'île possède un volcan éteint d'une hauteur d'environ 750 m. La randonnée se fait sur une route qui va jusqu'au sommet où un détachement de l'armée américaine est stationné. La vue sur le golfe et les îles est particulièrement impressionnante. Apportez-vous un lunch. Il est aussi possible de faire le tour de l'île en une demi-journée.

Plages. Playa Grande et Playa Negra sont deux plages situées respectivement à 1,5 km et à 3 km d'Amapala. Le sable est de type volcanique foncé, l'eau y est très chaude et les vagues sont de faible amplitude.

Pêche. Les pêcheurs vous emmèneront avec eux moyennant certains frais. Pour les trouver, il faut se promener sur la plage. Attrapez-les quand ils reviennent à la fin de la journée, et convenez d'un point de rencontre pour le lendemain matin.

Isla del Tigre

RÊVE

Pensión Internacional *(3$; près du quai)* ▣ Colorée et délabrée. Vous devez demander si les chambres du premier étage sont disponibles, car la ventilation naturelle y fait toute la différence.

Hotel Al Mar *(3$; Playa Grande)* ▣ Dans un environnement magnifique, près de la plage et de la montagne, l'hôtel fournit un ventilateur dans chaque chambre.

Isla del Tigre	**RÊVE**
$	La **base navale** sur le chemin de Playa Negra propose des chambres climatisées, propres, et dans lesquelles on peut s'entasser jusqu'à 12. Pour deux personnes, ça revient à 12$, mais le confort y est incomparablement meilleur et l'endroit est charmant.

Isla del Tigre	**BOUFFE**
$	**Comedores** *(Nuevo Mercado Municipal)* ▶ Restaurants propres où l'on sert de la bouffe nationale: fèves, riz et poulet.
	Miramar *(près du port et du quai)* ▶ Ce restaurant, ainsi que les autres adjacents, servent de bons repas avec certains fruits de mer frais et très savoureux.

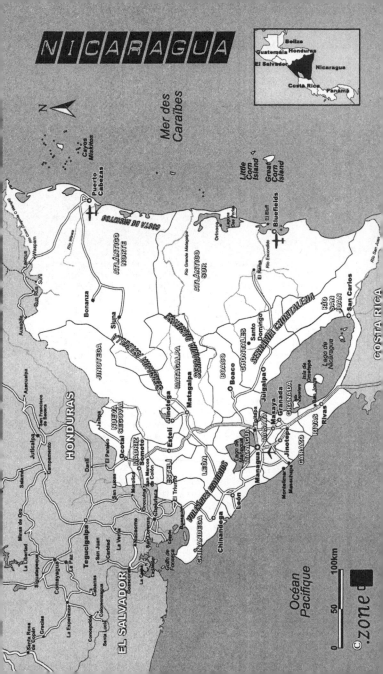

▌▌▌▌ Au Nicaragua, ça bouge constamment. Et quand ce n'est pas la terre, ce sont les tensions politiques qui secouent la population. Les tremblements de terre de 1931 et de 1972 ont laissé autant de traces dans la capitale que les bombardements désespérés d'un dictateur qui s'accrochait à son illusion.

▌▌▌▌ Plus grand pays de toute l'Amérique centrale, le Nicaragua impressionne par ses montagnes volcaniques entrecoupées de forêts tropicales à la flore débordante. Et c'est aussi le seul pays de la région à posséder d'immenses lacs intérieurs de 52 km et 148 km de long. Des volcans émergent même en plein milieu du lac Nicaragua, le plus vaste des deux. Les montagnes, situées à l'ouest du pays, descendent lentement vers l'Atlantique, ce qui laisse place à des basses terres paradisiaques pour les moustiques.

▌▌▌▌ Drôle de pays quand même, où la paix semble longue et pénible à obtenir. Le Nicaragua a subi la dictature des Somoza (père et fils) depuis les années trente jusqu'en 1979, quand le Front sandiniste de libération nationale (FSLN), fondé en 1961, s'empara du pouvoir au terme d'une guerre civile de quelques années. Mais les habitants du Nicaragua n'étaient pas au bout de leur peine, il leur fallait maintenant subir une opposition occidentale à leur régime.

▌▌▌▌ Immédiatement ciblé comme enclave communiste en terre d'Amérique, le Nicaragua recevait, dans les années quatre-vingt, des sanctions économiques de la part des États-Unis. Ceux-ci, ne ménageant pas leurs efforts, employèrent les ressources vacantes laissées par un marché underground de vente d'armes ratée avec l'Iran, pour financer un groupe de contre-insurrectionnels entraîné au Honduras. Les combats dans la jungle durèrent plusieurs années et ne facilitèrent pas la tâche du gouvernement sandiniste.

▌▌▌▌ Les sandinistes ne se sont pas fait réélire en 1990, pas plus qu'en 1996, et c'est le parti de l'épouse d'un journaliste assassiné pendant la guerre civile, Violeta Chamorro, qui se maintient au pouvoir depuis ce temps. L'économie est au ralenti, et le pays songe à construire une ligne de chemin de fer reliant les deux côtes, distantes de 377 km, pour stimuler la croissance en faisant compétition au canal de Panamá.

▌▌▌▌ Malgré l'extrême pauvreté qui y sévit, le pays est intéressant à visiter, ne serait-ce que pour voir ces visages qui ont subi tant d'épreuves. En fait, avec tout ce qui s'est passé là-bas, on se demande même comment le pays fait pour survivre. Une chose est sûre cependant, il est en reconstruction.

Les sandinistes prennent leur nom du général Sandino, qui résistait contre la présence américaine quasi constante de 1909 à 1933 (eh oui!). Sandino fut assassiné en 1934 par les forces de Somoza père, général de la Garde nationale nicaraguayenne entraînée par... les Étasuniens, avant leur départ.

fêtes et festivals

Le Jeudi saint et le Vendredi saint de la Semaine sainte (1999: 1er avril et 2 avril; 2000: 20 et 21 avril; 2001: 12 et 13 avril).
1er mai: fête du Travail.
19 juillet: commémoration de la révolution sandiniste de 1979.
14 septembre: anniversaire de la bataille de San Jacinto.
15 septembre: fête nationale de l'Indépendance de l'Amérique centrale.
1er novembre: Toussaint
2 novembre: Día de los Muertos.
7 et 8 décembre: célébrations de l'Immaculée Conception.

La plupart des services sont fermés durant la Semaine sainte et entre la veille de Noël et le lendemain du jour de l'An.

▶▶ MANAGUA ◀◀

La grande capitale du pays, avec ses 600 quartiers hétérogènes formant un tout à l'identité douteuse, compte le quart de la population totale du pays, avec plus d'un million d'habitants. On cherche le centre-ville longtemps et pour cause: il a été considérablement ravagé par deux tremblements de terre et une guerre civile en l'espace d'une cinquantaine d'années. De toute façon, même s'il existait, on serait bien optimiste de se faire croire qu'on peut vous donner les bonnes indications, quand presque la totalité des rues ne possèdent pas de nom. *¡Bienvenido a Managua!*

Les artères commerciales sont ainsi situées à plusieurs endroits de cette ville sans plan d'urbanisme bien précis. Étant donné que Somoza a pris pour lui la presque totalité de l'aide internationale offerte pour rebâtir le centre de sa capitale après le tremblement de terre de 1972, et qu'il l'a bombardée quand il s'est vu acculer au pied du mur par les fils spirituels de Sandino en 1979, le centre-ville est composé de ruines et de terrains vacants, entrecoupé de quelques édifices plus modernes qui ont résisté: une vraie vision surréaliste. Les sanctions économiques étasuniennes des années quatre-vingt ont créé une

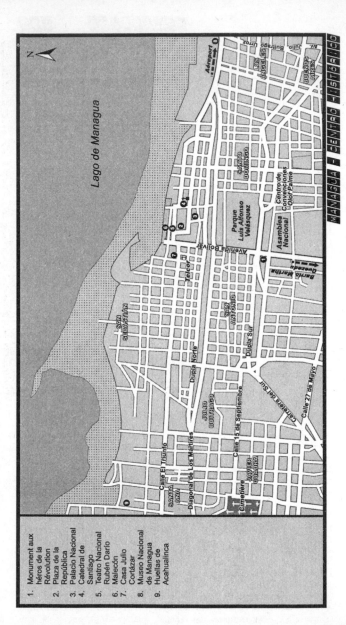

Lago de Managua

1. Monument aux héros de la Révolution
2. Plaza de la República
3. Palacio Nacional
4. Catedral de Santiago
5. Teatro Nacional Rubén Darío
6. Malecón
7. Casa Julio Cortázar
8. Museo Nacional de Managua
9. Huellas de Acahualinca

Radial Santo Domingo

N

JORGE DIMITROV

BUENOS AIRES

Avenida Benito Juárez

Calle José Martí

Paseo Tiscapa

Catedral
Metropolitana

Avenida Rubén Darío

Laguna
de Tiscapa

Avenida Universitaria

Pista de la Municipalidad

Avenida Bolívar

Paseo Tiscapa

Cine
Cabrera

Tica Bus

Policlínica
Nicaragüense

MARITHA
QUEZADA

BOGOTÁ

JONATHAN
GONZÁLEZ

Calle 27 de Mayo

Former
Cine Dorado

Plaza de
España

Avenida Monumental

LAS
PALMAS

EL CARMEN

BOSQUES
DE BOLONIA

Benjamín Zeledón

RENÉ
CISNEROS

Pista de la Municipalidad

ALTAGRACIA

EL RECREO

Pista El recreo

Avenida Mariano Selipes

1. Restaurante
   Antojitos
2. Hotel
   Intercontinental
3. Mural
4. Catedral
   Metropolitana
   de la Purísima
   Concepción

©zone

DÉTAILS PRATIQUES

Transport: Casimiro Sotelo *(prendre le bus 119 jusqu'au marché Huembes)* dessert les destinations suivantes et leurs alentours: **Masaya, Granada, Rivas, Matagalpa, Esteli, Ocotal, Somoto.**

Israel Lewites Mercado: *(prendre le bus 110 du marché Huembes)* dessert le nord-ouest (**León, Chinandega...**) et quelques destinations vers le sud-est et la côte.

Ivan Montenegro Mercado: *(prendre le bus 110 de l'UCA).* Dessert **Boaco, Juigalpa** et **Rama** (vers Bluefields).

Renseignements touristiques: Ministère du Tourisme, une rue à l'ouest de l'Inter-continental, ☎222-2962.

Tur-Nica, à 250 m au sud de la Plaza Espana, ☎266-1387.

énorme dette, et les projets de reconstruction ont donné des résultats bien modestes... quand ils ont été réalisés.

Mais cette ville a du vécu: dictatures, guerres, tremblements de terre, unique enclave socialiste sur le continent... Durant la décennie 1980, une vitalité artistique s'est déployée dans certains quartiers où les discussions d'intellectuels autour de cafés foisonnaient. Peintres, sculpteurs, musiciens, réfugiés politiques, bénévoles internationaux..., toutes les graines nécessaires à la stimulation de l'esprit se trouvaient à Managua il y a 10 ans. Ce mouvement s'est affaibli, mais il est encore perceptible.

Managua est localisée sur la rive sud du lac qui porte son nom. Du bord de l'eau, on peut voir les sommets montagneux de la rive nord, notamment le Momotombo, avec ses 1 360 m de hauteur.

Impossible cependant de se baigner dans le lac, du moins aux abords de la capitale, parce que les eaux y sont très polluées.

Le *barrio* (quartier) Martha Quezada est probablement le choix sûr de ceux qui veulent être près du centre-ville (à une quinzaine de pâtés de maisons) sans développer de maladies nerveuses. L'ambiance y est de type familial et résidentiel. On y trouve de bons hôtels pas chers, de petits restos agréables, et c'est là aussi qu'on rencontre les étrangers qui visitent la ville et qui sont autant dépaysés que vous l'êtes.

En se promenant à travers les rues du centre-ville à moitié en ruine, on est surpris de constater que le silence est hypocrite.

Qu'il nous cache quelque chose. On y entend le vécu d'une ville qui a traversé plusieurs déserts et qui attend, sans mot dire, de voir si l'oasis est bien à l'horizon, ou si un nouveau désert bloque la perspective.

Hotel Intercontinental *(Av. Bolívar et Laguna de Tiscapa)*. Si l'on vous mentionne cet endroit en premier, c'est qu'il constitue une introduction parfaite à la visite de la vieille ville, que vous pourrez faire par la suite en descendant l'Avenida Bolívar vers le lac Managua (2 km). On ne vous demande pas de vous asseoir et de bouffer la nourriture dispendieuse servie ici. Seulement un coup d'oeil sur les photos affichées dans la salle à manger du restaurant d'en face (Restaurante Antojitos) vous fera découvrir ce à quoi ressemblait la ville avant les tremblements de terre, bombardements et autres. Pas nécessaire de manger, un sourire aimable devrait être suffisant comme laissez-passer auprès des serveurs. On reconnaît l'Intercontinental de loin avec ses formes pyramidales complètement ratées.

Plaza de la Revolución (ou de la República, selon l'humeur et l'idéologie politique à la mode ou au pouvoir) *(Bolívar et Revolución)*. Quand vous arrivez près du lac, c'est ici que commencent à pleuvoir les édifices historiques... et les ruines de ceux n'ayant pas survécu aux tourments nationaux. La Plaza de la Revolución est le coeur du pays, qui a vu Somoza (pour ceux que ça intéresse, ce dernier s'est finalement fait descendre peu de temps après son exil au Paraguay) partir un certain 19 juillet 1979. Depuis ce temps et à cette date, chaque année, il y a une manifestation monstre sur la place. Sinon, elle ressemble au vaste stationnement d'un magasin qui a fait faillite.

Catedral de Santiago *(du côté est de la Plaza)*. Elle a résisté au premier tremblement de terre (1931), mais pas au second (1972). On l'a reconstruite en partie en 1995, et la restauration n'est pas totalement terminée. Certaines heures sont réservées aux travaux et empêchent donc la visite. On conseille de ne pas s'y aventurer seul, et plus on monte vers les étages supérieurs, plus la probabilité d'être agressé augmente. Ceux qui veulent être plus près de Jésus devront employer la prière pour plus de sécurité. La tombe de Fonseca (fondateur du FSLN) est également située du côté est de la Plaza.

Palacio Nacional *(du côté sud de la Plaza)*. Les portraits de Sandino et de Fonseca ont été enlevés depuis que les sandinistes sont en minorité. C'est dans ce palais que les sandinistes prirent en otage toute l'Assemblée nationale, un an avant de renverser Somoza. L'Assemblée a depuis déménagé, et l'édifice sert de quartier général pour le ministère des Finances.

Teatro Nacional Rubén Darío *(du côté nord de la Plaza).* On pense qu'il a résisté au tremblement de terre parce qu'il venait d'être achevé en 1969. Darío est le poète le plus illustre du pays, et l'on présente dans l'immeuble qui porte son nom, du théâtre, de la musique et des conférences. Très luxueux, marbre et tout.

Ⓩ **Centro Cultural de Managua** *(au sud de la Plaza).* Bâti à même les ruines de l'ancien Gran Hotel, le centre a été terminé en 1994 et accueille des expositions, des spectacles, de la danse... Le dynamisme se reflète dans le va-et-vient autour des commerces d'artisans étalés sur les deux niveaux du complexe. On s'informe par le *Guía Facil* de la programmation et des événements spéciaux.

Casa Julio Cortázar *(en face du Telcor).* Sorte de musée des beaux-arts nommé ainsi en l'honneur de l'écrivain argentin du même nom, qui s'intéressa beaucoup au Nicaragua dans les années sandinistes (1979-1990). Ouvert en théorie du mercredi au dimanche en après-midi. Vérifiez tout de même (☎222-7272), parce que la théorie et la pratique semblent être deux pôles distincts.

Malecón *(digue à l'extrémité nord de l'Avenida Bolívar).* Après qu'ils en ont eu assez de déambuler entre les ruines et ce qui tient encore debout dans le centre historique, le temps de la contemplation passive a sonné pour plusieurs. On peut s'asseoir sur le bord du lac et s'hypnotiser quelques instants par la vue du volcan Momotombo, de l'autre côté. Les marchands ambulants de la digue proposent de tout pour affamés et assoiffés. On le répète encore: l'eau du lac n'est pas propre à la baignade, encore moins potable.

Managua RÊVE

Ⓩ **Barrio Martha Quezada** *(à l'ouest de l'hôtel Intercontinental)* ▣ Quartier agréable près du centre historique, où se trouvent les hôtels pour voyageurs étrangers sans grand budget. Idéal pour rencontrer des gens et échanger sur ce qui se passe à Managua.

Hospedaje Santos *(3$; sur la rue menant à l'Intercontinental, ☎02-23713)* ▣ La plus populaire des adresses bon marché, mais pas la plus propre. Toilettes communes et cour avec hamacs et chaises berçantes. On y sert de la nourriture à saveur locale.

Managua

$

RÊVE

Hospedaje Meza *(6$; deux rues à l'est de Santos, ☎02-22046)* ▶ Chambres plus petites et parfois plus crasseuses que chez Santos, mais c'est vraiment pas cher. Personnel indifférent. Couvre-feu à 23h.

Hospedaje Norma *(8$; une rue au sud et une demi-rue à l'est du Cine Dorado, ☎02-23498)* ▶ Beaucoup de voyageurs étrangers, mais il manque une pièce commune qui faciliterait les échanges. Patrons gentils et prix abordables. Couvre-feu à minuit.

Managua

$

BOUFFE

Kiosque Tica-Bus *(en face de la gare du même nom)* ▶ On y mange debout des repas faits rapidement et vraiment pas chers.

Comedor La Victoria *(deux rues au sud du Ciné Cabrera)* ▶ Bonne bouffe typique (riz, fèves, viande). Propre et familial. On peut aussi parfois s'installer à l'ombre des palmiers sans étouffer.

Vecadi *(une rue au nord de l'Intercontinental, cinq rues à l'ouest et encore une demi-rue au nord)* ▶ Endroit très populaire. On conseille d'arriver tôt sur l'heure du dîner. Par contre, les portions sont aussi grosses que la foule qui fréquente ce resto.

Sara's *(sept rues à l'ouest et une rue au sud de l'Intercontinental)* ▶ Grand lieu de rassemblement lors des années sandinistes, ça demeure un endroit abordable où l'on rencontre plein de *gringos* venus de partout à travers le monde.

Mirna's Pancakes *(une rue au sud et une rue à l'est du Ciné Dorado)* ▶ Matin et midi, on mange beaucoup et pour pas beaucoup de sous. Atmosphère familiale où le patron s'asseoit parfois avec vous pour jaser.

BOUFFE

Casa del Café *(Altamira de Lacmiel, une rue en haut et une rue au sud,* ☎*278-0605)* ▶ On l'indique pour ceux qui ont trop bu de café instantané et qui croient qu'un véritable cappuccino n'existe plus en ce monde. Repas et pâtisseries sont aussi de très bonne qualité. Plus cher.

du monde

Buena Nota *(km 3,5, Carretera del Sur,* ☎*66-9797)*. Un peu plus loin et plus cher. On y présente de la musique typiquement nicaraguayenne dans un décor rappelant les années cinquante des États-Unis.

Cinemateca Nacional *(Centro Cultural)*. Productions étrangères et films récents.

Cinemas 1 y 2 *(Centro Comercial, Camino del Oriente,* ☎*267-0964)*. Films étasuniens récents doublés en espagnol.

Día de la Revolución. Le 19 juillet, on commémore la Révolution par un immense rassemblement sur la Plaza de la Revolución. On entend des discours et l'on danse sur la musique.

El Cipitio *(une rue au nord, quatre rues à l'ouest et une rue et demie au sud de l'Intercontinental)*. Parfait pour relaxer avec sa *cerveza* autour d'une petite table pour discuter tranquillement. On y sert de la bonne bouffe abordable également.

El Repliegue. Énorme marche qui débute au marché Huembes, à Masaya, pour commémorer la défense de la population par les forces sandinistes, alors que la Garde nationale avait prévu un coup pour ébranler les forces contestataires sociales. Ce rendez-vous a lieu le dernier samedi du mois de juin.

Festival de Santo Domingo. Du 1er au 10 août, on célèbre le saint patron de la ville. On se demande si ce dernier a jamais apprécié ce rassemblement quand on regarde l'histoire et l'état de la capitale, mais bon... peut-être veut-il qu'on le laisse tranquille... Ambiance carnavalesque où certains voleurs en profitent pour boire et faire leurs meilleurs coups. N'y allez qu'en groupe et soyez vigilant.

La Cavanga *(à côté du Centro Cultural,* ☎*228-1098)*. L'endroit branché fréquenté par la population locale, avec ses drinks élaborés et ses groupes de jazz. Très animé. On a gardé un petit coin cuisine de bonne qualité. Essayez le *ceviche*.

La Pinata *(à côté de l'UCA, ☎267-8216)*. Ceux qui dansent doivent venir dans ce drôle d'endroit en plein air où différentes musiques sont jouées sur des pistes de danse très peu distantes les unes des autres, et ce, à des niveaux dépassant la capacité des tympans. L'ensemble des fréquentations constitue une mosaïque de toutes les possibilités imaginables, du meilleur comme du pire.

La Ruta Maya *(près de Montoya, ☎222-5038)*. Jeune et branché. On y joue de la musique de tous les styles. Le concert peut parfois débuter très tard. Terrasse agréable, prix d'entrée et excellente nourriture.

Lobo Jack *(Camino de Oriente)*. Il vous faudra franchir plusieurs centaines de kilomètres avant de tomber sur une discothèque aussi gigantesque.

Mansión Reggae *(km 6, Carretera del Norte, ☎289-4804)*. Ambiance chaude et tropicale à souhait. *Reggae, salsa, merenge*. On y voit le côté caraïbe du pays dans un espace où se mêlent des gens de tout âge.

Rancho Bambi *(km 3,5, Carretera del Norte)*. Même genre d'ambiance qu'à la Mansión Reggae, mais un peu moins dispendieux.

Teatro Nacional Rubén Darío *(Parque Central, ☎222-3632)*. Musique classique, danse ou ballet. On s'informe en téléphonant ou en consultant le *Guía Facil*.

Videoteca *(une rue au nord-est d'Estatua Montaya, ☎222-7092)*. Réalisations étrangères en anglais ou sous-titrées en anglais, projetées sur un écran télé géant.

des achats

Mercado Oriental *(pour le sud-est du centre-ville, prendre le bus MR3 au nord du Barrio Martha Quezada)*. Tout ce qui existe est ici, y compris l'appareil photo que vous ne trouviez plus en débarquant du bus de León. L'artisanat national est omniprésent.

Mercado Huembes *(prendre le MR4 au nord du Barrio Martha Quezada)*. Moins gigantesque que l'Oriental, et moins puant aussi. On y trouve une belle sélection artisanale.

Musical *(en face de la section artisanale du marché Huembes).* Pour ceux qui veulent repartir avec de la musique locale, introuvable en Amérique du Nord.

Centro Cultural de Managua *(près du Palacio National).* Tout un assortiment d'objets d'artisanat. Spécialement intéressant les premiers samedis de chaque mois, lorsque artistes et artisans de partout à travers le pays se donnent rendez-vous pour vendre directement le produit de leur labeur dans la cour du centre.

Liberia Amatl *(deux rues au sud de l'Intercontinental, ☎66-2485).* Littérature essentiellement espagnole.

Hotel Intercontinental *(Bolívar et Laguna de Tiscapa).* Bonne sélection de livres dont une bonne partie en anglais.

⏭ AUTOUR DE MANAGUA ⏮

Huellas de Acahualinca *(Barrio de Acahualinca, ☎266-5774; bus 06, 112, 123, 159 ou 202).* Petit musée dont la raison d'être est de cacher en son sol des empreintes d'humains et d'animaux ayant traversé la région il y a plus de 6 000 ans.

Laguna de Tiscapa *(à côté de l'Intercontinental, vers la gauche).* Ce petit parc offre une belle vue en plongée sur la ville, avec la statue de Sandino vers le nord.

Catedral Metropolitana de la Purísima Concepción *(Plaza de España).* Construite en 1993. Son style contraste avec celui des vieilles églises comme celle du centre-ville. Il n'y a qu'en Amérique latine qu'on construit encore des églises. Pour cette raison, ça peut valoir le détour.

Murale *(Plaza de España et Parque de las Madres).* Un des seuls exemples de cet art révolutionnaire effacé (au sens propre) par les gouvernements qui ont succédé au mouvement sandiniste. Les couleurs vives et les traits dramatiques dominent. Si vous êtes venu voir la Catedral Metropolitana, vous n'êtes plus très loin de la murale.

⏭ LE SUD-OUEST ET LE LAGO NICARAGUA ⏮

La bande de terre qui s'étire au sud de Managua, entre la côte Pacifique et l'immense lac Nicaragua (148 km de long sur 50 km de largeur), délimite la région la plus densément peuplée du pays.

L'histoire du Nicaragua est intimement liée à son grand lac, le dixième plus grand lac d'eau douce du monde. Bien avant que l'Espagne s'en serve comme lieu de passage stratégique des marchandises précieuses, une partie du peuple mexicain olmèque serait parvenue au lac, via le Río San Juan, pour ensuite s'installer sur ses paisibles îles. Quelques objets témoignent de leur passage et datent du IXe siècle. On dit qu'il y a bien longtemps le lac était relié à l'océan, avant qu'il n'en soit coupé à cause d'une éruption volcanique. D'ailleurs, la seule espèce de requin d'eau douce est là pour légitimer la thèse.

Les conquistadors et les colons ont été très vite attirés par cette fausse péninsule dotée d'un riche sol volcanique propice à l'agriculture. La chaîne volcanique passe en effet directement sur toute la longueur du Sud-Pacifique nicaraguayen avec, en prime, quelques cônes parfaits qui émergent comme des îles au milieu du lac.

Côté environnement, outre les montagnes, ce coin du Nicaragua offre de superbes plages tranquilles vivant au rythme des filets de pêche. Les sommets à gravir sont également au nombre des attractions qui feront le bonheur des sportifs de passage. En ce qui concerne les plus peinards, ils seront heureux d'apprendre qu'ici l'artisanat est aussi présent que les volcans. Les vieilles villes comme Granada offrent, pour leur part, des exemples d'architecture coloniale intéressants, et en quantité plus appréciable qu'à Managua, car les tremblements de terre ont été moins dévastateurs ici.

Si la fertilité du sol en a fait une région de choix pour les pionniers de l'exploration sud-américaine, on ne peut pas dire que la région soit prospère aujourd'hui, même si 80% de l'activité économique nationale est regroupée sur la côte Pacifique. Comme la majorité des pays latino-américains, le Nicaragua est un pays pauvre qui doit composer avec des mesures d'ajustements et de redressements économiques dictés par la Banque Mondiale et le Fonds monétaire international, dans une optique de développement qui doit encore faire ses preuves.

MASAYA

Capitale du plus petit et du plus densément peuplé département du pays, Masaya est une ville de 100 000 habitants au riche passé autochtone. On ne s'étonnera donc pas d'y trouver plusieurs produits artisanaux fascinants, quoique la commercialisation artificielle (parce que loin des traditions ancestrales, qui ne connaissent pas les fantastiques notions de part de marché et profits) semble gagner un peu plus de terrain chaque année. Les Amérindiens du coin forment encore aujourd'hui la plus importante concentration autochtone du pays. Ils ont lutté plus farouchement

DÉTAILS PRATIQUES

Gare de bus *(près du marché)*: il y a des bus pour **Managua** (45 min de route et 0,40$) et **Granada** (1 heure et 0,30$) toutes les 20 min. Pour **Jinotepe**, via **Niquinohomo**, **Masatepe**, **San Marcos** et **Diriamba**, le service est aussi aux 20 min toute la journée. Le train ne fonctionne plus depuis 1994.

Argent *(près du marché également)*: on y retrouve les banques et les changeurs.

Renseignements touristiques *(sur l'autoroute, entre les deux rues principales qui entrent dans la ville)*: utile si vous parlez espagnol. Le personnel peut parfois se débrouiller en anglais.

Courrier et téléphone: bureau sur un des côtés du parc.

que d'autres peuples pour préserver leur culture, et ce, même après la Conquête. Fidèle à sa tradition rebelle, la ville a d'ailleurs été une sorte de bastion sandiniste lors de la révolution de 1979 contre Somoza.

Un carnaval vous fera danser au rythme du patron San Jerónimo, si vous passez dans la région entre fin septembre et début octobre. Outre cela, il y a un volcan actif (Volcán Masaya, incidemment) pas très loin, un plan d'eau magnifique (Laguna de Apoyo) pour la baignade et une vieille forteresse avec des fantômes, entre autres...

Parque (Central) 17 de Octubre *(place centrale, au coeur de la ville)*. C'est le point de départ parfait pour faire son petit tour et tâter le pouls du territoire. Le 17 octobre immortalise le jour où, en 1977, les sandinistes attaquèrent plusieurs avant-postes de Somoza. La **Catedral Asunción**, bâtie au XIXe siècle, attirera votre attention avec son allure victorienne et les nombreux détails de son aménagement intérieur.

Laguna de Masaya *(six rues à l'ouest du parc, à partir de son coin sud-ouest)*. Après quelques minutes de marche, on arrive à une espèce de promenade qui offre une vue sur cette lagune qui paraît limpide vue de haut. Ce n'est pas le cas, et il est impossible de s'y baigner sans ressortir avec un bras supplémentaire. L'endroit offre aussi une belle perspective sur le **Volcán Masaya**, de l'autre côté de la lagune.

Centro de Artesanía Nacional *(sur le bord de la lagune)*. Cette école enseigne les techniques artistiques traditionnelles de la région aux artisans en herbe du coin et vend quelques produits.

Barrio de Monimbó *(cinq rues au sud du parc, Calle San Sebastián)*. C'est le quartier des descendants autochtones *dirianés*. Plusieurs murs sont peints de fresques relatant toutes les résistances face aux ennemis de ce peuple, depuis les Espagnols jusqu'aux troupes de Somoza. Monimbó est l'endroit tout indiqué pour acheter de l'artisanat local (poterie, hamacs, bois scupté...).

⚡ **Mercado de Artesanía** *(cinq rues à l'est, à partir du coin sud-est du Parque Central)*. Sa réputation en fait le plus beau du pays. C'est en fait un énorme capharnaüm digne des plus colorés marchés d'Amérique latine. Accessoires de cuir, hamacs, peintures simples et poterie décorée en sont les objets-vedettes.

Cailagua *(à 20 min de marche, à l'est de Monimbó)*. «Où l'eau tombe», comme le dit son appellation. On peut admirer cette chute de 100 m qui se jette dans la lagune de Masaya. La falaise est remplie de pétroglyphes. On peut accéder à une caverne (**Cueva de las Duendes**), mais il faut demander aux habitants comment s'y rendre.

Fortaleza de Coyotepe *(sur la route de Managua, au panneau Escuala Coyotepe, sur la droite après 2 km)*. Il faut monter une côte pour parvenir à ces ruines espagnoles où un dictateur conservateur, appuyé par les États-Unis, a défait un libéral qui exigeait le départ des *Marines*, déjà présents à la fin du siècle dernier. Plus récemment, l'endroit était un chef-lieu des somozistes qui y pratiquèrent la torture et lancèrent des roquettes sur Masaya, en bas. On dit que les fantômes des victimes hantent les lieux, alors armez-vous d'une lampe de poche et scrutez bien...

Niquinohomo *(à 15 km au sud de Masaya; prendre le bus pour Rivas qui passe aux heures et demander au chauffeur quand descendre)*. Seuls les fanas d'histoire iront voir ce lieu de naissance de l'illustre inspiration (Señor Sandino lui-même) de la révolution de 1979. L'ancien musée ne reçoit plus de subvention depuis la chute du gouvernement... sandiniste en 1990. Il est devenu une bibliothèque, et l'on ne trouve aucune plaque commémorative.

⚡ **Parque Nacional Volcán Masaya** *(2,50$; mar-dim; entrée au km 23 de la route reliant Granada et Managua, ☎522-5415)*. Premier parc national du pays fondé en 1975, l'endroit est parfait pour observer les phénomènes volcaniques. Si vous ne venez pas en bagnole, une côte de 5 km s'impose avant que vous n'arriviez au sommet du cratère Santiago. Au milieu de l'ascension, une petite halte au Centro de Interpretación Ambiental s'impose pour ceux qui veulent en savoir plus, ou encore pour ceux qui veulent reprendre leur souffle. C'est en fait un petit musée (bien entretenu, toilettes incluses) sur l'histoire géologique et culturelle du parc. Le parc lui-même propose plusieurs excursions à prix plus que modiques: la plus chère coûte 0,25$. Il y a un seul restaurant, dont la clientèle cible semble être celle des *gringos* aux portefeuilles débordants. On conseille donc de s'apporter à boire et à manger pour la journée, et d'attendre d'être à Masaya pour acheter poterie et autres produits artisanaux. Pour le camping, il faut s'adresser au musée pour obtenir la permission. Plusieurs volcans sont encore en activité. D'ailleurs, les fumées du cratère Santiago sont considérées comme mortelles pour tout être vivant. Malgré cela, une colonie de perroquets verts continue de construire ses nids à proximité des gaz sulfureux sans tenir compte de l'avis de danger, pourtant bien visible. Pour avoir une idée de l'étendue de ce cratère, qui représente un des plus importants agents de contamination atmosphérique de la planète, il faut absolument grimper jusqu'en haut. Une croix a été érigée non loin de là par les Espagnols en 1529, dans le but de stopper les éruptions jugées infernales. Si vous partez tôt, une seule journée vous suffira pour apprécier la splendeur du parc. Il est prudent de commencer la journée de bonne heure, car le soleil peut taper vite et fort.

Catarina y Laguna de Apoyo *(prendre le bus pour Rivas et demander au chauffeur de s'y arrêter).* Rien de bien extraordinaire dans ce *pueblo* de campagne. Si ce n'est son célèbre *mirador* (belvédère), où vous vous sentirez sûrement inspiré et penserez peut-être même à Dieu ou à une puissance énergétique supérieure; enfin, un truc du genre. C'est qu'ici on en voit pas mal: les toits des maisons de Granada, le plus grand lac de cratère du pays, sa suprême majesté le lac Nicaragua lui-même et, par temps clair, le Volcán Mombacho avec ses 1 363 m. Autre détail juteux: on peut nager dans l'eau limpide de la lagune. Mieux encore: si vous croyez assez à la légende, ses eaux guériront tous vos maux.

Masaya

RÊVE

Masayita *(6$; deux rues à l'est du parc)* ▶ Moins cher, propre et bien entretenu. Confort basique.

Hotel Regis *(10$; quatre rues au nord de la cathédrale, sur la rue principale)* ▶ Familial, salles de bain communes, matelas fermes (oh! joie!) et petit déjeuner sur commande. Très agréable.

Masaya	**RÊVE**
	Hospedaje Rex *(8$; une demi-rue au sud de l'Iglesia San Jerónimo)* ▶ On niera tout, mais le nom de l'endroit vient du fait qu'il devait, à l'origine, accueillir uniquement des chiens. Horrible, sale, puant et bruyant. En ultime dernier (c'est clair?) recours.

Masaya	**BOUFFE**
$	**Alegría** *(une rue au nord du parc)* ▶ Beau, bon et pas cher, comme dirait l'autre. Poulet grillé, cuisine typique et succulentes pizzas sont au menu. **Jarochita** *(une rue au nord du parc)* ▶ Sympathique resto au décor rempli de plantes et de meubles colorés. On y sert de la bonne bouffe mexicaine. **Comedores** *(au marché, cinq rues à l'est du parc)* ▶ Nom donné aux nombreux comptoirs du marché où l'on sert des *comidas corrientes* typiques à 2$ la portion.

GRANADA

Troisième ville en importance du pays, Granada a été fondée en 1524 lors de la toute première expédition espagnole sur le territoire du Nicaragua actuel. Rapidement, elle obtint énormément de prestige en raison de son emplacement géopolitique dans l'échiquier économique de l'époque. Mise en contexte: pendant les deux ou trois premiers siècles (ou jusqu'à épuisement des stocks), la Couronne espagnole pille toutes les tribus et achemine l'or des Amériques vers Séville et autre. Le moyen de transport privilégié est le bateau. Granada, incidemment logée dans le coin nord-ouest du lac Nicaragua, et pouvant facilement être atteinte depuis la côte Atlantique via le Río San Juan, devient donc le port de traite idéal. On raconte que les marchandises venaient parfois d'aussi loin que le Guatemala. C'était avant la construction du canal de Panamá.

DÉTAILS PRATIQUES

Gare de bus (*huit rues à l'ouest et trois rues au nord du Parque Central*). De cette gare partent les bus pour **Masaya** et **Managua**. Ils quittent aux 20 min entre 4h et 16h, et demandent 1$.

Deux rues à l'ouest et quatre rues au sud du célèbre Parque Central, se trouve le point de départ des bus allant vers **Rivas**. Départs entre 6h et 18h; 1$ et 2 heures de route.

Argent (*une rue à l'ouest du parc*): le Banco de América Central et le Banco Centro se trouvent dans ce coin. On y change les chèques de voyage. Mais pour les meilleurs taux, changez votre argent et vos chèques auprès des changeurs de la rue. Impossible d'avoir des avances de fonds sur carte de crédit à Granada.

Renseignements touristiques: (*Hotel Alhambra, Parque Central*). Il n'y a plus d'office de tourisme à Granada, mais le personnel de cet hôtel est très serviable et saura répondre à vos questions. Il peut aussi vous organiser des tours si vous avez temps et argent (a-t-on jamais les deux en même temps?).

Courrier et téléphone (*à gauche de la cathédrale, Parque Central*): ouvert jusqu'à 22h.

Granada devient riche, très riche, car les gens qui contrôlent le port et la manutention connaissent bien les principes mercantiles. Ainsi va la vie qui va. Jusqu'en 1820, au moment où l'indépendance marque le début d'une rivalité avec la ville de León, conservatrice. La libérale Granada s'en sort généralement haut la main. Arrive le héros américain William Walker (oui, c'est le même qui tentera sa chance en 1860 à Trujillo, au Honduras), qui, dans son épopée du contrôle total de l'Amérique centrale, parvient à s'emparer de la ville pendant deux ans (1856-1858) et à se proclamer président de la République (cré Bill!). Au moment où l'on se décide finalement à l'encercler, il met le feu à la ville avant de s'enfuir. Granada est sérieusement endommagée et, malgré les travaux de réfection et de reconstruction, elle ne s'en remettra jamais. Morale de l'histoire: c'est toujours la faute des Étasuniens.

Malgré ce drôle de parcours historique, Granada demeure intéressante pour son ambiance coloniale et son héritage catalan. Sans parler du merveilleux Volcán Mombacho, que Walker n'a pas réussi à détruire dans sa déroute.

Parque Central. On ne veut pas vous emmerder, mais c'est presque toujours le meilleur point de départ pour se familiariser avec la ville que l'on visite. Celui-ci (pour faire changement) a une **Catedral** (eh oui!), bâtie dès le XVIᵉ siècle, mais détruite par Walker en 1857. On l'a reconstruite en un demi-siècle dans un style néoclassique. L'architecture coloniale est ici à son meilleur avec les édifices municipaux et culturels aux environs du parc. Et si les églises c'est votre truc, il y en a trois autres vers l'ouest sur l'Avenida Caimito, à tous les deux ou trois coins de rue environ.

Casa de los Tres Mundes *(une rue au nord du parc)*. Probablement le plus bel exemple de restauration dans la ville. Les guerres et Walker avaient détruit considérablement ce bâtiment, jusqu'à ce qu'une fondation se charge de le remettre à neuf, avec le souci du détail inspiré du désir de bien faire sentir l'époque coloniale. Tour de force réussi, si l'on se fie à la beauté des décors harmonieux. Le bâtiment sert d'école des beaux-arts, possède une bibliothèque et accueille quelques expositions. Pour 0,50$, vous aurez droit à un plan de la ville et à un dépliant expliquant l'histoire de l'édifice. La maison rouge qui se trouve en face, légèrement vers la droite, est celle où Walker habita. Le rouge symbolise le sang qu'il a fait couler. Vous pouvez cracher dessus. Une autre rue au nord, et une à l'est, et vous serez devant la façade bleue et blanche de l'**Iglesia y Antiguo Convento de San Francisco**, que Walker (toujours lui) utilisa comme quartier général. L'édifice fut également brûlé (oh surprise!) et reconstruit. Essayez de monter dans la tour pour admirer la vue.

La marche vers le Lago Nicaragua *(Calle la Calzada, à partir du Parque Central)*. Ceux qui ne veulent pas faire à pied le kilomètre qui sépare le lac du Parque Central pourront toujours sauter dans une calèche pour un prix dérisoire et des chevaux en piteux état. Sur votre chemin, vous croiserez l'**Iglesia Guadalupe**, autre témoin du passé, aux formes néoclassiques. En longeant la rive vers la droite, vous arriverez rapidement au **Complejo Turístico**, un joli parc très agréable, avec ses sentiers, bancs et tables de pique-nique, en plus des nombreux restaurants et bars.

Volcán Mombacho *(à 30 km au sud de Granada)*. Ce volcan a perdu son cône parfait un peu avant l'arrivée des Espagnols et est ainsi passé de 1 800 à 1 363 m. Aucun sentier clairement balisé n'existe, on recommande donc de trouver un guide sur place. Il est possible de s'informer sur le sujet à l'hôtel Alhambra, situé à côté du Parque Central.

Las Isletas *(sur le lac Nicaragua)*. Ces quelque 300 petits îlots vert émeraude, à proximité de Granada, sont issus de l'explosion du cône du Volcán Mombocho il y a plusieurs centaines d'années. On peut faire une excursion en bateau, qui ravira les ornithologues ou tout simplement ceux qui veulent faire une belle promenade sur l'eau. Ne manquez pas le magnifique spectacle du Mombocho éventré, d'où l'on devine l'origine des îles. L'option budget consiste à planifier votre excursion pour le dimanche après-midi, quand un bateau fait un tour des îles à partir de 14h pour 3,30$. Ce bateau part du restaurant au bout de la route, passé le Complejo Turístico. Plus loin au sud se trouve **Puerto Asese**, petit village que l'on peut rejoindre par le bus du matin et qui offre toutes sortes de trajets et forfaits dans les îles. Cette option est plus dispendieuse *(12$/h)*.

Granada

RÊVE

Hospedaje Vargas *(8$; trois rues à l'est du Parque Central, Calle Calzada)* ▶ Chambres et toilettes toujours propres. Accès à la cuisine et pas de couvre-feu.

Hospedaje Central *(6$; Calle Calzada)* ▶ Propre et sympathique. On y trouve en plus un restaurant qui sert de la bonne bouffe et un petit jardin pour relaxer.

Hospedaje La Calzada *(7$; Calle Calzada, à côté de l'Iglesia Guadalupe)* ▶ Ventilation et chambres plus grandes que d'habitude. Super petits déjeuners et ambiance amicale.

Granada

BOUFFE

Comedor *(Calle Calzada, près de l'Hospedaje Cabrera)* ▶ Cette rôtisserie en plein air n'a pas de nom, mais on y sert du savoureux poulet grillé pour pas cher.

Mercado *(deux rues au sud et deux rues à l'ouest du Parque Central)* ▶ Le marché est parfait pour les repas du matin et du midi. Bonne sélection à prix modique. Pour ce qui est du respect des règles d'hygiène, on repassera. Seulement si vous avez l'estomac solide.

Granada	**BOUFFE**

$

Oriente Lejano *(Av. Central, une rue à l'ouest du Parque Central)* ▶ Mets chinois pour peu de sous. Ouvert le soir seulement. Non loin de là se trouve la **Rosticería Del Monte**, qui attirera en son enceinte ceux qui n'ont pas encore mangé assez de poulet rôti.

RIVAS

Cette ville détient une position stratégique pour le globe-trotteur, puisqu'elle constitue la dernière halte avant le Costa Rica, de même que le port le plus près pour se rendre sur les grandes îles du lac Nicaragua. C'est aussi à Rivas qu'on peut prendre la route pour se diriger vers les belles plages du Pacifique et San Juan del Sur.

Pourtant, la ville était très stratégique bien avant que les touristes viennent au monde. La route qui allait jusqu'à San Juan del Sur servait de point de départ terrestre pour rejoindre l'océan Pacifique, à 30 km au sud-ouest, assurant le passage continental des passagers et marchandises qui venaient de l'Atlantique par le Río San Juan et le lac Nicaragua. Par la suite, Rivas devint le point de passage obligé des Étasuniens en route vers l'or de la Californie dès 1849. Son histoire, toute-fois, serait incomplète sans la présence de William Walker, que la folie mena quelque temps à Rivas en 1855.

Parque Central. Les églises des alentours sont une fois de plus caractéristiques du paysage. Celle de **San Pedro** aurait besoin d'une sérieuse réfection extérieure, mais les fresques intérieu-res du dôme valent la peine d'y entrer. On y voit un bateau catholique qui défait les armées communistes et protestantes: bonjour le symbolisme!

San Jorge. Cette ville, à une demi-heure de route de Rivas, est la porte d'entrée pour atteindre l'Isla de Omotepe, dans le lac Nicaragua. Les bateaux font la navette cinq fois par jour du lundi au samedi et deux fois le dimanche. Ce sont des yachts ou des traversiers, et il vous en coûtera 1$ ou 2,50$ selon la qualité du bateau sur lequel vous transiterez (voir «Détails pratiques», plus bas).

Rivas

RÊVE

Hotel El Coco *(7$; sur l'autoroute, près de l'endroit d'où partent les bus pour la frontière)* ▶ Option budget mais un peu bruyant (amenez des bouchons). Les chambres sont petites, mais il y a un jardin et un bon petit restaurant.

Hospedaje Lidia *(8$; une demi-rue derrière le Texaco de l'autoroute)* ▶ Plus propre que le précédent. Géré par une famille, ce petit hôtel est tout aussi bruyant qu'El Coco.

Hotel Nicaragua *(18$; deux rues à l'ouest du Parque Central)* ▶ C'est plus cher que les autres mais c'est nettement mieux: lits plus confortables, ventilateur et moins de bruit.

Rivas

BOUFFE

Rinconcito Salvadoreno *(Parque Central)* ▶ Bouffe typique du pays. Pas dispendieux du tout.

Restaurante El Ranchito *(près de l'hôtel Coco)* ▶ Poulet et service amical sont au programme de l'établissement.

SAN JUAN DEL SUR

De tous les «villages-plages» qui jalonnent la côte Pacifique, celui-ci est un des plus merveilleux. Ce tranquille *pueblo* se remplit d'amateurs de plage et de soleil les fins de semaine; il est donc tout indiqué d'y aller en semaine si l'on veut y apprécier la lenteur du temps qui coule au rythme des vagues. Le village, situé dans une jolie baie, est entouré de plages, pour le bonheur des nombreux voyageurs avec sacs à dos qui affectionnent son ambiance relax. On conseille d'aller sur les plages avoisinantes pour se baigner: il y a moins de monde et les eaux sont moins stagnantes que celles du port. Les plages font particulièrement l'affaire des surfeurs. Je sais que je commence à vous achaler pas mal avec ça, mais l'ineffable William Walker est passé par ici en 1857 et y a établi une base militaire.

D'un côté de la baie, on peut voir le visage d'un Amérindien sculpté à même le roc par l'artiste suprême qu'est le temps. À l'aube, quelques irréductibles pratiquent encore le rituel millénaire de la pêche. Et au crépuscule, il y a de fameux

DÉTAILS PRATIQUES

Gare de bus *(deux rues à l'ouest et trois rues au nord du parc)*: de cette gare, vous pouvez prendre un bus pour **Managua** (entre 4h et 17h; 1,40$ pour 2 heures 30 min de trajet); pour **Granada** (prenez celui pour Managua et changez de bus à **Nandaime**); pour la frontière avec le **Costa Rica** (entre 6h30 et 14h; 1$ et 1 heure de trajet); pour **San Juan del Sur** (toute la journée; 0,60$ et 50 min de route).

Autre gare *(au marché)*. C'est ici que se prend l'autobus pour **San Jorge** (d'où l'on prend le bateau pour **Omotepe**) tant qu'il fait clair (0,60$ et 45 min de minibus).

Argent: le Banco Nacional de Desarrollo peut parfois changer vos chèques de voyage. Prévoyez apporter suffisamment de réserves avant d'arriver ici, ça vous facilitera les choses.

Courrier et téléphone: à l'angle nord-ouest de la place centrale.

couchers de soleil (on cherche encore quels qualificatifs on pourrait bien utiliser pour vous en décrire l'éclat). Ceux qui désirent faire du camping devront s'adresser au bureau gouvernemental en ville. Ce bureau fournit également de l'information sur les marées, très utile aux surfeurs. Dernière mise en garde: les puces de sable sont voraces et invisibles. Il faut rester calme et utiliser les produits habituels: moustiquaires, spirales et lotion insectifuge.

Playa Marsella *(à 7km au nord du village; 2 heures de marche ou pouce)*. C'est la plus accessible des plages éloignées de San Juan. Pour vous y rendre, marchez sur la route qui longe la plage en passant par l'hôtel Lago Azul; entre deux ponts, vous verrez un tout petit panneau vous indiquant un sentier sur la gauche qui vous dirigera vers la plage en question. Les collines adjacentes offrent de belles excursions, et la plage est belle et peu fréquentée. Amenez un pique-nique avec vous.

Ⓩ **Les plages au sud de San Juan** *(faire du pouce ou prendre le bus)*. **Playa del Coco** et **Playa Tamarindo**, deux magnifiques plages, sont les plus près, mais il est préférable d'y aller en véhicule car elles sont à une quinzaine de kilomètres. L'autobus qui va de Rivas à San Juan poursuit sa route jusqu'à Ostional, au-delà de ces deux plages. Impossible de dormir dans un hôtel à Ostional (il n'y en a pas), mais vous aurez les plages pratiquement pour vous seul.

DÉTAILS PRATIQUES

Gare de bus *(au centre du village)*. Le service pour **Rivas** est constant pendant toute la journée (1$, 1 heure de trajet).

Argent: Banco Nacional de Desarrollo. On y change les espèces seulement.

Courrier et téléphone: deux rues au sud de l'Hotel Estrella.

San Juan del sur

$

RÊVE

Hospedaje Casa 28 *(8$; près de la plage et de l'arrêt des minibus pour Rivas)* ▶ Bon endroit où les employés sont sympathiques tout en sachant garder les installations nickel. Spirales anti-moustiques nécessaires.

Hotel Estrella *(13$; sur la plage)* ▶ Les chambres 5 et 6 sont les plus belles parce que pourvues de balcons. Les murs ne touchent pas au plafond, ce qui rend l'endroit parfois bruyant, mais bien aéré. Populaire auprès des rescapés des années soixante.

Buengusto *(8$; en face de l'Estrella)* ▶ Plus rudimentaire, voire banal, que le précédent. Personnel affable et restaurant de qualité. Cet hôtel vous permet de demeurer à proximité de la plage, ce qui est un énorme avantage.

Ⓩ **Casa Internacional Joxi** *(tout juste à l'est de l'Estrella)* ▶ Petit déjeuner grandiose comprenant crêpes et jus de fruits frais. Les autres repas sont réservés aux clients de l'Estrella.

Les restaurants sur la plage sont nombreux et de qualité inégale; renseignez-vous auprès des autres touristes.. On y sert évidemment du poisson, ce qui est toujours un peu plus cher (6-8). Au marché, on sert des plats typiques pour 3$.

San Juan
del sur

BOUFFE

Restaurante La Soya *(devant la Cabanita)* ▶ Servant poulet, poisson ou boeuf, selon le jour de votre visite, ce restaurant a la particularité d'être administré par un organisme qui aide les femmes à démarrer leur entreprise et qui offre aussi des ateliers, en plus de mettre une bibliothèque à la disposition du public. Et ce n'est pas cher du tout. Ils ont aussi une chambre à louer et un service de lavage de vêtements.

ISLA DE OMOTEPE

À seulement une heure de bateau de San Jorge, près de Rivas, Omotepe frappe le visiteur par l'enchantement qu'elle provoque. Avec ses deux volcans de 1 610 m et de 1 394 m, reliés par un étroit isthme, sa beauté verdoyante naturelle incite à la contemplation muette, spécialement lorsqu'on la voit s'approcher lentement du bateau. De fait, la nature, qui a ici préservé son trône, contraste beaucoup avec l'exploitation massive dans le reste du pays. Tout comme les habitants, très gentils, et les problèmes politiques, qui paraissent si lointains et complètement indignes de mention.

Omotepe est la plus grosse île du lac et compte 20 000 habitants. Sa superficie fait environ 35 km de long sur environ 12 km de large. Les deux principaux villages se laissent très bien visiter à pied, et il est évidemment possible et conseillé de gravir les deux volcans. C'est aussi l'une des meilleures façons d'entrer en contact avec la faune et la flore débordantes de l'île. On peut en outre y admirer une quantité impressionnante d'oiseaux colorés de même que des singes et toutes sortes d'espèces végétales.

Les deux «grandes» agglomérations se nomment **Moyogalpa** et **Altagracia**, et se trouvent sur les deux versants opposés du plus gros volcan. Ce sont d'ailleurs les seuls endroits sur l'île où l'on peut trouver un toit pour dormir et manger. Des routes font le tour de chacune des deux parties rondes de l'île, qui a la forme d'un soutien-gorge inégal.

Oasis de Paz *(Moyogalpa)*. Cette oeuvre en bois, agrémentée d'une fontaine, célèbre le surnom d'«oasis de paix» que l'on a donné à l'île. L'ouvrage en lui-même représente l'île et peut donc servir pour s'orienter lorsqu'on vient d'arriver.

Pétroglyphes *(Altagracia)*. Des vestiges précolombiens gravés dans le roc ont été ramenés sur la place centrale d'Altagracia. Près

DÉTAILS PRATIQUES

Transport: ici c'est le bateau qui vous amène à destination. **Granada-Altagracia:** la traversée dure au moins quatre heures. Les départs se font le lundi et le jeudi à 13h. **Altagracia-Granada:** mercredi à 3h et 4h, et dimanche à 10h (coût: 1,40$). **San Jorge-Moyogalpa:** la traversée dure seulement une heure et coûte 1$. Départs (lun-sam) à 11h, 12h, 15h et 17h. Le dimanche, seulement à 12h et 17h. Les heures de retour sont les suivantes: 6h, 6h30, 7h et 13h30. Le dimanche, les départs sont à 7h et 13h30. Il existe des bateaux plus rapides et plus dispendieux.

Argent: faites provision de sous à Rivas ou à Granada avant d'arriver dans l'île.

Location de bicyclettes: l'Hotelito Mary (moins chère) et l'Hotel y Marina Cari louent des vélos. Ce dernier loue aussi des **chevaux** pour 10$ l'heure. Les deux établissements sont situés à Moyogalpa.

Renseignements touristiques: LA référence, c'est le Señor Castillo (voir hôtel du même nom à Altagracia). Ecotur, de son côté, est un organisme sans but lucratif qui a publié une revue simple *(1,25$)* avec de bons renseignements sur l'île. Son bureau de Moyogalpa est à deux rues du quai et à une rue à droite. Celui d'Altagracia est dans le coin sud-ouest du Parque Central.

Courrier et téléphone: à Moyogalpa, le bureau de **Telcor** est situé à trois rues du quai et à une rue à droite, tout juste en face d'Ecotur. À Altagracia, ce bureau est une rue au sud du coin sud-est du Parque Central. Ouvert du lundi au samedi de 8h à 18h, avec siesta de midi à 14h.

de Balgue, toujours dans la partie de l'île où se situe le Volcán Madera, de nombreux pétroglyphes sont également présents, de même qu'à la *finca* (ferme) du village de Magdalena. Demandez des renseignements sur place, car les pétroglyphes ne sont pas toujours évidents à localiser.

Santo Domingo *(à une dizaine de kilomètres au sud d'Altagracia; plusieurs bus par jour).* Malgré les progrès du tourisme industriel, la longue plage demeure coquette et idéale pour les promenades sur le sol volcanique qui borde le lac.

Punta Jesús María *(à 5 km au sud de Moyogalpa).* Facilement accessible en une demi-heure de bicyclette, cette plage avance très loin dans le lac, et plus on s'éloigne de l'île, plus les arbres disparaissent.

Ⓩ **Volcán Maderas** *(prendre l'autobus d'Altagracia à 5h30, 9h30 ou 14h30; le bus fait le trajet en sens inverse une heure plus tard)*. Sueur et moustiques sont au rendez-vous de cette randonnée de cinq heures environ. Sur le chemin, vous tomberez sur d'autres pétroglyphes précolombiens de même que sur des oiseaux tropicaux, des singes et des insectes géants. Mais avant, vous aurez traversé quelques plantations de bananiers et autres. Un superbe lagon, idéal pour nettoyer votre sueur et faire une halte avant les derniers pas, vous attend dans la dernière section. La piste, par endroits facile, mais également par endroits très à pic, n'est pas toujours bien balisée, surtout au début. Mais le spectacle de la nature dans toute sa splendeur vaut tous les efforts que vous consacrerez à l'ascension. Vous pouvez louer les services d'un guide à l'Hospedaje Castillo ou encore au village de Magdalena. Amenez eau et nourriture avec vous.

Volcán Concepción *(à partir d'Altagracia)*. Un sentier s'éloigne de la ville en direction du *pueblito* Pull et, après plusieurs *fincas*, vous vous engagerez dans une aventure d'à peu près cinq heures jusqu'au sommet de 1 610 m. La piste est plus difficile que celle de Maderas, et le sommet s'en trouve plus élevé d'environ 200 m. Assurez-vous d'être en bonne forme physique avant d'entreprendre la randonnée, et louez les services d'un guide si vous ne voulez pas perdre votre temps à chercher constamment le sentier. Notez aussi que le Volcán Concepción est situé dans la partie la plus développée de l'île, ce qui fait que la nature peut y sembler moins éclatante qu'à Maderas. Il est également possible de faire l'ascension à partir de Moyogalpa. On s'informe sur place.

Laguna Charco Verde *(pointe sud de Concepción, à 12 km de Moyogalpa)*. Ce petit plan d'eau possède des pouvoirs enchanteurs et se trouve en pleine nature. Selon les légendes auxquelles vous souscrirez, la lagune exaucera vos voeux de prospérité ou d'amour. On l'atteint en prenant l'autobus qui va au sud de Moyogalpa. Demandez au chauffeur de vous dire quand descendre.

Moyogalpa   R̂ÊVE

$

Pensión Jade *(5$; à trois rues en montant, à partir du quai)* ▶ Rapport qualité/prix juste. Service basique dans des chambres parfois sombres. On y sert le petit déjeuner.

Moyogalpa

RÊVE

$

Hotel Bahía *(8$; à côté de la station Shell)* ▶ On y faisait des rénovations tout récemment, alors ça doit s'être amélioré. La propreté y était déjà irréprochable, mais le bruit du restaurant-bar du rez-de-chaussée est parfois trop envahissant. Par contre, cela fait une bien courte distance à franchir pour manger de la bonne bouffe. On peut y changer des chèques et de l'argent.

Hotelio Aly *(9$; une demi-rue à l'est du Shell)* ▶ Adresse prisée des voyageurs avec sacs à dos à cause de son allure relax. Peut être bruyant lorsque rempli à pleine capacité. Les chambres sont propres, et la nourriture est servie toute la journée au restaurant. Certains disent que c'est la meilleure bouffe en ville. Possibilité de louer de vieux vélos pour 1$ l'heure.

Altagracia

RÊVE

$

Hospedaje Astagalpa *(6$; deux rues à l'est du Parque Central)* ▶ Chambres simples et agréables qui offrent, en prime, des nuits plus fraîches grâce aux murs de béton des fondations. On y sert de bons petits déjeuners.

 Hospedaje Castillo *(6$; à une rue au sud et à une demi-rue à l'est du parque central)* ▶ Incontournable grâce au Señor Castillo, lequel, s'il est encore vivant (il avait 80 ans bien sonné lors de notre dernière rencontre), est une source inépuisable de renseignements touristiques et historiques sur l'île. Il loue des chevaux et peut vous trouver un guide pour vos randonnées en montagne. En ce qui concerne les chambres comme telles, elles sont très confortables. Le personnel est sympathique et l'on y sert de la nourriture peu dispendieuse.

Altagracia | RÊVE

Hotel Centra *(10$; à deux rues au sud du Parque Central)* ▶ Esthétique coloniale de bon goût. Chambres propres et service attentionné. Si vous avez des surplus d'argent, n'hésitez pas à louer l'une des petites cabanes dispersées dans le jardin en arrière: plus cher, mais plus beau et plus exotique. Le propriétaire possède aussi des cabanes sur la plage de Santo Domingo.

Moyogalpa | BOUFFE

La majorité des hôtels servent de bons plats.

Bar-Soda El Chele *(artère principale)* ▶ Propriétaire étranger qui propose de la cuisine typique à prix modique. Bière, sandwichs et repas légers sont servis dans ce resto à ciel ouvert.

Altagracia | BOUFFE

On recommande la bouffe de l'**Hotel Central**, du **Castillo** et de l'**Hospedaje Astagalpa** pour de la nourriture typique et des ambiances qui varient de l'intimité à la foule moyenne, mais qui sont toutes très chaleureuses.

▶▶ LE NORD ET LA CÔTE ATLANTIQUE ◀◀

Le nord du Nicaragua est plutôt aride près de l'océan Pacifique. Quelques volcans parsèment ce paysage qui se fond dans les plages superbes de l'océan. Plus on se dirige vers la côte Caraïbe, plus la jungle prend de l'ampleur et plus les plantations de caféiers deviennent omniprésentes sur les hauteurs. Comme dans tous les pays centraméricains, la côte Caraïbe représente un monde complètement coupé du reste du territoire.

Au Nicaragua, la région atlantique occupe plus de la moitié de la superficie totale du pays, mais ne compte que 10% de la population. Les habitants sont de descendance africaine, car les transports d'esclaves étaient monnaie courante jusqu'à la fin du siècle dernier. D'ailleurs, la majorité de la population se sent plus affiliée aux îles des Caraïbes (notamment la Jamaïque) qu'au

Nicaragua lui-même. Le mélange Indiens caraïbes-esclaves noirs a donné naissance au groupe culturel connu sous le nom de Garifunas. Ceux-ci vivent dans de petits villages éparpillés le long de la côte et pratiquent la pêche comme activité de subsistance. Ce sont les Anglais qui ont administré la région jusque dans les années 1890, ce qui explique que la langue utilisée soit un anglais teinté d'espagnol aux accents créoles.

À la fin des années soixante-dix et durant les années quatre-vingt, la province, collée sur la frontière hondurienne, servait de lieu de passage des armes pour les *contras* à partir des bases étasuniennes stationnées au Honduras voisin. Cette section du pays a été sérieusement amochée lors des affrontements contre-insurrectionnels de cette période, alors que la population, impuissante, subissait les conflits des autres. Les habitants sont généralement assez loin de Managua et de la politique nationale, ce qui ajoute au paradoxe de conflits qui sont éloignés de leur réalité mais qui utilisent leur territoire comme champ de bataille. Ils ont obtenu un statut de territoire autonome il y a une douzaine d'années, ce qui leur permet de gérer eux-mêmes leurs affaires. La région est aujourd'hui assez calme, et l'atmosphère se veut résolument similaire à celle des îles.

Pour le voyageur intrépide, la région représente un défi intéressant car elle est sérieusement à l'écart des sentiers battus. Ces sentiers souvent n'existent pas, et vous devrez considérer attentivement l'alternative bateau-avion pour vos déplacements. La jungle et les marais sont les rois de l'Atlantique nicaraguayen. Autre détail technique: munissez-vous de billets verts ou de cordobas parce qu'ici les chèques de voyage sont aussi pratiques que votre équipement de ski de fond.

LEÓN

Capitale du pays jusqu'en 1857, León a déjà été complètement détruite en 1610, à la suite de l'éruption du Momotombo, puis rebâtie à quelque 25 km à l'ouest. Contrairement aux autres grandes villes du pays, León a réussi à garder sa grande cathédrale intacte malgré les nombreux conflits avec les conservateurs de Granada au XIXe siècle et, plus tard, les bombardements du dictateur déchu en 1979. Le problème, c'est que León n'a pas gardé grand-chose à part ça. De son riche passé de capitale, il ne lui reste que quelques monuments. Et en plus, la ville était un bastion sandiniste, et les sandinistes ne sont plus au pouvoir depuis 1990. Il en résulte chômage et amertume. On espère sincèrement que León saura sortir un jour de son marasme.

DÉTAILS PRATIQUES

Gare de bus: elle s'appelle Posada del Sol et est située au nouveau marché. Pour **Managua**, service aux demi-heures pour 1,30$. Pour **Matagalpa**, un seul bus par jour à 14 h pour 2,80$. Une solution moins chère et plus souple consiste à prendre un des bus qui passent aux demi-heures pour **San Isidro** et, une fois arrivé là, à attraper celui qui vient d'**Esteli** et qui va à Matagalpa pour 0,80$. La même stratégie peut être utilisée pour rejoindre Estreli, car le bus de León part seulement à 15h. Le bus Tica qui va vers le **Salvador** et le **Hondu-ras** passe vers 6h30 à la station Shell sur la route de Managua.

Argent: en arrière de la cathédrale se trouvent plusieurs bureaux de change. Les banques, situées non loin du parc, changeront vos chèques de voyage.

Renseignements touristiques: une rue et demie à l'ouest de l'église San Juan, se trouve l'office de tourisme de la ville. On y parle plusieurs langues, et vous pourrez vous procurer de nombreuses bro-chures et cartes de la région.

Courrier et téléphone: l'emplacement du Telcor est sur le côté du parc opposé à la cathédrale. Ouvert toute la semaine dès 7h.

Iglesias *(Parque Central)*. C'est la *catedral* que l'on retrouve sur le parc. Celle-là même qui a resisté au temps. L'Espagne a quand même aidé le vieux temple en finançant sa restauration pour le 500e anniversaire du voyage de Colomb en 1992. Son élégance est incontestable, et elle vaut le détour, ne serait-ce que parce qu'elle est la plus grande cathédrale de toute l'Amérique centrale. Deux rues et demie au nord de celle-ci, se trouve l'église La Recolección avec sa façade baroque; et trois rues à l'est de la cathédrale, se situe El Calvario, avec ses thèmes de crucifixion, entre autres. Profitez de votre passage autour du parc pour admirer les nombreux édifices coloniaux à l'architecture renversante. L'église La Merced est située une rue au nord du parc.

Ruines Penelas y Sirena *(en face, du côté nord de la cathédrale)*. Les ruines de cet ancien magasin détruit lors des affrontements révolutionnaires de 1979 ont été revitalisées d'une façon ingénieuse. On y retrouve en effet des fresques incroyablement belles qui racontent, par le dessin, l'histoire tumultueuse, d'une manière chronologique, d'un pays qui n'a jamais semblé se reposer entre ses périodes intenses. Fascinant pour comprendre un peu ce qui s'est passé ici. Non loin de là, une statue évocatrice de Sandino, debout sur Somoza et l'Oncle Sam, chevauche l'entrée d'une caserne de pompiers. Ceux qui voudront pousser plus loin iront à la Galería de los Heroes y Mártires, une rue à l'ouest du parc, où des explications exhaustives sur les personnages marquants du pays étancheront leur soif historique. Trois rues à l'ouest du parc, se trouve un superbe musée consacré au renommé poète Rubén Darío, pour initiés ou curieux seulement.

Subtiava *(10 rues à l'ouest du Parque Central).* Ce quartier est l'endroit où vous voudrez vous promener si vous désirez vous plonger un peu plus dans le passé autochtone du coin. C'est un peu le vieux León et on a dit que les Amérindiens habitaient déjà cet endroit quand la ville fut déplacée ici en 1610. Il y a un marché situé non loin de là, et l'on y trouve aussi la plus vieille église de la ville, construite en 1530: l'église San Juan de Batista de Subtiava.

El Fortín *(à 2 km au sud de la ville).* Pour une belle vue sur la ville et les volcans des alentours, cette petite marche vaut le déplacement. On aboutit à ce petit fort, juché sur une petite colline, qui fut utilisé aux XIXe et XXe siècles dans plusieurs combats.

Poneyola *(à 24 km à l'ouest de León).* Les bus partent de la gare toute la journée, aux heures, et coûtent un gros 0,60$ pour une heure de route. On arrive sur une magnifique plage (à éviter les fins de semaine car les visiteurs y sont trop nombreux). Cocotiers et nombreux petits restaurants où se procurer des rafraîchissements garnissent le sable. Les vagues sont d'une intensité phénoménale, voire dangereuse. Soyez prudent.

León Viejo *(à 30 km au sud-est de León).* Emplacement originel de la ville, détruite par l'éruption de 1610. Il faut prendre un pour La Paz Centro (départs aux heures entre 7h et 17h pour 0,50$). À partir de là, vous devrez prendre un camion ou un taxi collectif. Les ruines sont peu impressionnantes, mais c'est un endroit sympathique pour une petite balade dans une nature enchanteresse avec vue sur les volcans et le lac Managua.

Ⓩ **Volcán Momotombo** *(Puerto Momotombo, 10 km après La Paz).* Les pistes sont plus ou moins bien entretenues, mais il est possible de faire l'ascension sans guide. Avec ses 1 630 m, l'escalade demande un bon quatre heures, mais donne en récompense une vue circulaire époustouflante sur le nord du pays. En théorie, vous devez être muni d'une passe spéciale de l'INE que vous pouvez obtenir à Managua (☎266-8756).

León

$

RÊVE

Hotel Telica *(6$; quatre rues au nord de la gare ferroviaire)* ▶ Uniquement si vous grattez votre budget. Car la plaie est réelle: toilettes horribles, coquerelles et personnel serviable selon l'humeur du jour.

 Hotel Avenida *(8$; cinq rues au nord et quatre à l'est de la Catedral)* ▶ Petit coin de paradis comme on les aime: propre, hospitalier et sans bruit. En prime, on peut y faire son lavage!

Hotel Europa *(15$; deux rues au sud et une rue à l'est de la gare ferroviaire)* ▶ Plusieurs catégories de chambres, toutes étincelantes. Accueil trop professionnel et jardin luxuriant. Les petits déjeuners sont fantastiques *(4$)* et le café est délicieux.

León

$

BOUFFE

Comedores *(au marché, derrière la Catedral)* ▶ Option budget par excellence pour de la nourriture typique.

La Cueva del León *(deux rues au nord du Parque Central)* ▶ Un peu plus cher et dans un édifice à l'architecture intéressante. Bonne section de plats chinois.

El Rincón Azul *(à deux rues à l'ouest du parc)* ▶ Hautement recommandé pour une ambiance décontractée appréciée des étudiants de León. On y prend un petit café ou un bon plat. L'endroit sert parfois de galerie d'art. Le service est cordial.

MATAGALPA

Après les chaleurs suffocantes de la côte Pacifique, rien de tel qu'un arrêt dans la fraîche altitude des montagnes environnant la ville de Matagalpa, surtout si vous comptez redescendre bien vite dans les chaleurs tout aussi lourdes de Puerto Cabezas et de la côte Atlantique.

DÉTAILS PRATIQUES

Gare de bus: Terminal Sur (*Mercado del Oeste*) dessert **Managua** aux demi-heures; 1,40$ et trois heures de trajet. **Jnotega**, toutes les 45 min; 1$ et deux heures de route. **Estelí**, chaque demi-heure, 1$ et deux heures de bus.

Aussi, le **Terminal Norte** (*Mercado del Norte*) dessert notamment León, une seule fois par jour à 6h pour 3$.

Argent: Banco Nacional de Desarrollo et changeurs près de la cathédrale. Les taux des changeurs sont parfois très bons.

Courrier et téléphone: L'Enitel, une rue à l'est du Parque Central, dans une espèce de tour, est ouvert dès 7h chaque jour et jusqu'à 21h.

Ici, la lourdeur est historique: deux des plus importants leaders sandinistes sont nés ici, et la ville a été le théâtre de nombreux affrontements violents lors des derniers moments de la révolution de 1978-1979. À 700 m d'altitude, le climat est agréable, et la ville est ceinturée de merveilleuses montagnes formant un décor splendide. La marche vers les sommets des alentours est fortement suggérée.

Parque Central. On y trouve une autre cathédrale intéressante et un monument dédié aux combattants de la Révolution.

Museo Casa Cuna Carlos Fonseca (*une rue à l'est du Parque Darío*). Ce musée est dédié au fondateur du Mouvement sandiniste de libération nationale, et quiconque veut en apprendre davantage sur l'histoire nationale devrait y jeter un coup d'oeil. Ouvert tous les jours.

El Calbario (*au sud de la ville, sur l'autoroute*). Après un pont, il faut prendre une route à droite qui grimpe vers une colline. La marche se fait en une quarantaine de minutes, mais la piste est plutôt à pic. Arrivé en haut, vous apprécierez la beauté de l'horizon qui se déploie. On peut voir, en direction du Honduras, la région jusqu'à Jinotega, petit village tranquille juché dans les montagnes.

Matagalpa	RÊVE
💲	

Hospedaje San Martín *(6$; Parque Darío)* ▶ Accueillant mais parfois un peu négligé quant à la propreté. Salle de bain commune.

Hotel Bermúdez *(8$; deux rues à l'est du coin nord-est du Parque Darío)* ▶ Propreté acceptable et repas servis toute la journée.

Hotel Plaza *(8$; Parque Darío)* ▶ Pour un hôtel basique, il faut venir ici. Vous avez le minimum en termes d'espace, mais c'est bien éclairé, c'est propre et c'est aussi calme.

Matagalpa	BOUFFE
💲	

Vicky's Cafetín *(une demi-rue au sud du Parque Central, Avenida de los Bancos)* ▶ Bon petit endroit où l'on sert de délicieux sandwichs, une bonne sélection de pâtisseries et des petits déjeuners complets avec café plus que buvable.

Pizza Don Diego *(à une rue au sud du Parque Central, sur l'Avenida José Benito Escobar)* ▶ Le poulet et la pizza sont des spécialités accessibles pour le budget et l'estomac.

Comedor San Martin *(un peu au nord du Parque Central, sur Escobar aussi)* ▶ L'endroit populaire en ville, où la bouffe reste disponible toute la journée dans une ambiance nicaraguayenne. Cuisine typique.

BLUEFIELDS

Principal port de la région atlantique, Bluefields est la ville la moins isolée du territoire le plus isolé du pays. En gros, ça veut dire qu'il faut compter plusieurs heures (voir «Détails pratiques» plus bas) pour y arriver et que, une fois qu'on est rendu, les nombreuses plages idylliques, les lagons camouflés, les îles plus belles que les cartes postales et les tribus amérindiennes de la jungle ne sont accessibles que par bateau. Beaucoup d'ennemis pour la pauvre Bluefields. Historiquement, la ville a été sous l'emprise britannique jusqu'en 1894, quand un dictateur du pays décida qu'il en avait assez. Par la suite, les

DÉTAILS PRATIQUES

Transport: pour rejoindre Bluefields, vous avez deux options: bus-bateau ou avion. Pour les horaires d'avions, se référer à **Corn Islands**, ci-dessous. Depuis **Managua**, des autobus font le trajet jusqu'à **Rama** (290 km) en huit heures. Comme il n'y a strictement rien à faire à Rama, arrangez-vous pour attraper le bus de nuit qui part à 22h30 du Terminal Atlántico de la capitale, le lundi, le mercredi et le vendredi. De cette façon, vous pourrez prendre le bateau qui part de Rama pour Bluefields à 10h30 tous les mardis, jeudis et samedis. Le tout devrait vous coûter autour de 15$, et la portion fluviale demande un autre six heures de votre journée.

Argent: en face de l'église moravienne se trouve le Banco Nacional de Desarrollo, ouvert du lundi au samedi, qui changera autant votre argent liquide que vos chèques de voyage.

Courrier et téléphone: les horaires du service postal sont concentrés le matin, alors que le téléphone peut être utilisé toute la journée. Toujours à partir de l'église moravienne, l'édifice Telcor se situe une demi-rue au nord et à deux rues et demie à l'ouest.

États-Unis attaquèrent la ville pour renverser le même dictateur. Plus récemment, durant les années quatre-vingt, les *contras* attaquèrent Bluefields et, quelques années plus tard, ce fut au tour d'un ouragan de la détruire presque complètement.

El Bluff *(de l'autre côté de la baie)*. Sympathique et esthétiquement intéressant, ce petit village a aussi une belle petite plage où il fait bon se promener. Pour y aller, on peut demander aux capitaines des bateaux sur le quai *(1,50$)*. Ils font régulièrement le trajet de 20 min séparant Bluefields d'El Bluff.

Laguna de Perlas *(à 80 km au nord)*. Cette énorme lagune de 50 km de longueur est entourée de nombreux villages amérindiens et garifunas. Aucune route ni véhicule ne sont présents ici.

Corn Islands *(à 100 km à l'est)*. Deux petites îles charmantes sur la mer des Caraïbes. On fait le tour de la plus grosse en quatre heures à pied. L'endroit est tout indiqué pour prendre du soleil et se baigner dans une mer d'un turquoise parfait, entre quelques pauses syndicales à l'ombre des palmiers. On s'y rend en bateau de Bluefields le mercredi vers 8h pour 5$. L'alternative avion est plus onéreuse à 40$, mais elle réduit considérablement la durée du trajet de six heures en bateau. Les vols sont quotidiens, à 8h et 15h. On peut aussi les prendre depuis Managua, une heure et demie plus tôt, pour 20$ supplémentaires.

Bluefields

RÊVE

Hotel Hollywood *(9$; quatre rues au sud de la jetée)* ▶ Meilleur rapport qualité/prix à Bluefiels. Propre, belle véranda et restaurant qui sert de bons petits déjeuners.

Hospedaje Pearl Lagoon *(6$; à une rue du marché)* ▶ Économique et correct. Mais on vous conseille de prendre une chambre à l'arrière pour ne pas être incommodé par le bruit.

Laguna de Perlas

RÊVE

Vous aurez la paix, mais soyez prêt à vous faire remarquer. Le seul endroit où dormir (pour 6$) est l'**Hospedaje Ingrid**, une petite auberge agréable que tout le monde connaît. Il suffit de demander aux habitants la direction à suivre. Les bateaux partout chaque matin à 6h de Bluefields pour la lagune (5$ et au moins 3 heures de mer).

Corn Islands

RÊVE

L'hébergement et la vie sont un peu plus coûteux mais demeurent abordables. On trouve au moins trois hôtels aux alentours de 15$ par nuit: **Hospedaje Playa Coco**, **Brisas del Mar** et **Casa Blanca** (essayez celui-ci si possible).

Bluefields

$

BOUFFE

Salon Siú *(à partir de l'église moravienne, une demi-rue au nord, une rue à l'ouest et une demi-rue vers le sud)* ▶ Sandwichs, pâtisseries, repas simples et délicieux laits fouettés.

China Nica *(une demi-rue à l'ouest de l'église moravienne)* ▶ La Chine au Nicaragua, avec de la musique reggae! Mets chinois à la sauce piquante: le mélange est aussi savoureux que l'endroit.

COSTA RICA

Mer des Caraïbes

Océan Pacifique

NICARAGUA

PANAMÁ

Lago de Nicaragua

N

La Cruz
Interamericana
Liberia
Upala
Los Chiles
San Rafael
Bagaces
Cañas
Tilarán
Filadelfia
Santa Cruz
Nicoya
Hojancha
Las Juntas de Abangares
Puntarenas
Golfo de Nicoya
GUANACASTE
Péninsule de Nicoya
ALAJUELA
Ciudad Quesada
Puerto Viejo
HEREDIA
Heredia
Alajuela
San José
SAN JOSÉ
CARTAGO
Cartago
San Marcos
Jacó
Parrita
Quepos
PUNTARENAS
San Isidro de El General
Buenos Aires
Palmar Norte
Ciudad Cortés
Bahía de Coronado
Péninsule de Osa
Golfo Dulce
Golfito
San Vito
LIMÓN
Bribrí
Puerto Limón
Matina
Guácimo
Siquirres
Guápiles
Palmar Norte
Ciudad Neily
Puerto Armuelles
Bahía de Charco Azul

Isla del Coco

Isla del Coco

Belize
Guatemala
Honduras
El Salvador
Nicaragua
Costa Rica
Panamá

0   50   100km

.zone

COSTA RICA

||||| Le Costa Rica, c'est l'Amérique centrale à son meilleur, avec ses plages, ses nombreux volcans, ses centaines de milliers d'hectares de forêts tropicales protégées, sa stabilité politique qui ne rivalise qu'avec celle de la Suisse, sa population aimable, sa biodiversité qui relève quasiment du fantastique... En gros, le paradis stéréotypé du Nouveau Monde sur lequel aboutit Colomb il y a 500 ans, c'est ici. Avec la population indigène en moins, car les autochtones, moins nombreux ici, ont aussi été moins résistants aux maladies amenées par les navires européens. Hollywood en a ramenés quelques-uns pour les besoins du tournage du film *1492*. Nul doute que lorsque Dieu a pensé au marketing de sa création, il s'est dit: *«Tiens, je vais faire un petit territoire qui déborde de vie.»* Ainsi naissait le Costa Rica.

||||| Mais bien vite, les *gringos* du Nord eurent vent de cette campagne publicitaire et inondèrent le pays. Les dirigeants, voyant la manne, s'exclamèrent: *«Tiens, on pourrait en faire une vocation: notre pays comme destination éco-touristique numéro un!»* Le conseil approuva, essaya de consulter Dieu qui s'était assoupi pour quelques millénaires, et la réputation du pays fit bientôt le tour du globe. Et c'est ici que le paradoxe explose soudainement: on est en Amérique centrale, mais l'est-on réellement? Les guerilleros sont-ils si bien cachés dans les maquis qu'on ne les voit pas du tout? Et je n'ai croisé encore aucun militaire... Tiens, encore un qui parle anglais... Et ce parc national dont la signalisation ressemble à s'y méprendre à celle des parcs étasuniens... Ce qu'on essaie de vous dire, c'est que ce pays est fait pour les touristes et que les surprises se trouvent principalement dans les paysages et les différents tableaux que la nature a sculptés dans le coin.

||||| Cela dit, les avantages de voyager ici sont nombreux. La nature est absolument époustouflante, et la diversité qu'elle offre sur un territoire si petit est incroyable. Il faut le voir pour le croire. Comme le pays a conscience de son potentiel touristique, cela fait en sorte que le visiteur a accès à un réseau extensif de parcs protégés (quelque 25% du territoire) dans lesquels il peut s'aventurer... et revenir vivant. Tout ça, sans s'embarrasser d'un guide grâce à une organisation efficace de sentiers très bien balisés. Et la stabilité politique, qui fait défaut à plusieurs de ses voisins, encouragera les indécis qui ne trouveront plus de prétexte pour annuler leur épopée. Qu'on nous comprenne bien: il fait bon voyager au Costa Rica!

⏭ SAN JOSÉ ET LA VALLÉE CENTRALE ⏮

En plein centre géographique du pays, à cheval sur les montagnes de la cordillère centrale, trône San José la métropole. Comme toutes les capitales de la région, elle est le centre des échanges et le point de départ de nombreuses visites éclairs dans les environs. La ville et ses environs comptent pour environ le tiers de la population totale du pays.

Les panoramas sont extraordinaires, et une balade en autobus dans les différents secteurs de la vallée devient une visite au paradis. Les capitales départementales sont situées très près de la capitale. Citons Alajuela, Heredia et Cartago, toutes facilement accessibles de San José. Comme les services sont plus complets dans la capitale, nous conseillons fortement d'y loger et de l'utiliser comme point de départ pour des expéditions dans les environs. La Vallée centrale est le centre économique du pays, une région aux nombreux attraits naturels intéressants. De plus, le climat est parfait: ni trop chaud ni trop froid. Aller passer la journée au volcan Poás et revenir l'après-midi même dans la métropole aura de quoi en déboussoler plusieurs!

Il est difficile de se perdre dans le plan d'urbanisme parfaitement quadrillé de San José. Les bâtiments coloniaux et autres vieilles églises sont regroupés autour du centre de la ville, qu'il fait bon parcourir à pied, notamment dans la section piétonnière de l'Avenida Central. La quantité incroyable de commerces en tous genres, qui se succèdent d'une rue à l'autre dans un centre-ville qui ne semble pas avoir de limites, est stupéfiante. Cette étendue urbaine n'est pas dangereuse lorsqu'on reste dans la section centrale. Les espaces verts font sérieusement défaut à San José, et le bruit et la pollution des véhicules motorisés ne sont pas là pour arranger les choses. Nouveau paradoxe pour la capitale d'un pays qui se veut écologique.

Musées. Le **Museo Nacional** (*1,40$; Calle 17 entre Av. Central et Av. 2*) retrace l'histoire du pays, de l'ère précolombienne jusqu'à nos jours. Le **Museo de Arte Costarricense** (*2$; La Sabana, au début du Paseo Colón*) possède une collection des meilleures oeuvres des peintres et sculpteurs, non seulement du Costa Rica, mais d'ailleurs aussi. Le **Museo de Entomología** (*Université du Costa Rica, San Pedro*) met l'accent sur les insectes grâce, entre autres choses, à une impressionnante collection de papillons. La ville compte un grand nombre d'autres musées pour tous les goûts. On se renseigne sur place.

Artisanat. L'endroit idéal pour acheter des souvenirs à bas prix est le **Mercado Nacional de Artesanía** (*Calle 11 et Av. 6*). Si vous passez par **Sarchí**, vous y trouverez une sélection de charrettes typiques du Costa Rica. Les articles de cuir les plus renommés viennent de la région de **Moravia**.

Ferme de papillons *(Butterfly Farm, La Guácima, au sud-ouest de l'aéroport, ☎438-0400).* Rien de moins que la plus grande ferme d'élevage de papillons du pays. Énorme diversité et très large connaissance du sujet.

Volcán Poás *(8$ pour le bus et les droits d'entrée; à 40 km au nord; prenez le bus qui part à 8h30 à l'angle de la Calle 12 et de l'Avenida 4).* Volcan facilement accessible, il offre une vue incroyable sur un des plus gros cratères du globe. Une légère fumée s'échappe du lac turquoise au centre, et les nuages sont presque toujours au rendez-vous. Aucune escalade pour atteindre ce sommet de plus de 2 500 m. Voir les nuages défiler le long du cratère et des cimes environnantes est un spectacle des plus fascinants qui soit. Quelques petits sentiers permettent d'apprécier la faune et la flore.

Parque Nacional Braulio Carillo et Volcán Barva *(6$; à 20 km au nord de la ville).* Départs quotidiens aux 30 min *(Calle 1 entre Avenidas 7 et 9)* entre 5h30 et 21h45. Demandez au chauffeur de vous laisser à l'accueil Quebrada Gonzàlez. Pour le retour, il faut attendre l'autobus près de la route. Région de plateaux et de hautes montagnes, le parc offre une vaste étendue sauvage à proximité de la ville. Cette région est en fait une zone de protection qui garde intacte la nature bordant une route construite il y a une vingtaine d'années et allant vers le Pacifique. Avec sept zones de vie écologiques, allant de la forêt tropicale humide à la forêt pluvieuse des montagnes, les espèces végétales et animales sont innombrables. La région la plus basse du parc se situe à 36 m d'altitude, tandis que la plus haute atteint 2 906 m, soit celle sise au sommet du volcan Barva. À l'accueil, les sympathiques gardiens vous renseignront sur les différents sentiers tout en vous proposant un café ou un thé bien chaud. Le volcan a une végétation plus dense, et il est possible de faire de la randonnée pédestre durant deux ou trois jours. Une autre **Butterfly Farm** est située sur la route allant vers l'Atlantique (voir plus haut).

Volcán Irazú *(6$; 8h à 16h; ☎290-1927, ☎232-5324).* Volcan très fréquenté à cause de sa proximité avec San José (53 km) et Cartago (31 km) et de la route pavée qui grimpe directement au sommet du volcan. Bien qu'on n'y trouve pas de centre d'interprétation ni de véritables sentiers pédestres, la beauté du site, l'altitude et les impressionnants cratères suffisent à eux seuls à qualifier cette visite d'incontournable. Attention cependant, car le volcan est plus haut que le Poás: et il faut donc s'habiller chaudement. Trois cratères sont facilement

DÉTAILS PRATIQUES

Transport à Alajuela et l'aéroport: départs aux 10min entre 5h et 22h *(Av. 2 entre les Calles 10 et 12)* pour 17km et 30min de trajet. Le bus pour le volcan **Poás** quitte du même endroit tous les matins à 8h30 et repart du volcan à 14h30.

Cartago: départs aux 10 min *(Calle 5 entre Avenidas 18 et 20)* toute la journée pour 20 km et 45 min de trajet. Possibilité de correspondance pour les **Jardins Lankaster**.

Volcán Irazú: départ les samedis et dimanches *(Av. 2 entre Calles 1 et 3)* à 8h. Retour à 13h.

Heredia: Calle 1 entre Avenidas 7 et 9. Toutes les 10 min, toute la journée.

Jacó: les départs se font à 7h30, 10h30 et 15h30 *(Calle 16 entre Avenidas 1 et 3)* pour 3 heures 20 min de route et retour à 5h, 11h et 15h. Coût: 3$.

Limón: départs aux heures entre 5h et 19h *(Av. 3 entre Calles 19 et 21)*. Durée: 2 heures 30 min; coût: 3$

Parc national Tapantí: il faut d'abord prendre l'autocar San José - Cartago, puis le car Cartago - vallée d'Orosi, qui mène jusqu'à Río Macho (juste passé Orosi), soit à 9 km de l'entrée du parc. De là, il est possible de prendre un taxi (environ 6$) jusqu'au parc.

Monteverde: départs à 6h30 et 14h30 sur la Calle 14 entre les Avenidas 9 et 11. Retour aux mêmes heures. Durée: 4 heures; coût: 5,30$

Puntarenas: toutes les 30 min entre 6h30 et 21h sur la Calle 16 entre les Avenidas 10 et 12. Durée: 2 heures; coût: 3$

Quepos Manuel Antonio: les 145 km qui vous séparent de cette plage s'amorcent dès 6h, 12h et 15h dans les deux directions. Le bus part de la Calle 16 entre les Avenidas 1 et 3. Durée: 4 heures; coût: 4-5

San Isidro: de la même station que pour Quepos, le bus part toutes les heures entre 5h30 et 17h.

Turrialba: toute la journée, sur la Calle 12 entre les Avenidas 3 et 5.

Argent: les banques sont situées dans le quadrilatère Avenida Central-Calle 2-Avenida 3-Calle 3. **Scotiabank**, sur l'Avenida 2, a de bons taux et un service rapide.

Renseignements touristiques: Calle 5, entre Central et Av. 2, ☎222-1090. On y trouve des trucs pour bien-nantis, mais vous aurez droit à une belle carte gratuite du pays et à un beau plan de la ville. Il est possible de mettre la main sur les horaires d'autobus.

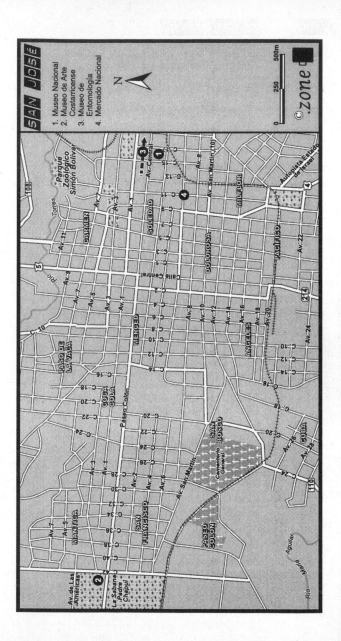

© zone

DÉTAILS PRATIQUES

Courrier: Av. 1 et Calle 2. Ouvert sept jours sur sept.

Téléphone: on peut utiliser les cabines téléphoniques pour les longues distances, surtout si l'on a un numéro d'accès direct à son pays.

Internet: **Radiográfica Costarricense** propose des tarifs de 3$ l'heure et est située au coin de la Calle 1 et de l'Avenida 5, juste en face d'un café.

---

accessibles et, si les nuages disparaissent, vous pourrez apercevoir les deux océans.

Forêt montagneuse de Los Angeles *(entre San Ramón et La Tigra)*. Réserve naturelle de 800 ha nichée plus souvent qu'autrement dans les nuages, cette forêt est la solution de rechange pour ceux qui n'ont pas le temps d'aller jusqu'à Monteverde. Elle appartient à un ex-président qui en prend bien soin, et l'on y trouve quelques sentiers permettant d'apprécier la vie de la jungle. L'endroit se laisse parcourir aisément en une journée.

Le **Bosque de Paz** *(à 60 km au nord-ouest, entre Zarcero et Bajos del Toro, ☎234-6676)* est une réserve privée de forêt tropicale humide localisée entre les parcs nationaux Poás et Juan Castro Blanco, servant ainsi quelque peu de corridor biologique naturel entre ces deux parcs. Le site est en voie de devenir un centre de nature très prisé que l'on compare avantageusement à la Selva de Monteverde. Dépendamment de votre intérêt et condition physique, 10 différents sentiers d'interprétation vous sont offerts. Pour visiter cette réserve, il est nécessaire de réserver à l'avance.

Sarchí Norte, Grecia et **Zarcero** *(prendre un bus vers Zarcero)*. Ces petits villages sont faits pour ceux qui désirent s'immiscer dans une vie moins bruyante et plus rurale. Propreté, artisanat, culture de la canne à sucre et du café, tous sont au rendez-vous.

Cartago *(à 22 km à l'est)*. Ancienne capitale du pays, Cartago est aujourd'hui la ville principale du département du même nom. On y voit les traces laissées par les tremblements de terre, notamment dans les ruines d'une église dont la construction n'a jamais été achevée. Le 2 août de chaque année, une marche est entreprise par les fidèles, de San José à Cartago, pour remercier la patronne nationale qui apparut à une jeune paysanne en 1635. Près de la ville, il y a aussi les **Jardins Lankester**, créés par un botaniste anglais. Une imposante variété de fleurs, telles les orchidées et les broméliacées, est à l'honneur.

Parc national Tapantí *(6$; 6h à 19h; ☎771-3155)*. Tranquille, dans un lieu sauvage et bien protégé, à 50 km de San José (passé Cartago) et voisin de la superbe vallée d'Orosi, ce parc est riche de centaines d'espèces d'oiseaux. Pour s'y rendre, il est préférable d'avoir une voiture, car l'autocar s'arrête à Río Macho (juste passé Orosi), soit à 9 km de l'entrée du parc. Et comme il n'est plus permis de camper dans le parc, un tel parcours (autocar et taxi, ou marche) ne vous permettra pas d'apprécier les beautés du parc, d'autant plus que vous aurez à marcher pour vous rendre aux différents sites d'intérêt. Si vous pouvez former un groupe et louer une voiture, vous pourrez apprécier les nombreux attraits, points de vue et petits sentiers souvent boueux. Un arrêt s'impose, à la fin de votre journée, aux **Agua Thermales de Orosi** *(1,50$)*, situées tout juste à côté du restaurant Los Patios. Vous pourrez vous baigner dans les deux piscines alimentées en eaux thermales volcaniques chaudes et apaisantes (41°C et 51°C).

Monument National Guayabo *(6$; 8h à 16h)*. Le plus important site archéologique du Costa Rica est un lieu de promenade et de détente fort agréable. Il est situé à 19 km au nord-est de Turrialba et à plus de 80 km de San José (environ 2 heures de route). En autocar, il existe une liaison entre Turrialba et Guayabo. Sur le site, outre l'accueil, on trouve des emplacements de camping, des toilettes et de l'eau potable. L'endroit étant localisé en montagne, entre 960 m et 1 300 m d'altitude, le climat y est chaud mais surtout humide, avec des précipitations annuelles dépassant les 3,5 m. À peine un dixième du site a été fouillé à ce jour, ce qui a permis d'apprendre que des gens ont habité l'endroit de l'an 1 000 av. J.-C. jusqu'au XVe siècle. Sur place, vous pourrez observer des chemins de pierre, des monticules, des ponts, des fondations, des murs de soutien, des aqueducs, des réservoirs d'eau, des tombes et des pétroglyphes. L'architecture des différents aménagements se composait de pierres rondes ainsi que de grandes pierres plates. L'organisation du site est exemplaire: un petit sentier de 1,2 km, jalonné de tableaux explicatifs, permet au visiteur une bonne compréhension. D'autres sentiers valent aussi le coup, quoiqu'ils soient moins «archéologiques».

Kayak et **rafting** se pratiquent sur plusieurs rivières de la région. Si vous avez les quelque 85$ à portée de main, l'expérience promet d'être des plus mémorables. Voici les adresses des agences principales: Costa Rica Expeditions (White Water) ☎257-0766; Aventuras Naturales ☎225-3939; Ríos Tropicales ☎255-4354; Pioneer Raft ☎253-4687 et Aguas Bravas ☎229-4837. Aventuras Naturales et Ríos Tropicales proposent la location de vélos de montagne et peuvent organiser des expéditions jusqu'aux volcans.

| San José | **RÊVE** |

Volontairement, nous n'indiquons que les hôtels de San José puisqu'ils sont les moins dispendieux et que la capitale se situe au centre de la région. Cela n'exclut cependant pas que vous trouverez des perles en pleine nature où l'air est aussi bon que votre sommeil.

Gran Hotel Imperial *(8$; Calle 8 entre Avenidas Central et 1 ☎222-7899)* ▶ Rendez-vous des voyageurs, il dispose d'un restaurant agréable avec balcon sur la vie citadine. Les chambres sont similaires à des cellules de prison, à la différence qu'on vous donne les clés. Peut parfois être bruyant. Toilettes communes et propres.

Hotel Generaleño *(8$; Av. 2 entre Calles 8 et 10, ☎233-7877)* ▶ Propre et spacieux, avec toilettes privées mais eau froide uniquement.

Pensión Otoya *(8$; Av. 5 et Calle 1)* ▶ Amicale et offrant l'eau chaude plus souvent qu'ailleurs, cette pension est aussi très propre.

| Reserva Forestal Grecia | **RÊVE** |

On peut faire du camping dans le très joli **Bosque del Niño de la Reserva Forestal Grecia** *(vers Zarcero, en bus)* et apprécier sa beauté naturelle. Les tarifs d'entrée sont minimes et le site est fermé le lundi.

| Parque Nacional Brauliau Carillo | **RÊVE** |

Les emplacements de **camping** (1,25$/pers./jour) et le petit refuge (4,20$/pers./nuit) pouvant accueillir quatre personnes sont situés à côté de l'accueil: on réserve au ☎283-5906.

San José

BOUFFE

Niny's *(Av. 3 entre Calles 2 et 4)* ▶ Bouffe typique à très bas prix.

Mercado Central *(Av. 1 et Calle 8)* ▶ On trouve toutes sortes de bouffes à prix dérisoire dans cet immense marché, principalement des plats typiques du Costa Rica.

Vishnu *(Av. 1 entre Calles 1 et 3)* ▶ Nourriture végétarienne de qualité servie à une mosaïque de clients plus différents les uns que les autres. Populaire.

du monde

El Cuartel de la Boca del Monte *(Av. 1 entre Calles 21 et 23)*. Rien de mieux que cette boîte pour vous frotter à la jeunesse du pays. Beaucoup de bruit comme dans tout bar qui se respecte, beaucoup de danse, et de légers droits d'entrée.

Las Risas *(Av. Central et Calle 1)*. Énorme discothèque sur trois étages directement au centre-ville. Beaucoup de monde dynamique.

▶▶ GUANACASTE ◀◀

Longtemps demeurée indépendante, la région du Guanacaste s'est jointe au Costa Rica (après avoir tergiversé entre le Costa Rica et le Nicaragua) au milieu du XIXe siècle. Pour cette raison, elle a conservé un riche héritage culturel. Si l'on y trouve les plus grands pâturages de tout le pays, qui produisent la viande qu'on exporte vers les consommateurs et autres McDonald's, c'est aussi dans cette province qu'est regroupé le plus grand nombre de parcs nationaux. Comme le Guanacaste est gigantesque, il y a aussi de nombreuses plages où l'on peut se reposer ou pratiquer ses sports nautiques favoris. D'ailleurs, la région draine de plus en plus de touristes grâce à son climat sec qui contraste avec la chaleur étouffante de Jacó et de Quepos.

Liberia *(à 300 km au nord-ouest de San José)*. Capitale provinciale avec ses 40 000 habitants, la petite ville de Liberia est sympathique et sert de camp de base pour rayonner dans les nombreux parcs et plages autour d'elle. On y trouve tous les services nécessaires pour le voyageur, et elle possède un des

DÉTAILS PRATIQUES

Transport (à partir de Liberia) vers **San José**, départs à 4h30, 6h, 7h30, 12h, 14h, 16h, 18h et 20h (3$ et 4 heures de trajet). La station est au coin de l'Avenida 14 et de la Calle 3.

Les autres destinations sont desservies à partir de la Calle 12 entre les Avenidas 7 et 9. Plusieurs bus, chaque jour, pour **Santa Cruz**, **Nicoya**, **Puntarenas**, le **Nicaragua** et **Playa del Coco**.

Pour rejoindre **Brasilito**, il faut descendre à **Belén**, à partir d'un bus allant jusqu'à Nicoya ou Santa Cruz, et prendre un des deux bus quotidiens, à 12h ou 16h.

Enfin, correspondez par **Nicoya** si vous allez à **Sámara**. Les cars partent à 8h, 15h et 16h, pour revenir chaque matin à 5h30 et 6h30.

Argent: les banques sont situées autour du Parque Central.

Courrier: Av. 3 et Calle 8.

Information touristique: descendez l'Avenida Central vers le sud sur cinq rues et vous y êtes. Ils sont toujours au courant des horaires d'autobus et peuvent vous aider dans vos démarches. Cartes gratuites et **téléphone** accessible.

plus beaux Parques Centrales du pays, avec de beaux grands arbres et une faune humaine animée autant le jour que la nuit.

(Z) **Parque Nacional Palo Verde** *(6$; 8h à 16h; ☎659-9039 ou 284-6116, ☎659-9039)*. Avec ses nombreux animaux, ses quelque 300 espèces d'oiseaux et ses 12 types d'habitats naturels, ce parc renferme une partie de la toujours stupéfiante nature du pays. L'**OTS** (Organization of Tropical Studies, ☎240-6696) propose des visites guidées (17$, repas du midi inclus) axées sur l'histoire naturelle des lieux ainsi que le gîte à ceux et celles qui désirent demeurer quelques jours dans le parc.

Le parc est reconnu comme le lieu où l'on trouve la plus grande concentration d'oiseaux aquatiques et d'échassiers en Amérique centrale. Il compte un petit réseau de sentiers pédestres (6 km au total) ainsi que plusieurs chemins forestiers. Sachez toutefois que, lors de la saison sèche, la température peut être suffocante. Au cours de la saison sèche, il y a plus d'animaux; et pendant la saison des pluies, on peut observer plus d'oiseaux. N'oubliez surtout pas d'apporter une grande quantité d'eau fraîche. Les sentiers **Las Calizas** (300 m), **El Manigordo** (1,5 km), **El Mapache** (2 km) et **La Venada** (2 km) sont courts, mais ils permettent d'apprécier les nombreux types d'habitats naturels qui composent cette région. Certains points de vue dévoilent des plaines inondables et de magnifiques collines avoisinantes. Cependant, avant de vous aventurer dans les sentiers ou de monter votre tente pour quelques nuits, informez-vous au préalable des derniers relevés concernant les très agressives **abeilles africaines** qui ont élu domicile dans le parc.

D'une superficie de 2 279 ha, la réserve biologique **Lomas Barbudal** s'étend tout juste au nord-ouest du parc national Palo Verde. Outre les abeilles africaines très nombreuses, la réserve abrite 60 espèces de papillons et plus de 200 espèces d'oiseaux, dont quelques aras écarlates et jabirus. Parmi les mammifères qui fréquentent les environs et qui demeurent plus susceptibles d'être observés, notons les singes hurleurs et les capucins à face blanche, les coatis, les ratons laveurs et les coyotes. On peut y faire du camping comme à Palo Verde.

Ⓩ **Parque Nacional Santa Rosa** (6$; 8h à 16h30; ☎695-5598 ou 695-5577). Il faut prendre un bus à partir de Liberia. Rares sont les parcs comme celui-ci, où l'on trouve à la fois la mer, la plage, la plaine, la montagne, des infrastructures d'accueil ainsi qu'un site historique en bon état. Rares aussi sur terre, des endroits comme ici, où la superficie de territoire protégé augmente régulièrement, avec l'achat et l'annexion de nombreuses terres avoisinantes. Bel exemple à suivre.

Le parc est facilement accessible par route pavée et, de ce fait, assez fréquenté également. De plus, on y trouve un site historique d'envergure, **La Casona** (visite libre): maison principale d'un des plus grands ranchs du Costa Rica, dénommé l'hacienda Santa Rosa, qui a marqué l'histoire du pays dès le XVIIIe siècle. Symbole de liberté et de fierté des Costariciens, La Casona a été le théâtre de trois batailles importantes (dont la première contre le maître des illusions, William Walker) et déterminantes pour la survie de la démocratie au pays.

Avec un territoire étendu et des milieux naturels variés (mer, plages, mangroves, plaines, montagnes, etc.), on y trouve une faune aussi diversifiée qu'étonnante. On a recensé jusqu'à présent 115 espèces de mammifères, 250 espèces d'oiseaux, 100 espèces d'amphibiens et de reptiles, et plus de 30 000 espèces d'insectes! Avec un peu de chance, vous observerez probablement des singes capucins à face blanche, des singes hurleurs, des cerfs de Virginie, des coatis et de gros iguanes. Parmi les animaux moins souvent rencontrés, notons le puma, le coyote et le boa constricteur. Des milliers de tortues envahissent la plage entre juillet et novembre.

Les sentiers pédestres sont nombreux et se rendent vers la plage, avec ses nombreux emplacements de camping. Il est également possible de faire du vélo de montagne.

Le **Refugio Nacional Bahía Junquillal** *(1,50$; 8h à 17h; ☎695-5598 ou 695-5577)* est situé à environ 20 km au sud de la petite ville de La Cruz (via Puerto Soley), dernière ville en importance avant la frontière du Nicaragua. Cette petite réserve, d'un peu plus de 500 ha, fait également partie de l'Area de Conservación Guanacaste (ACG). On y trouve une superbe plage d'environ 2 km de longueur, qui accueille à l'occasion des tortues de Ridley, des tortues luths et des tortues vertes du Pacifique venues pondre leurs oeufs. Outre la plage et les nombreuses espèces d'oiseaux aquatiques que vous pouvez observer, vous pourrez vous baigner et pratiquer la plongée-tuba. Un petit sentier d'environ 600 m, nommé **El Carao**, sillonne la forêt sèche et côtière où l'on peut observer le phénomène de régénération.

Parque Nacional Guanacaste *(6$; 8h à 17h; ☎695-5598 ou 695-5577)*. Il faut prendre un bus de Liberia. D'une superficie de 32 512 ha, il prolonge le parc national Santa Rosa du côté est de l'Interamericana, formant ainsi un corridor naturel et essentiel à un grand nombre d'espèces animales vivant dans la région. Pour appuyer le travail de recherche et d'échantillonnage du fabuleux patrimoine biologique, trois stations ont été construites. La station Maritza est située au pied du volcan Orosi (1 487 m), alors que celle de Cacao se trouve à 1 100 m d'altitude, non loin du volcan Cacao (1 659 m). La troisième station, nommée Pitilla, est, quant à elle, située sur le versant atlantique du volcan Orosi. On y observe des habitats naturels différents de ceux du côté pacifique, avec plus de précipitations et d'humidité. Du côté atlantique, les rivières coulent vers la mer des Caraïbes (vers l'est), située à un peu moins de 200 km de là.

Les sentiers sont nombreux et relativement courts, de sorte que l'on peut se rendre d'une station à l'autre, et même monter les quelques sommets autour. Il est aussi possible de louer des vélos de montagne et de parcourir quelques sentiers prévus à cet effet. On se renseigne à l'entrée du parc.

Ⓩ **Parque Nacional Rincón de la Vieja** *(6$; 7h à 17h; ☎659-5598 ou 659-5577)*. Secret bien gardé et donc peu fréquenté. Il faut absolument passer par ici pendant que les sentiers ne sont pas encore trop piétinés. Vous y trouverez des paysages magnifiques, des points de vue époustouflants, un volcan qui a du caractère, des rivières apaisantes, des chutes spectaculaires, des eaux thermales relaxantes, des lieux de baignade, des aires de pique-nique, des emplacements de camping, des sentiers bien balisés ainsi qu'une documentation bien détaillée (dépliants et cartes), ce qui est plutôt rare au pays. D'une superficie de

Le numéro à composer pour réserver dans tous les parcs du Costa Rica. 257-2239. Très utile.

14 084 ha, le parc s'étend à environ 25 km au nord-est de Liberia. Son nom lui vient de la plus haute montagne des environs, qui culmine à 1 895 m d'altitude. Plusieurs sentiers permettent des randonnées aux degrés de difficulté variables. Pour escalader la montagne, un sentier de 16 km nécessite un départ à l'aube. L'auberge de jeunesse de Liberia offre un service de transport aller-retour dès 7h le matin vers Rincón. Durant la saison haute, il peut y avoir jusqu'à trois départs.

Las Pailas et **Santa María** sont les deux secteurs du parc. Pour les sentiers de plus longue randonnée, optez pour le secteur Santa María. Il est possible de camper non loin des entrées de chaque secteur selon les modalités décrites pour les autres parcs.

Playas del Coco *(à 35 km de Liberia)*. Les Playas del Coco sont deux plages séparées par un petit cours d'eau; bien qu'elles soient très près l'une de l'autre, l'accès à ces deux plages s'effectue par deux routes différentes. Les plages de Coco sont très fréquentées, bien que la plage du sud soit plus résidentielle. Localisées dans une petite baie favorisant les déplacements en embarcations de toutes sortes, amarrées près de la rive, les Playas del Coco constituent une petite station balnéaire agréable pour qui veut vivre en *Tico*, avec son quai s'avançant dans la mer, son petit parc central aux abords de la plage, le tout entouré de bars et de restaurants à prix populaires. Un bon nombre de ces établissements ont vu le jour il y a déjà plus de 20 ans. Au fur et à mesure que l'on s'éloigne du coeur de la ville, des hôtels plus récents se sont installés et s'installent toujours. L'ensemble est relativement dense, avec une saveur toute costaricienne dans l'aménagement. L'endroit est aussi un port de pêche très fréquenté. La plage, de sable gris-brun, est assez large à marée basse, mais pratiquement inexistante à marée haute. La **Playa Hermosa**, un peu plus au nord, fera le bonheur des surfeurs de passage.

Playa Ocotal *(à quelques kilomètres au sud des Playas del Coco)*. Si vous recherchez la tranquillité tout en demeurant près des activités du village, vous ferez peut-être mieux de vous diriger vers cette magnifique petite plage blottie dans une anse entre des escarpements. À cause de ces escarpements cependant, il est recommandé de se baigner dans la partie centrale de la plage. Pour la journée seulement, car les hôtels sont très chers.

La **Playa Brasilito** *(plus au sud; passer par Belén)* est tout le contraire de la Playa Flamingo, sa voisine riche, célèbre et chère. Petit hameau constitué pour l'essentiel de résidences permanentes ou secondaires appartenant aux *Ticos* de la classe moyenne, l'endroit ne se prête pas beaucoup à la fréquentation touristique étrangère et jusqu'ici n'a pas suscité de développement hôtelier d'envergure. Ce qui fait qu'on peut y dormir à peu de frais.

(Z) **Parque Nacional Marino Las Baulas** *(6$ visite guidée incluse; ouvert en tout temps; ☎/≈680-0779)*. Vivez ici une expérience fascinante, émouvante et enrichissante: l'observation de la ponte des **tortues luths** sur la **Playa Grande**. Cet événement se produit presque chaque nuit entre les mois d'octobre et de mars, et particulièrement durant les mois de décembre et de janvier.

Le musée **El Mundo de la Tortuga** *(5$; à partir de 16h du 1ᵉʳ oct au 15 mars; juste avant l'entrée du parc, ≈653-0471)* demeure un impératif pour ceux et celles qui désirent en connaître davantage sur les tortues marines. En outre, si vous prévoyez visiter le parc national marin Las Baulas et observer la cérémonie entourant la ponte des tortues luths, le musée constitue aussi l'endroit idéal pour attendre (parfois plusieurs heures) que la marée descende, car il possède un petit café extérieur.

Playa Tamarindo *(à 70 km au sud-ouest de Liberia)*. Paradis des surfeurs, la plage est une longue bande de sable blanc. Attention baigneurs: les vagues de la plage de Tamarindo peuvent être fortes et il existe de nombreuses roches affleurant pas très loin de la rive. Évitez toujours de vous baigner près des estuaires, qui provoquent des courants susceptibles de vous entraîner loin du rivage.

(Z) **Playa Junquillal** *(à 25 km à l'ouest de Santa Cruz)*. Originale, cette plage remplie de hautes herbes! Vous aurez vraiment l'impression que vous êtes au bout du monde ici. Sur un kilomètre de plage, on ne trouvera en effet que quelque huit petits hôtels disséminés çà et là dans la forêt et au bord de l'eau. La plage n'est pas très profonde et les vagues sont assez fortes; le sable, de couleur foncée, est très propre. À l'abri des touristes et loin des itinéraires officiels, se trouve Playa Junquilal.

Le **Parque Nacional Barra Honda** *(6$; 7h à 16h; ≈659-9039 ou 659-9194)* est situé à 23 km au nord-est de la charmante petite ville de Nicoya, que l'on peut utiliser comme point de chute. Il fut créé le 20 août 1974 dans le but de protéger le réseau d'une quarantaine de grottes que des explorateurs venaient tout juste de découvrir. En effet, au début des années soixante-dix, des membres de l'Association de spéléologie du Costa Rica ont constaté qu'il y avait un réseau de grottes, parfois très profondes. Barra Honda est en fait le nom donné à cette grande montagne qui domine la plaine du haut de ses 423 m d'altitude. Trois grottes sont accessibles au public, mais il demeure obligatoire d'être accompagné d'un guide de la région *(environ 25$ par personne, et beaucoup moins pour un groupe, 8 personnes maximum à la fois; réservations nécessaires; ☎685-5580 ou 685-5667).*

Le parc comprend un sentier de randonnée pédestre, **Los Laureles**, qui permet d'effectuer une jolie boucle de 9,3 km. Comptez entre trois heures et cinq heures de marche pour parcourir ce trajet qui vous fera découvrir les sites les plus intéressants du parc. Le sentier n'est pas difficile, car 70% de sa longueur demeure plate; il grimpe tout de même jusqu'au sommet du **Cerro Barra Honda** (423 m), d'où la vue est exceptionnelle. Vous y admirerez une grande partie du golfe de Nicoya, l'île de Chira ainsi que la vaste plaine composée de forêts et de petits villages.

 La **réserve nationale de faune Ostional** *(6$; ☎659-9039 ou 659-9194)* est située à environ 50 km au sud-ouest de la ville de Nicoya, là où se trouvent les plages de Nosara et d'Ostional. Elle s'étend sur 8 km de longueur, mais n'a que quelques centaines de mètres de largeur, ce qui lui donne une superficie de 162 ha, auxquels s'ajoutent 587 ha marins. Cette réserve fut créé dans le but de protéger un lieu exceptionnel où viennent pondre annuellement des milliers de tortues marines. On y vient donc admirer le fantastique spectacle de la reproduction de la vie entre les mois de juillet et de novembre. Notez que les espèces géantes ne pondent pas ici, mais que celles qui viennent atteignent quand même 50 kg, le spectacle demeurant tout aussi fascinant.

Playa Sámara *(à 35 km de Nicoya)*. Cette jolie plage protégée par des récifs de corail assure des eaux tranquilles, idéales pour les baigneurs. Le village de Sámara, qui la borde, constitue un carrefour pour la région, possédant même quelques bars et discothèques intéressants. D'autres plages sont situées plus au sud, dont la magnifique **Playa Carrillo**, à 5 km au sud.

Refugio Nacional Bahía Junquillal

RÊVE

Il est possible de camper (1,25$/pers./jour) sur le site, 25 emplacements étant prévus à cet effet. Vous trouverez des tables de pique-nique, des grils pour cuisiner, de l'eau potable, des toilettes et des douches.

Parque Nacional Santa Rosa

RÊVE

Le parc national Santa Rosa est sans aucun doute le parc le mieux organisé pour recevoir des visiteurs. On y trouve huit chambres (lorsqu'il reste des places) coûtant 14,50$/pers./nuit pour les touristes et un peu moins *(10$)* si vous vous rendez à la station biologique de Nancite, près de la plage du même nom. Des emplacements de camping (1,25$/pers./jour), bien aménagés (eau potable, toilettes, douches, tables de pique-nique, poubelles), sont situés entre les bureaux administratifs et La Casona. Deux autres emplacements de camping se trouvent au sud et au nord de la plage Naranjo (apportez votre nourriture et votre eau potable), à une douzaine de kilomètres des bureaux administratifs. Une cafétéria permet de prendre d'excellents repas (petit déjeuner 3,50$, déjeuner 5$, dîner 4,25$). Si vous campez près de l'administration, vous pouvez aussi prendre vos repas à la cafétéria, mais vous devez les en aviser au moins trois heures à l'avance.

Playas del Coco

RÊVE

Les *Cabinas* **Sol y Mar** *(20$; à 150 m au nord du club Astilleros, sur le chemin menant aux Playas del Coco, ☎670-0368 ou 551-3706)* sont toutes nouvelles.

L'**Hotel Anexo Luna Tica** *(20$; ☎670-0127, ☎670-0459)* est un petit hôtel *tico*. Les chambres, d'aménagement simple, y sont plutôt sombres mais relativement propres. La **Playa Hermosa**, un peu plus au nord, fera le bonheur des surfeurs de passage.

Playa Brasilito

RÊVE

L'hôtel **Ojos Azulejos** *(20$; sur le chemin principal de Playa Brasilito, ☎654-4346)* et les *cabinas* **El Caracol** et **Nany** *(20$; à 200 m au sud et 75 m à l'est du terrain de jeu, Brasilito, ☎654-4320)*, deux bonnes adresses.

Parque Nacional Guanacaste

$

RÊVE

Lorsque les trois stations biologiques ne sont pas toutes occupées par les chercheurs, elles accueillent volontiers les visiteurs ou les touristes de passage. On y propose un hébergement rustique, de style dortoir, avec des salles de bain communes et de l'eau froide. Chaque station peut recevoir de 20 à 30 personnes. Il en coûte entre 10$ et 15$/pers./nuit, et vous devez réserver au préalable. Il faut désormais apporter sa nourriture. Bien qu'il n'y ait pas d'emplacements prévus à cet effet, il est parfois possible de camper (1,25$/pers./jour) près des stations, à condition d'en obtenir l'autorisation à l'avance.

Playa Tamarindo

$

RÊVE

Les havres abordables pour reposer votre corp sont les suivants: les **Cabinas Coral Reef** *(10$; ☎653-0291)* et les **Cabinas Dolly** (un peu plus chères, mais clientèle jeune), toutes situées sur la plage et très accueillantes.

Playa Junquillal

$

RÊVE

Allez rêver au **Camping Los Malinches** *(5$; ☎653-0429)* si vous avez une tente. Le propriétaire est sympathique et le site, couvert d'arbres et face à la mer, enchanteur. Sinon, l'hôtel **Junquillal**, couru par les voyageurs à petit budget, fera l'affaire *(11$; ☎653-0432)*.

Parque Nacional Palo Verde

$

RÊVE

Il est permis de pratiquer le **camping** (1,25$/pers./jour; toilettes, douches et eau potable) à côté de la maison des gardiens.

Playa Sámara

RÊVE

Dormez au **Camping El Coco** si vous avez une tente ou un hamac, au coeur du village: très abordable, propre et sympathique.

Sinon, l'**Hospedaje y Abastecedor Yuri** *(10$; section nord de la plage, ☎680-0022)* propose des chambres étonnamment propres et correctes. L'aménagement y est minimal, mais les lits sont confortables. Extérieur affreux, mais proprio sympa.

Parque Nacional Barra Honda

RÊVE

Au sud-ouest du parc, vous trouverez les bâtiments d'accueil et d'administration ainsi que des aires de camping (1,25$/pers./jour) et de pique-nique. Si vous n'avez pas de nourriture ou de réchaud pour préparer vos repas, les feux de camp étant interdits en raison des risques d'incendie, vous pourrez manger sur les lieux à condition d'avoir réservé votre repas une journée à l'avance.

Liberia

RÊVE

Hospedaje Lodge La Casona *(10$; à 300 m au sud du parc central, ☎/≈666-2971)* ▶ Sympathique établissement fait pour les voyageurs cherchant le confort de type auberge de jeunesse tout comme la **Posada Del Tope** *(10$; à 150 m au sud du parc central, ☎385-2383 ou 666-3876)*.

Hotel Liberia *(12$; à 75 m au sud du square sur la Calle 1, ☎/≈666-0161)* ▶ Propre, avec ameublement minimaliste. Personnel et aménagement sympathiques. Possibilité de faire son lavage et de prendre son petit déjeuner à l'hôtel.

Liberia

RÊVE

$

Hotel Guanacaste *(15$, réductions pour les détenteurs d'une carte d'Auberge de Jeunesse; à 25 m à l'ouest et 100 m au sud de la gare d'autobus Pulmitán, ☎666-0085, ⇍666-2287, htlguana@sol. racsa.co.cr)* ▶ Auberge de jeunesse aux chambres très simplement aménagées. Bon accueil, restaurant et service de buanderie. Camping possible.

Liberia

BOUFFE

$

Las Tinajas *(du côté nord du parc central)* ▶ Bon petit casse-croûte servant de petits plats rapides, nord-américains et autres. L'endroit est assez fréquenté.

Le **Jardín de Azúcar** *(à une rue au nord du square)* propose un petit menu éclectique peu dispendieux.

Pan y Miel *(Calle 2 et Av. 3)* est une pâtisserie-boulangerie où l'on peut s'asseoir pour manger. L'endroit propose entre autres de délicieux petits gâteaux et des *enchiladas* savoureuses.

Le **Rancho El Dulce** *(Calle Central et Av. Central)* est un petit comptoir de restauration rapide. Mais en plus, l'établissement vend toute une gamme de petits bonbons et de chocolats. Avis à tous ceux et celles qui ont la dent sucrée!

⏩ NORD DU COSTA RICA ⏪

Longtemps le *no man's land* par excellence, le nord du Costa Rica devient de plus en plus recherché par les voyageurs. Et pas nécessairement des touristes pantouflards, puisque l'attraction numéro un est la région du lac Arenal, immense lac artificiel sur lequel ne reflète jamais l'image du volcan actif du même nom, car il souffle un vent digne du dieu Éole de façon quasi permanente. Ce qui fait de l'endroit une Mecque de la planche à voile.

Autrement, le magnifique parc de Monteverde fait partie de ces espaces verts qui alternent avec les fréquents pâturages pour les bovins, transformant le territoire en un immense zèbre aplati.

DÉTAILS PRATIQUES

Transport: le trajet **San José-Ciudad Quesada (San Carlos)** se fait en trois heures et le car se prend dans la Calle 12 entre les Avenidas 7 et 9. Départs toute la journée.

La Fortuna est accessible en une heure et les départs se font toute la journée, quoique de façon nettement plus fréquente le matin.

Pour rejoindre **Monteverde**, il faut passer par **Tilarán** (départs à 6h et 3h, retour à 7h et 3h). De Tilarán, un car part pour Monteverde à 13h et revient à 7h. Monteverde est aussi accessible à partir de San José (Calle 14 entre Av. 9 et 11) à 6h30 et 14h30; retour aux mêmes heures.

Puerto Viejo de Sarapiquí: l'appellation «Río Frío» identifie les cars faisant route dans cette direction;

ils quittent San José six fois par jour (Av. 11 entre Calles Central et 1). Les cars de 6h30, midi et 15h empruntent la route panoramique d'Heredia (durée du trajet: 4 heures). Ceux de 10h, 13h, 15h30 et 16h suivent, quant à eux, l'autoroute de Guapiles à travers le parc national Braulio Carrillo, puis remontent vers le nord en passant par Las Horquetas et La Selva avant d'atteindre Puerto Viejo.

Los Chiles: plusieurs cars relient chaque jour San Carlos à cette localité.

Réserve faunique de Caño Negro: de San José (Calle 12 et Av. 9), départs quotidiens à 5h30 et 15h30. Le voyage entre San José et Los Chiles dure environ 2 heures 30 min *(2,20$, Autotransportes, ☎460-5032)*.

Ciudad Quesada ou **San Carlos** *(à 100 km au nord de San José)*. Au coeur des territoires nordiques du pays, San Carlos et ses 35 000 habitants sont aussi au coeur d'une des régions les plus productives sur le plan agricole. Juchée à 600 m d'altitude, la ville est ainsi ni trop chaude ni trop froide. Encore une fois, c'est l'endroit tout indiqué pour demeurer dans un hôtel peu dispendieux, tout en ayant accès à tous les services d'une ville moyenne. À partir de ce lieu central, vous pourrez décider où aller selon vos intérêts tout en gardant Ciudad Quesada comme point de chute.

Puerto Viejo de Sarapiquí *(à 60 km à l'est de San Carlos)* offre moins de possibilités pour le budget, mais elle constitue un point de passage obligé pour les voyageurs désireux de connaître les attraits de la région.

À quelques kilomètres au sud-ouest de Puerto Viejo, vous pouvez visiter la coopérative **MUSA** *(5$; El Tigre, sur la route de Horquetas)*, sorte de ferme communautaire gérée par des femmes s'employant à la culture et à la commercialisation d'herbes à des fins médicinales, cosmétiques et autres. Très intéressant pour les phytothérapeutes en herbe (!), qui en apprendront davantage sur les... herbes et leurs vertus curatrices. Il est possible d'acheter certains produits.

Trois chutes sont aussi à visiter dans la région. À La Cinchona, une petite localité à peu près à mi-chemin entre San José et Puerto Viejo, il y a d'abord la spectaculaire **chute de San Rafael**. Les **chutes de la Paz** sont situées sur le chemin menant à la région de Puerto Viejo de Sarapiquí à partir de Poás. En s'éloignant quelque peu sur le chemin passant devant les chutes (donc en traversant le pont enjambant la rivière à cet endroit), on pourra apercevoir une deuxième chute se trouvant au-dessus de la première. Si vous pouvez y passer le soir, vous verrez que les effets d'éclairage y sont très réussis. Les **chutes de San Fernando**, situées un peu plus loin que celles de La Paz, sur le chemin menant à la région de Puerto Viejo de Sarapiquí à partir de Poás, sont également à voir. Celles-ci peuvent être admirées à partir d'une maison privée, **El Parador**, ouverte aux touristes de passage. Les propriétaires nourrissent en plus une foule d'oiseaux-mouches qu'il est saisissant de regarder, particulièrement lorsque ceux-ci boivent l'eau sucrée (nécessaire à leur survie) des fontaines aménagées à cette fin à l'extérieur de la maison.

Rara Avis (*☎/⊨253-0844*) est une réserve naturelle privée créée par un jeune biologiste étasunien du nom de Amos Bien. Venu pour la première fois au Costa Rica en 1977 et fasciné par la grande richesse de l'écosystème de ce coin de planète, il vint rapidement à prendre conscience que ces milieux naturels étaient menacés par les coupes à blanc et les conversions à outrance des terres en espaces de pâturage comme au Guanacaste et le long de la rivière Sarapiquí. Il créa donc en 1983 la réserve Rara Avis tout à côté de celle de La Selva et du parc national Braulio Carrillo. La réserve de 1 300 ha est destinée à faire la preuve que la conservation des espaces naturels est tout aussi, sinon plus, profitable à la société que la conversion de ceux-ci en espaces de culture. Comme centre de recherche et de préservation de la nature, cette réserve, relativement éloignée des circuits touristiques, est plutôt faite pour les personnes aventureuses et animées de la passion écologique. D'abord parce que parvenir à la réserve demande beaucoup de patience et d'endurance sur un chemin assez épouvantable et ensuite parce que les conditions climatiques font en sorte qu'il pleut très souvent, toute l'année. Cependant, on s'en doute bien, les espèces fauniques et végétales à voir dans la région sont très intéressantes. Il existe en plus une magnifique chute dans la jungle de la réserve, haute de 55 m. Il est possible de se promener dans les sentiers de la réserve, seul ou accompagné d'un guide.

La Selva *(à 3 km au sud de Puerto Viejo de Sarapiquí, ☎740-1515, ≈740-1414 ou via l'OTS ☎240-6696, ≈240-6783)*. Cet endroit est essentiellement un centre de recherche et d'étude qui attire de nombreux spécialistes et étudiants en écologie du monde entier. Des installations leur permettent de suivre des cours sur place en même temps que d'étudier la nature environnante. Il est quand même possible de visiter La Selva et même d'y séjourner en réservant à l'avance. Il y a beaucoup d'espèces d'oiseaux (400) et beaucoup de pluie, mais les sentiers sont agréables et les guides sympathiques. Réservez à l'avance.

La Fortuna *(à 35 km au nord-ouest de San Carlos)*. Plus près du niveau de la mer (et donc plus chaude) et à la recherche de sa nouvelle vocation touristique, La Fortuna était jusqu'à récemment un petit village agricole tranquille. Quand le volcan s'est réveillé à la fin des années soixante, le potentiel touristique de la région s'est confirmé. Parce qu'en plus du volcan actif, La Fortuna ne se trouve qu'à quelques kilomètres du plus grand lac du pays, où les véliplanchistes trouvent leur compte grâce à des vents constants de 20 noeuds et plus. Sans compter les possibilités de baignade, les eaux thermales, cavernes et autres, cette région a beaucoup à offrir.

Catarata La Fortuna *(accès à partir de la ville par la première rue à l'ouest de l'église, celle qui enjambe le Río Burío)*. Soyez vigilant car le chemin est normalement assez ardu en certains points et il n'est pas très bien balisé. Mais la chute est très jolie, tombant en gradins le long d'une paroi abrupte. Vous la verrez dès lors que vous atteindrez le stationnement, mais vous pouvez vous en approcher en descendant un chemin relativement raide pour vous retrouver à son pied. Attention au courant parfois très puissant.

Tabacón Resort *(14$ pour la journée, 20$ pour l'accès au restaurant; 10h à 22h; à 13 km à l'ouest de La Fortuna par le chemin du volcan Arenal, ☎222-1072 ou 233-0780, ≈221-3075)*. Conçu à partir d'un décor fameux: une dizaine de piscines d'eaux thermales provenant de la rivière Tabacón, des chutes, deux restaurants et deux bars, chaque piscine offrant des températures allant de 23°C à 40°C. Tout ça dans un aménagement de luxe entouré d'une forêt luxuriante et avec une belle vue sur le volcan. Un peu trop arrangé avec le gars des vues, mais dangereusement agréable. Il faut essayer ces eaux la nuit venue, alors que tout est noir à l'extérieur, quelquefois même brumeux. Si vous en avez les moyens, allez-y plutôt en semaine. Il fallait s'y attendre, on prévoit la construction d'un hôtel de classe bientôt.

En face du Tabacón Resort, de l'autre côté de la rue, il existe une alternative moins dispendieuse pour profiter des sources thermales. Moins organisé et prestigieux, l'endroit propose tout de même un minimum d'installations *(toilettes, vestiaire et petit casse-croûte; 5$; 9h30 à 22h)*.

Ⓩ **Parque Nacional Volcán Arenal** *(6$; 8h à 22h; ☎460-1412 ou 695-5908)*. «LE» volcan du Costa Rica fait seulement 1 633 m de hauteur, mais son activité volcanique, parmi les plus intenses de la planète, fait en sorte que nombreux sont les néophytes qui accourent voir le spectacle, particulièrement fameux pendant la nuit, alors que des coulées de lave peuvent être admirées au loin. La plupart des hôtels proposent des forfaits à 7$ avec excursion nocturne au volcan. La montagne, avec sa forme triangulaire et son cône parfait, ne laisse personne indifférent. Le tableau est d'autant plus majestueux qu'aucune autre montagne n'est collée sur l'Arenal, lui laissant toute la place pour étaler sa splendeur.

Le volcan Arenal représente l'image parfaite que l'on se fait d'un volcan en éruption. D'abord parce que cette montagne est bien isolée et se démarque des montagnes avoisinantes par son élégance et sa forme triangulaire. Ensuite parce que cette montagne est considérée comme l'un des volcans les plus actifs au monde. On vient d'ailleurs de partout sur la planète pour admirer cet immense cône bouillonnant, espérant profiter d'un ciel dégagé en soirée pour contempler les explosions puis les coulées de lave dévalant le flanc de la montagne.

Le parc, en tant que tel, est tout récent, ce qui fait que les infrastructures ne sont pas aussi bien implantées qu'ailleurs au pays. Toutefois, bon nombre de sentiers sont accessibles, et l'on vous renseignera sur les dangers de se rendre jusqu'au sommet, où quelques accidents mortels sont survenus par le passé. L'endroit le plus visité du parc est le **Mirador**, situé à 1,3 km de l'entrée. Il est possible d'y accéder à pied, via un petit sentier, ou en voiture. Ce point de vue, basé au pied du volcan, constitue un excellent endroit où admirer, écouter et sentir toute la puissante activité de ce volcan. On distingue aisément les nombreuses coulées de lave qui se sont frayées un chemin jusqu'à la base de la montagne, consumant tout sur leur passage. Selon le jour, vous apercevrez peut-être des volées de poussière et de cendre jaillir du cône. De plus, il n'est pas rare de ressentir une secousse terrestre accompagnée de grondements très perceptibles, comme si le volcan Arenal voulait ne laisser aucun doute sur sa puissance et sa capacité destructrice effroyable. Aux limites du parc se trouve l'**Arenal Observatory Lodge** *(1,50$; restaurant-bar; ☎257-9489, ≈257-4220, passé le parc, suivre les indications)*, à partir duquel vous aurez une autre vue époustouflante.

Cavernas de Venado *(15$; à partir d'une route localisée à quelques kilomètres à l'est de Nuevo Arenal; compter une heure de route)*. Grotte longue de quelque 2 km où vous trouverez tout ce qui peuple l'imagination à l'égard de ces formations géologiques: stalactites, stalagmites et... chauves-souris! Les visites se font avec guide.

Jardin botanique d'Arenal *(4$; 9h à 17h; sur le chemin La Fortuna-Nuevo Arenal, à 5 km à l'est de Nuevo Arenal et à 25 km à l'ouest de la digue du Lac Arenal, ☎694-4273, ⬚694-4086)*. Beau petit jardin de plantes. Dans les sentiers à travers la petite réserve que constitue ce jardin, ce sont plus de 1 200 plantes que l'on peut admirer en provenance d'un peu partout dans le monde. Évidemment, plusieurs espèces d'oiseaux et de papillons fréquentent les lieux. Il y a même une petite ferme de papillons. La visite ne nécessite pas de guide.

Nuevo Arenal *(à mi-chemin entre La Fortuna et Tilarán)*. Cette région n'a rien d'extraordinaire, si ce n'est qu'on a reconstruit la ville ensevelie à la suite d'un projet hydroélectrique, et aussi ce vent constant qui peut même devenir très frais le soir, mais qui permet aux véliplanchistes de faire de la planche à voile dans un paradis tropical. Professionnels avertis seulement!

Ⓩ **Monteverde** *(à 150 km au nord de San José)*. Sans doute l'attraction la plus courue du pays, Monteverde se compose de vastes forêts, de grands vallons et de luxuriantes montagnes dont l'altitude se situe entre 800 m et 1 800 m. Même s'il y a énormément de touristes ici, il faut y aller malgré tout. Le sentiment de bout du monde est réel. Quand on sait que ce sont 11 familles quakers qui ont fui les États-Unis, en 1950, pour cause de divergences politiques, afin de se réfugier dans cet endroit perdu où ils auraient la paix, on comprend un peu plus pourquoi on ressent ce dépaysement. Véritable paradis ornithologique et botanique, la région de Monteverde est stupéfiante, surtout quand on débouche sur le village, sorti de nulle part.

Monteverde n'est pas un village, à proprement parler, où l'on s'attend à trouver des rues et une place centrale. Les maisons, hôtels, restaurants et magasins sont dispersés le long d'une petite route non revêtue, d'un peu plus de 5 km, qui débute au village de Santa Elena pour se terminer à la réserve de Monteverde. C'est dans le village de **Santa Elena** que l'on trouve l'église, le bureau de poste, la banque, la clinique médicale, l'épicerie, des téléphones publics ainsi que la plupart des hôtels et pensions à petit prix de la région. Une visite au **Chunches** *(☎645-5147)*, un café où l'on vend des livres neufs ou usagés et où l'on peut également laver ses vêtements, peut vous être d'une utilité certaine. Les sympathiques propriétaires,

Wendy et Jim Standley, sauront vous renseigner sur les activités, les hôtels et les restaurants de la région.

Il ne reste plus grand-chose de quaker ici, sauf peut-être la fabrique de fromage **La Lechería** (*7h30 à 16h, dim jusqu'à 12h30; ☎645-5136*), fondée en 1953 et située à mi-chemin entre Santa Elena et la réserve. Une visite à cette fabrique vous permettra de voir le procédé de fabrication d'une dizaine de types de fromages (gouda, emmenthal, cheddar, etc.), dont le fameux et très populaire *monterrico*. Alors que, dans les années cinquante, on y fabriquait 10 kg de fromage, la production dépasse aujourd'hui les 1 000 kg. La fabrique, qui distribue désormais ses fromages à travers tout le pays, emploie plus de 100 personnes.

Le jardin de papillons (*6$, tour guidé inclus, 9h30 à 16h, ☎645-5512*) est le lieu par excellence pour connaître et apprécier la beauté et l'originalité des papillons de la forêt tropicale. Les guides, fort sympathiques, vous feront d'abord découvrir le processus complexe et captivant des différentes étapes de la vie des papillons. À l'intérieur du centre d'interprétation, vous verrez une grande collection de papillons et comprendrez le rôle des formes et couleurs qu'ils arborent. Alors que certains d'entre eux ont des «yeux» sur leurs ailes afin d'effrayer les prédateurs, d'autres ont un camouflage ressemblant à s'y méprendre à des feuilles. Dans l'un des présentoirs, il est même possible d'observer des chenilles se transformer en cocon, pour ensuite éclore en de jolis papillons. Et si vous êtes chanceux, vous assisterez peut-être à la mise en liberté et aux premiers battements d'ailes de nouveaux papillons! Arrêtez-vous aussi à la **Finca Ecológica** (*5$; 7h à 17h; ☎645-5222*), une réserve privée de 17 ha où il est aisé d'observer un grand nombre d'espèces d'oiseaux et de papillons, mais également plusieurs animaux sauvages tels que coatis, agoutis, paresseux et singes capucins à face blanche, et ce, grâce à de nombreux sentiers.

Serpentario (*3$; 9h à 17h; aux abords du village de Santa Elena et tout près de l'hôtel Finca Valverde, ☎645-5238*). Avis aux amateurs de serpents tropicaux, c'est l'occasion non de se faire peur, mais d'apprendre à reconnaître les plus dangereuses espèces, tels les vipères et surtout l'effroyable «fer-de-lance». Ainsi, lors de vos randonnées, vous saurez mieux vous comporter si jamais vous avez la chance (!) de croiser l'un de ces reptiles.

Plusieurs femmes de la région de Monteverde se sont unies afin de créer une coopérative d'artisanat local, nommée **CASEM** (*8h à 17h; ☎645-5190 ou 645-5262*). On y confectionne, à la main, des vêtements et autres objets ayant pour thème la faune et la flore de la région. Les profits découlant de la vente de ces produits servent à aider les artisans et la communauté de Monteverde.

Bajo del Tigre *(5$; 8h à 16h30; près de la CASEM)*. Réseau de courts sentiers (3,3 km) qui parcourent une forêt moins dense mais tout autant grouillante de vie animale et végétale. Dans cette région faisant partie de la division pacifique de la cordillère de Tilarán, on découvre de jolis points de vue sur le golfe de Nicoya. La visite débute au petit centre d'interprétation de la nature, où l'on vous explique ce qu'il y a à voir et à faire dans les environs. L'endroit est réputé pour l'ornithologie, car plus de 200 espèces d'oiseaux y ont été recensées. Avant de partir à la découverte des sentiers, qui mènent jusqu'au canyon du Río Máquina, on vous remettra un excellent petit livret d'accompagnement, où 22 stations d'auto-interprétation portant sur la faune et la flore du site vous sont commentées.

Reserva de Santa Elena *(6$; 7h à 16h; ☎645-5390, ➡645-5014)*. Cette réserve de 310 ha est située à 6,5 km au nord du village de Santa Elena, à une altitude de 1 670 m. Elle reçoit donc beaucoup de précipitations, et il est préférable de se vêtir en conséquence (location de bottes de pluie sur place). Le territoire de la réserve est, à peu de chose près, identique à celui de Monteverde en général, à cette différence près que les êtres humains y sont en moins grand nombre, ce qui fera la joie des solitaires. Pour vous rendre à la réserve, empruntez la route principale de Santa Elena vers le nord, en direction du Colegio Santa Elena, puis suivez les indications. La réserve est située à 6,5 km au nord du village. Désormais, du bureau d'information à Santa Elena, on offre le service de transport *(départ à 7h; 1,70$)* jusqu'à la réserve. Sur place, vous trouverez un centre d'accueil et d'information, un casse-croûte, une boutique de souvenirs, de la documentation et des toilettes.

La réserve compte quatre sentiers de randonnée pédestre, pour un total de 12 km. Chaque sentier forme une boucle qui prend entre 45 min et 4 heures à parcourir. Les différents points de vue s'ouvrent sur la forêt tropicale humide et permettent d'admirer, entre autres, le célèbre volcan Arenal. En revanche, il ne faut pas avoir trop d'attente en ce qui concerne les points de vue, car la région demeure souvent couverte de nuages ou de brume. Cependant, le sympathique directeur administratif de la réserve, Eduardo Venegas, qui est également le propriétaire de la Pensión La Flor de Monteverde, nous affirme qu'il est possible de distinguer, par temps clair, non seulement le lac et le volcan Arenal, mais aussi les volcans Tenorio (1 916 m), Miravalles (2 028 m) et Rincón de la Vieja (1 895 m), en direction nord-ouest, ainsi que le golfe de Nicoya, en direction sud!

La réserve de Monteverde *(8$; 7h à 16h; accueil, restaurant, boutique de souvenirs, guides, documentation, location de bottes de pluie; ☎645-5122, ➡645-5034, montever@sol.racsa.co.cr)* est gérée par un organisme sans but lucratif qui s'occupe de recherche scientifique et d'éducation écologique. Sa mission vise également à ce qu'un grand nombre de visiteurs puissent être sensibilisés à la nécessité de préserver ces forêts tropicales humides qui comptent parmi les plus grandes richesses du pays. Or, la forêt tropicale humide, en plus de protéger une faune et une flore aussi abondantes (dans la réserve) que rares (dans le pays), alimente également en eau les multiples vallées qui s'étendent dans toutes les directions.

La réserve de Monteverde est située de part et d'autre de la ligne de division continentale. Ainsi, du côté ouest de cette ligne de partage, l'eau coule vers le Pacifique, alors que du côté est, elle dévale vers l'Atlantique. On y rencontre donc des conditions climatiques et géographiques très diversifiées et facilement observables, car le visiteur a la chance de parcourir différents secteurs de la réserve sans avoir à effectuer de longs déplacements, la ligne de division continentale passant à environ 2 km à l'est du centre d'accueil et d'information. Ainsi, lorsqu'on parcourt les sentiers de la réserve, il faut s'attendre à rencontrer des conditions météorologiques variables (pluie, soleil, vent, encore de la pluie, beaucoup d'humidité, etc.) et donc prévoir se munir de vêtements supplémentaires, de bottes et d'un imperméable, en plus de l'appareil photo, de l'insectifuge et des indispensables jumelles. La réserve étant située en montagne, le centre d'accueil se trouve à 1 530 m d'altitude; les matinées peuvent donc être fraîches et humides. Les paysages sont façonnés par les variations d'altitude qu'on y rencontre. La section la moins élevée (600 m) se situe près du Río Peñas Blancas, alors que la plus élevée est atteinte au sommet du Cerro Tres Amigos (1 842 m), au nord-ouest de la réserve. Entre ces deux extrêmes, la végétation se compose de riches forêts aux arbres parfois immenses, mais toujours garnis de mousses, de lianes et de milliers de plantes épiphytes, où le soleil a peine à toucher le sol. Parmi les quelque 2 500 espèces de plantes, on ne dénombre pas moins de 420 différentes espèces d'orchidées. La réserve englobe six différentes zones de vie ainsi qu'une biodiversité si complexe que les scientifiques ne cessent d'y effectuer des découvertes.

La réserve est habitée par une centaine d'espèces de mammifères, tels le jaguar, l'ocelot et le tapir de Baird, difficilement observables mais dont on peut parfois croiser les traces. En revanche, il est relativement aisé de surprendre des singes hurleurs ou capucins. La réserve compte également 120 espèces d'amphibiens et de reptiles, et plus de 400 espèces d'oiseaux, constituant un véritable paradis ornithologique. Ceux et celles désirant observer le quetzal visiteront la réserve entre les mois de mars et de mai, alors qu'il se reproduit et fait son nid à une dizaine de mètres du sol. Le reste de l'année, l'oiseau n'est pas aussi présent, bien qu'un guide expérimenté sache plus facilement vous amener là où il est plus fréquemment observé. Le quetzal fait partie de la famille des trogons et est un oiseau d'une taille plutôt remarquable. Il mesure en moyenne 35 cm, auxquels s'ajoute une formidable traîne émeraude, tel un prolongement de la queue, pouvant atteindre 60 cm de longueur! Le quetzal fréquente les hautes forêts tropicales, situées entre 1 200 m et 3 000 m d'altitude, du sud du Mexique au Panamá.

La réserve de Monteverde compte sept sentiers de randonnée pédestre, pour un total de 12,4 km (en plus de sentiers où l'accès est limité). Le nombre de visiteurs fréquentant les sentiers en même temps est limité à 120. Il est donc préférable de réserver votre billet d'entrée la veille de votre visite (la plupart des hôtels peuvent réserver votre entrée et un guide). Ainsi, vous pourrez arriver très tôt et profiter des premières heures pour observer les oiseaux. À moins que vous ne passiez la nuit dans un des trois abris situés le long des sentiers ou au refuge situé près de l'entrée (les groupes et les chercheurs ont cependant la priorité). Très bien balisés et entretenus, les sentiers de randonnée pédestre de la réserve permettent de pénétrer en toute quiétude dans la forêt tropicale humide (on vous remet un petit plan des sentiers à l'entrée). Les sentiers les plus visités forment un triangle (El Triangulo) qui s'étend vers l'est. Le sentier **Río** mène à la rivière Cuecha avec sa petite cascade d'eau. Le sentier **Chomogo**, quant à lui, grimpe à 1 680 m d'altitude et permet d'atteindre le point de vue du sentier **Roble**. Finalement, le sentier d'auto-interprétation **Bosque Nuboso** (procurez-vous la petite brochure à l'accueil) se compose de 28 stations numérotées portant sur la faune et la flore de la réserve. Ce sentier se termine au point de vue nommée **La Ventana**, qui embrasse toutes les directions.

Réserve nationale de faune Caño Negro *(6$; 8h à 16h;* ☎*460-1412,* ✉*460-0644).* D'une superficie de 9 969 ha, cette réserve située à l'extrême nord du pays, à proximité du Nicaragua, a bonne réputation grâce à son lac de 800 ha, dont l'importance varie avec la saison des pluies, qui gonflent considérablement le Río Frío. Lors de la saison sèche, soit entre janvier et avril, le Lago Caño Negro, d'une profondeur maximale de 3 m, diminue graduellement en superficie, pour parfois disparaître complètement!

Bien que la réserve soit surtout fréquentée par les ornithologues, biologistes et autres naturalistes, elle attire de plus en plus de groupes organisés qui viennent y passer la journée et découvrir une densité faunique des plus remarquables. Il y a beaucoup moins de touristes ici, donc vos possibilités d'observation animale sont décuplées. Beaucoup choisissent l'excursion en bateau.

La Fortuna

$

RÊVE

C'est ici que doit se loger le voyageur au budget serré. L'**Hotel La Central** (☎479-9004) et les **Cabinas Villa Fortuna** (☎479-9139) offrent tous deux un rapport qualité/prix correct.

Santa Elena

$

RÊVE

Le village de Santa Elena regorge de petites auberges et pensions offrant aux voyageurs un séjour à prix modique. Nous vous conseillons les adresses suivantes, toutes localisées sur la seule rue du village: **Hospedaje El Banco**, **Cabinas Martín** et **Pensión Colibrí**.

Réserve de Monteverde

$

RÊVE

Ceux et celles qui désirent aller dormir dans un des trois refuges de la réserve *(3,50$/pers./nuit; réservations nécessaires)* doivent marcher entre deux et six heures selon le refuge choisi. Chaque refuge peut héberger jusqu'à 10 randonneurs et est pourvu d'électricité, d'un poêle, d'ustensiles de cuisine, d'eau potable et d'une douche. Réservation indispensable.

Ciudad Quesada

$

RÊVE

Hotel del Valle *(10$; Calle 3 et Av. 0, ☎460-0718)* ▣ Petit hôtel urbain de province tout indiqué pour les voyageurs à très petit budget, qui désirent passer une nuit dans la ville de Ciudad Quesada.

Balneario Carlos *(14$)* ▣ Cabanes privées, propres et spacieuses. Accès à une piscine.

Ciudad Quesada	### RÊVE

La Central *(12$; du côté ouest du parc central, ☎460-0766 ou 460-0301, ≈460-0391)* ▶ Peut-être un des meilleurs endroits où loger, si vous décidez de demeurer dans la ville de Ciudad Quesada. Les 48 chambres, propres, sont localisées dans un édifice aux allures de grand hôtel qui abrite également un casino.

Ciudad Quesada	### BOUFFE

Pizzería y Pollo Frito Pin Pollo *(Av. 1 et Calle 0, ☎460-1801)* ▶ Restaurants de poulet et de pizza à prix raisonnable.

La Jarra *(du côté sud de la cathédrale, ☎460-0985)* prépare des repas de cuisine du pays de même que de restauration rapide. L'établissement est propre et constitue l'un des rares endroits au centre de la ville ressemblant plus à un restaurant qu'à une gargote.

Ciudad Quesada possède également toute une série de petits restaurants qui sont plus des *sodas* que des restaurants, particulièrement autour du parc central. **El Parque** *(Av. 0 et Calle 0)* est l'un de ceux-là.

◢◣ LA CÔTE ATLANTIQUE ◤◥

Le Costa Rica ne fait pas exception aux pays de la région, avec une côte Atlantique complètement différente du reste du pays. Terrain plat, humide et marécageux, population garifuna très présente, mélange d'anglais et de créole comme langue dominante, et saison des pluies qui n'alterne jamais avec saison sèche ne sont que quelques exemples des nouvelles couleurs qui vous attendent à l'est. Mais l'Atlantique souffre des préjugés des habitants de la capitale, qui le disent dangereux. En fait, ce n'est pas plus dangereux ici qu'ailleurs. Sauf qu'à cause de ces appréhensions il y a moins de visiteurs et les aubaines sont plus répandues, au grand bonheur des touristes fauchés. Du reste, la région compte d'innombrables plages de sable blanc ou noir, même si son littoral est environ cinq fois moindre que celui donnant sur le Pacifique. Plusieurs de ces plages sont reconnues comme incontournables dans la bible des surfeurs. En ce qui concerne la

DÉTAILS PRATIQUES

Transport de **San José** à **Limón:** départ aux 30 min du Parque Nacional *(Av. 3 entre Calles 19 et 21)* entre 5h et 19h. Le trajet de 162 km prend environ 2 heures 30 min à parcourir. Les compagnies Coopelimón *(2,20$ régulier, 2,70$ express; ☎223-7811)* et Transportes Caribeños *(2,56$ régulier, 3,20$ express; ☎257-0895)* assurent toutes deux la liaison avec cette destination populaire. Les retours *(Limón, Calle 2 entre Av. 1 et 2)* se font aux mêmes heures.

San José - Cahuita - Sixaola: départs quotidiens *(Av. 11 entre Calles Central et 1)* à 6h, 13h30 et 15h30 pour le trajet régulier, et à 10h et 16h pour l'express. Le trajet dure environ trois heures *(4,60$)* jusqu'à Cahuita et environ quatre heures *(6,25$)* jusqu'à Sixaola. Le transport est assuré par Transportes Mepe *(☎257-8129)*.

San José - Puerto Viejo - Manzanillo: départs quotidiens *(Av. 11 entre Calles Central et 1)* à 10h et 16h. Le trajet dure environ 4 heures 30 min *(6$)* jusqu'à Manzanillo. Transportes Mepe *(☎257-8129)*.

Limón - Cahuita - Puerto Viejo: de Limón *(Av. 4 et Calle 3)*, départs à 5h, 10h, 13h et 16h. Comptez une heure pour vous rendre à Cahuita *(1$)* et environ 1 heure 30 min pour Puerto Viejo *(1,25$)*. Transportes Mepe *(☎758-1572 ou 258-3522)*.

En bateau: pour rejoindre Tortuguero, il faut vous rendre à **Moín** afin d'embarquer sur l'un des bateaux qui vous y mènera. Notez que ce type de transport par bateau n'est pas officiel et qu'il vous faudra questionner les gens et négocier vous-même les conditions d'embarcation. Au quai de Moín, informez-vous des heures de départ possibles (variables selon le niveau d'eau dans les canaux), des prix et des types de bateaux qui font la navette jusqu'à Tortuguero. Comptez entre 2 heures 30 min et 4 heures pour l'aller, selon la vitesse du bateau et les nombreux arrêts requis afin d'admirer la faune le long des canaux. Les prix sont négociables, notamment si vous voyagez en groupe.

Argent: il y a un **Banco Nacional** à Puerto Limón, près du Parque Vargas.

Courrier: Calle 5 et Av. 1.

Téléphone: Calle 5 et Av. 2.

nature, la région compte cinq enclaves protégées où l'on peut tantôt admirer les tortues géantes, tantôt la faune ailée. Pour ceux qui hésitent encore, sachez qu'il y a également des récifs de corail épatants.

Puerto Limón *(à 200 km à l'est de San José)*. Capitale de l'est du Costa Rica et principal port atlantique du pays, Limón a perdu de son lustre ces dernières années avec le retrait de la United Fruit et un puissant tremblement de terre en 1991. Cela n'a fait qu'accentuer la marginalisation dont a toujours été victime cette région. Mais bon, vous êtes obligé de passer par Limón pour atteindre la côte. Et si vous allez vers le nord, obligatoire de prendre un bateau à partir d'ici. Quant au sud, une route longe la côte. Un grand carnaval durant la semaine du 12 octobre commémore l'arrivée de Colomb sur le territoire.

Une visite au populaire **Mercado Central** *(Av. 2 entre Calles 3 et 4)*, entouré de casse-croûte, restaurants et hôtels à petit prix, révèle tout le dynamisme de cette ville portuaire. On y croise une population aux origines diverses: espagnole, chinoise, antillaise... Marché central et centre-ville étant souvent synonymes de *pickpockets* et d'autres petites arnaques, nous vous recommandons d'être vigilant à toute heure du jour ou de la nuit. Ceux et celles qui désirent en connaître davantage sur l'histoire et la culture des gens de la région se rendront au **Museo Etno-Histórico** *(mar-sam 9h à 17h; Calle 4 et Av. 2, ☎758-3903)*, près du Mercado Central. Au bout de la ville, le joli **Parque Vargas** *(Calle 1 entre Avenidas 1 et 2)* permet une agréable promenade au milieu de grands palmiers et d'une flore riche et abondante. La **Playa Bonita** *(à 4 km au nord)* est l'endroit le plus près de la ville pour se baigner. Il s'agit d'une superbe plage où l'on peut aussi pratiquer le surf.

Réserve biologique Hitoy Cerere *(6$; à 60 km au sud de Limón, ☎283-8004 ou 758-3996)*. Créé en avril 1978, c'est le parc le moins visité de la région, car les infrastructures d'accueil y sont très peu développées. Cependant, ceux et celles qui désirent parcourir une région sauvage, aux nombreux cours d'eau et à la faune et la flore abondantes, seront servis à souhait. Le point culminant est le mont Bitarkara (1 025 m), situé à l'extrême ouest. L'activité principale de la réserve est sans contredit la randonnée pédestre. Le réseau de sentiers est quelque peu confus et la signalisation absente (d'où l'intérêt d'une visite guidée). Le tremblement de terre de 1991 a également laissé quelques traces, notamment en provoquant la chute de plusieurs arbres. La plupart des sentiers longent des cours d'eau. Pour vous rendre à la réserve, vous devez passer par le Valle de la Estrella via Penshurst (20 km).

(Z) **Cahuita** *(à 43 km au sud de Limón).* Avec ses quelques rues revêtues de sable, ses petits hôtels et restaurants sympathiques et, surtout, la mer des Caraïbes pour toile de fond, ce village a un charme indéniable. Il y règne une atmosphère détendue, et chacun déambule allègrement en jetant un petit coup d'oeil sur les autres, histoire de fraterniser un peu, car la plupart des touristes fréquentent les mêmes restaurants et bars du village. Et ce charme s'accentue encore quand on s'aperçoit que l'on séjourne ici pour peu de frais, par comparaison avec le reste du pays. Sur la côte Atlantique, c'est à Cahuita que vous avez le plus de chance d'entendre parler français, plusieurs Québécois et Français étant venus s'y installer. Ainsi, dans plusieurs restaurants (**La Soda, Cha Cha Cha, Casa Créole**, etc.) et hôtels (**Cabinas Jenny, Nan Nan Spencer Sea Side, Colibrí Paradise**, etc.), la langue de Molière tient une place de choix. Afin d'obtenir de l'information sur la région, les hôtels, les restaurants, les communautés autochtones ou sur tout autre sujet, rendez-vous à **Cahuita Tours** *(7h à 20h; au nord de la rue principale, ☎755-0232, ⊷755-0082).* On y trouve les services d'échange de devises, de taxi, de téléphone et de télécopieur; on y vend les billets d'autocar pour San José; on y loue des vélos et de l'équipement pour la plongée-tuba, et l'on y organise tout ce que vous voulez comme expédition dans la région.

Parque Nacional Cahuita *(entrée libre ou 6$ selon le secteur; camping; ☎755-0060).* Ce parc protège le superbe récif de corail qui entoure la Punta Cahuita. D'une superficie terrestre de 1 067 ha, avec plus de 600 ha pour sa portion marine, ce parc englobe également une superbe forêt tropicale humide ainsi que deux magnifiques plages de sable blanc. Le récif de corail est considéré comme le plus important du pays et l'un des seuls qui soit mature. Par contre, il se trouve menacé, notamment par la déforestation qui sévit dans les environs, la pollution arrivant par les eaux de la rivière en provenance des plantations de bananiers. Il a été fortement endommagé par le tremblement de terre de 1991, car la côte s'est élevée d'un mètre par endroits, laissant à l'air libre une grande quantité de coraux qui n'ont pu résister à la catastrophe. Pour les expéditions de plongée sous-marine, renseignez-vous à Cahuita même, chez les agences d'excursions.

Puerto Viejo *(à 18 km de Cahuita).* Petit village grouillant de vie où les touristes de passage, en grande majorité des jeunes Nord-Américains et Européens, prolongent volontiers leur séjour afin de profiter pleinement des merveilleuses plages de sable blanc, des petits hôtels et restaurants à prix modique, et surtout de cette ambiance cool baignée de musique reggae. Des plages de sable blanc ou noir, selon le côté de la ville où l'on s'aventure, sont facilement accessibles. Cahuita et Puerto Viejo ont sensiblement la même ambiance. Il est même possible, mais exténuant, de marcher le long de la plage pour atteindre Cahuita, à environ 18 km.

Au centre du village, une visite à l'**A**sociación **T**alamanqueña de **É**coturismo y **C**onservación, ou simplement **ATEC** *(7h à 19h; sur la rue principale, ☎750-0188, atecmail@sol.racsa.co.cr, www.greenar-row.com/x/atec.htm)*, située en face du *soda* Támara, vous renseignera sur les efforts déployés afin de protéger l'environnement ainsi que sur la culture régionale. Des guides locaux vous emmèneront pratiquement où vous voulez. Une autre agence mérite également une visite: le centre d'information touristique **Terra Aventuras** *(à côté du Comisariato Manuel León, au bord de la plage, ☎750-0004)*. Outre les expéditions, le centre vend ausssi de l'artisanat local.

Refugio Nacional de Vida Silvestre Gandoca-Manzanillo. Créée en octobre 1985 dans le but de protéger l'une des plus belles régions du Costa Rica d'un développement touristique anarchique et dévastateur, cette réserve s'étend sur 5 013 ha de terre et 4 436 ha de mer au sud de Puerto Viejo et jusqu'au Río Sixaola, soit à la frontière du Panamá. Relativement peu visitée, probablement à cause du manque d'infrastructures d'accueil, cette réserve demeure un site exceptionnel servant à protéger une flore et une faune menacées. On y trouve des récifs de corail (Punta Uva, Manzanillo et Punta Mona) d'une grande richesse, un marais d'huîtres, une mangrove, des champs, une riche et dense forêt tropicale humide, ainsi que des plages de sable blanc à faire rêver, entourées de cocotiers. La faune, quant à elle, compte quelque 360 espèces d'oiseaux, dont des pélicans, des toucans, des perroquets et des aigles, des singes hurleurs et des capucins, des paresseux, des tapirs, des caïmans, des crocodiles, etc. Le refuge reçoit également la visite de quatre espèces de tortues, dont l'impressionnante tortue luth, la plus grande tortue du monde, qui vient pondre ses oeufs entre les mois de mars et de juillet. On peut camper gratuitement dans le parc, mais il faut s'inscrire quand même au bureau d'information à Manzanillo. Un merveilleux sentier de 5,5 km touche souvent à la plage, ce qui fait qu'en amenant votre masque et vos palmes vous pourrez vous rafraîchir tout en contemplant le monde du silence.

Tortuguero *(à 80 km au nord de Limón)*. Cette région est sans contredit l'une des plus formidables de tout le pays. Si vous êtes un amant de la nature et désirez facilement observer une flore et une faune abondantes, c'est l'endroit tout désigné. Avec ses 5 m de pluie annuellement, on comprend que Tortuguero et nature soient synonymes. Par bonheur, la région est relativement difficile d'accès (par avion ou par bateau seulement), ce qui lui préserve cette sensation de bout du monde où la nature dicte encore le mode de vie des habitants. Pour avoir le temps de vous balader le long des canaux, de parcourir le village, de flâner sur la plage, de visiter le musée des tortues de mer ou simplement de vous prélasser dans un hamac en contemplant la riche et dense végétation environnante, comptez au moins trois jours. Le réseau de canaux entre Limón et Tortuguero est impressionnant. Malheureusement, un tremblement de terre a relevé le niveau du sol d'un mètre, et les canaux en ont beaucoup souffert.

Passé l'extrémité nord du village, du côté du Río Tortuguero, la **Caribbean Conservation Corporation**, ou simplement **CCC** *(donation volontaire; lun-sam 10h à 17h30, dim 14h à 17h; ☎224-9215)*, possède un musée d'histoire naturelle axé principalement sur les tortues de mer. Depuis 1959, la CCC s'active à la sauvegarde des tortues marines, dont quatre espèces fréquentent la région (tortue verte, tortue luth, tortue Hawksbill et tortue caouane). Le musée, ouvert depuis 1994, présente ces différentes espèces de tortues et sensibilise le visiteur à la protection dont elles ont besoin afin de continuer à vivre et à se reproduire normalement. Un documentaire de 18 min présente également la faune et la flore de la région. On y trouve aussi une petite boutique de souvenirs (documentation, vidéos, livres, t-shirts, etc.) qui sert à financer le musée.

Derrière le village s'étend une plage de sable noir qui borde la mer. On peut effectuer une agréable balade le long de cette plage qui s'étend sur 5 km en direction nord, soit jusqu'à l'embouchure du Río Tortuguero. La riche forêt qui côtoie la plage est source de découvertes innombrables. Il n'est pas rare d'observer des pêcheurs, dans l'eau jusqu'aux cuisses, tentant de capturer d'énormes poissons. Face à l'embouchure, de l'autre côté, se dresse le Cerro Tortuguero, le plus haut sommet de la région, qu'on peut facilement grimper, mais on accède à sa base uniquement par bateau.

Parque Nacional Tortuguero *(6$; camping; ☎719-2929 ou 710-7673, accueil Cuatro Esquinas, au sud du village de Tortuguero, et accueil Jalova au sud du canal, près de Parismina)*. L'un des parcs les plus visités au pays, c'est également l'un des plus grands, ce qui fait qu'on n'aura pas l'impression de faire la queue dans une banque d'animaux exotiques. La faune et la flore y étant d'une qualité et d'une quantité exceptionnelles, les visiteurs n'ont aucun mal à se trouver seuls sur un petit canal à observer des paresseux accrochés à leur branche, des singes hurleurs ou capucins, des tortues d'eau douce, des iguanes, des lézards, des grenouilles venimeuses ou des caïmans se camouflant au bord de l'eau. La mission du parc est de protéger la reproduction des tortues qui étaient victimes de la chasse pour leurs oeufs géants. Pour assister à la ponte de ces oeufs, il est impératif de faire appel à un guide.

Limón

RÊVE

Limón n'est pas l'endroit le plus agréable où loger. Cahuita et Puerto Viejo sont de loin plus paisibles et sympathiques.

Hotel Cariari *(8$; Av. 3 et Calle 2, ☎758-1395)* ▶ Un des moins chers en ville, mais les chambres n'ont ni salle de bain ni ventilateur.

Hotel Oriental *(8$; Calle 4 entre Av. 3 et 4, ☎758-0117)* ▶ Également l'un des moins chers à Limón, et relativement propre.

Cahuita

RÊVE

L'endroit de rêve en effet, parce que joli et le moins dispendieux de la côte. Vous avez le choix entre une panoplie de petits hôtels sympathiques. Quelques suggestions: **Cabinas Jenny, Nan Nan Spencer Seaside** et **Colibri Paradise**.

Dans le secteur au sud de la ville, il est possible de louer un emplacement de camping pour 1,25$/pers/jour au Parque Nacional Cahuita.

Cabinas Surf Side *(10$; ☎755-0246)* ▶ Directement en face de l'école. On y trouve 23 chambres propres, avec chambres de bain et ventilateurs.

Cabinas Smith *(20$; ☎755-0068)* ▶ Six petites chambres avec douches et ventilateurs.

Puerto Viejo

RÊVE

On trouve une ambiance d'auberge de jeunesse, avec accès à la cuisine, dortoirs et atmosphère chaleureuse dans les deux établissement suivants, situés près du terrain de foot: **Hotel Kiskadee** *(10$)* et **Cashew Hill** *(18$)*.

Les **Cabinas Salsa Brava** *(15$)* comptent parmi les seules cabanes abordables avec salles de bain privées et vues sur la mer. On y trouve également un café ouvert toute la journée.

Tortuguero	RÊVE
$	Les **Cabinas Aracari Lodge** (☎798-3059), situées derrière le terrain de foot, proposent des chambres à moins de 10$ avec salle de bain.

Limón	BOUFFE
$	Parmi les *sodas* les plus populaires auprès des résidants et des voyageurs, mentionnons **la Estrella** (*Calle 5 et Av. 3*), où l'atmosphère, le service, la nourriture et les prix sont excellents; le **Soda Mares** (*Av. 2 entre Calles 3 et 4*), très joli et proposant un menu varié à petit prix, en plus de l'atmosphère excitante du *mercado*, situé tout près; et le **Soda Yans** (*Av. 2 entre Calles 5 et 6*), très populaire auprès de la population locale et très peu cher.

du monde

L'endroit le plus populaire à **Cahuita**, spécialement le samedi soir, est sans contredit le **Vaz** (*sur la rue principale, entre le parc municipal et l'entrée du parc national*), où l'on entend de la musique reggae mais également de la salsa et du *merengue*.

Le **Jimmy** (*au nord-ouest du village, Playa Negra*) est très populaire auprès de ceux et celles qui aiment le billard. On y joue également aux échecs ou aux dames en écoutant de la musique rock et du blues. Ceux et celles qui ont une petite fringale opteront pour une «Power Soup», composée, entre autres ingrédients, de viande, d'os, de manioc et d'igname.

L'autre endroit à la mode se nomme le **Sarafina**, avec sa musique internationale et son menu à petit prix, où il est possible de manger de la pizza jusqu'à 1h.

Le **Bambu** (*à la sortie est du village de Puerto Viejo, à côté du restaurant Stanford's*) est un bar où la musique reggae est à l'honneur.

Les gens de la région fréquentent volontiers le **Stanford's** (*juste à la sortie est du village, près de la mer*), une discothèque très populaire où se côtoient les musiques reggae, calypso et salsa.

Mais la discothèque la plus fréquentée dans la région est **Jonny's Place** *(près du poste de police)*, où, après 22h, tout le monde se retrouve! Avec sa musique *world beat*, l'endroit attire un grand nombre de vacanciers.

▶▶ CÔTE PACIFIQUE CENTRALE ◀◀

À quelques heures seulement de la capitale, on comprendra que cette région est une des favorites des touristes autant que de la population locale. D'immenses plages ceinturent le littoral, souillées ici et là par des complexes hôteliers envahissants et peu invitants. Entre ceux-ci, par chance, de vastes étendues sauvages, dont un superbe parc: celui de Manuel Antonio. Attention, l'achalandage diminue considérablement lors de la saison des pluies, c'est-à-dire entre mai et décembre. Profitez-en si deux heures de pluie diluvienne quotidienne ne refroidit pas votre ardeur.

Puntarenas *(à 80 km à l'ouest de San José)*. Principale ville de la région, Puntarenas a perdu beaucoup de sa splendeur depuis un siècle. Du port le plus occupé du pays d'où partaient les navires en direction des riches marchés européens, elle est devenue ce lieu de transit obligé pour les touristes désireux de visiter la portion sud de la péninsule de Nicoya et ses nombreuses plages. Bâtie sur une longue pointe s'avançant dans l'eau, elle ne possède pas de plage réellement belle, sauf si l'on s'en éloigne un peu. Au centre de l'agglomération, vous trouverez la **Casa de la Cultura** *(Av. 1 et Calle 1, ☎661-1394)*, qui possède une galerie d'art et qui propose concerts et pièces de théâtre. Le **Museo Histórico Marino** *(1$; mar-dim 9h à 17h; Av. Central entre Calles 3 et 5)* présente l'histoire de la ville par le biais du multimédia. L'**Iglesia de Puntarenas**, sise sur l'Avenida Central, à l'ouest du Museo Marino, est peut-être le plus bel édifice à voir dans la ville.

Ⓩ **La réserve nationale de faune Curú** *(5$; réservation nécessaire; ☎661-2392, ≈641-0060)* est située à 7 km au sud de Paquera, où le bateau venant de Puntarenas vous dépose. Cette réserve privée fait partie depuis 1983 d'une vieille hacienda afin de protéger le fragile habitat marin de la côte ainsi que la plage qui la borde. La réserve abrite également une forêt tropicale sèche, une forêt tropicale humide, des mangroves, des pâturages et des plantations d'arbres fruitiers. Il y a assez de sentiers pour passer une journée d'exploration. En plus, la plage est accessible et l'on peut y pratiquer la plongée sous-marine. Faune et flore sont, encore une fois, d'une richesse à tomber sur le cul.

DÉTAILS PRATIQUES

Transport (Puntarenas et tout le Centre-Pacifique).
Traversier Puntarenas - Paquera: de Puntarenas ou de Paquera, cinq départs ont lieu chaque jour (entre 4h15 et 21h15). Il en coûte 1,25$ par adulte. La traversée dure environ 1 heure 30 min *(Naviera Tambor, ☎661-2084)*. Il existe également un bateau pour passagers seulement *(1,25$; trois départs par jour, entre 6h et 17h; ☎661-2830)*.

Traversier Puntarenas - Playa Naranjo: ce traversier vous sera davantage utile si vous vous dirigez en direction de Carmona et de Nicoya. Cinq départs quotidiens ont lieu entre 3h15 et 19h. La traversée dure environ une heure et les prix sont sensiblement les mêmes que ceux de la traverse Puntarenas - Paquera *(Ferry Conatramar, ☎661-1069)*.

San José - Puntarenas: départs quotidiens aux 30 min entre 6h et 21h. Le trajet dure 2 heures *(2,30$; Calle 16 entre Av. 10 et 12; Empressarios Unidos; ☎221-5749)*.

Paquera - Montezuma: de Paquera, où arrive le traversier de Puntarenas, un autocar attend les voyageurs et les conduit jusqu'à Cóbano et Montezuma. Pour le retour, un autocar quitte Montezuma à 5h30, 10h et 14h.

Les cars **Quepos-Puntarenas** partent à 4h30, 10h30 et 15h, et reviennent à 5h, 11h et 14h, en passant par la plage de **Jacó**, à une heure et demie de route de Quepos.

Playa Jacó. Départs de San José *(2$; terminus Coca Cola, ☎223-1109 ou 643-3135; durée du trajet: 3 heures 30 min)* à 7h30, 10h30 et 15h30; retours à 5h, 11h et 15h. Présentez-vous à l'arrêt d'autocars très tôt les fins de semaine.

Un car reliant Quepos à Puntarenas s'arrête également à Jacó vers 6h, midi et 16h30. De plus, tous les autocars à destination de Quepos et Manuel Antonio font une halte à Jacó *(3$ à 5$)*; descendez au restaurant El Bosque, à deux rues de l'extrémité sud de la plage. Vous pouvez alors terminer le voyage en taxi.

Quepos: départs quotidiens de San José *(3$; terminus Coca Cola ☎223-5567 ou 777-0263; durée du trajet: 4 heures)* à 7h, 10h, 14h et 16h; retours à 5h, 8h, 14h et 16h. Ces autocars sont lents et effectuent de nombreux arrêts. Méfiez-vous des voleurs à la tire au terminus Coca Cola.

Manuel Antonio. Un car pour Manuel Antonio part de San José *(5$; terminus Coca Cola; trajet direct à 6h, midi et 18h; retours à 6h, midi et*

Argent: les banques sont sur l'Avenida 3, au nord-est de la péninsule.

Information touristique: au centre-ville, près du parc. Cartes et horaires mis à jour.

Téléphone: vous pouvez faire des interurbains à partir du comptoir d'information touristique

La réserve abrite une faune et une flore vraiment exceptionnelles. On y trouve 500 espèces de plantes et une dizaine d'essences natives de la région. S'y distinguent également 232 espèces d'oiseaux, 78 espèces de mammifères, 87 espèces de reptiles et 26 espèces d'amphibiens. Selon le jour, accompagné ou non d'un guide de l'endroit, on peut observer des tortues de mer, des iguanes des crocodiles, des boas constrictors, des pécaris, des tatous, des agoutis, des pumas, des singes, etc. Le refuge abrite trois espèces de singes, soit le singe hurleur, le singe capucin à face blanche et le singe-araignée. La grande majorité des hôtels de l'endroit, de même que l'office de tourisme de Montezuma, proposent des visites guidées dans la réserve. À deux pas, **Tambor** constitue un tout petit village où vous pouvez loger à bon prix (**Cabinas y Restaurante Christina**) et dénicher de petits restaurants peu dispendieux.

À 11 km de Tambor se dresse le village de **Côbano,** où l'on trouve de nombreux services tels que banque, bureau de poste, clinique médicale, téléphones publics et autres, mais également quelques épiceries, boutiques et petits *comedores*. C'est à Côbano que vous devez emprunter une autre petite route (à gauche, au centre du village) si vous désirez vous rendre à **Montezuma.**

Ⓩ **Montezuma** *(à 7 km de Côbano)*. Belle plage avec des installations plaisantes et abordables, Montezuma est un *must* pour beaucoup de globe-trotters. Un petit paradis légèrement trop populaire mais bon... Montezuma est le royaume des babas cool, hippies, freaks, «granolas» et autres qui viennent ici passer plusieurs semaines à petit prix. Une visite à l'office de tourisme de Montezuma *(8h à 12h et de 16h à 20h)*, situé au coeur du village, face au parc municipal, vous permettra de constater que la région offre plusieurs activités et attraits naturels. Parmi les tours les plus populaires, nous vous recommandons celui de la superbe **réserve Cabo Blanco** (voir plus bas) et celui de l'envoûtante **île Tortuga**. L'excursion à l'île Tortuga *(30$)* dure toute la journée *(9h à 16h)* et comprend le transport aller-retour en bateau rapide, le déjeuner, l'équipement de plongée-tuba et divers jeux d'animation. Vous y passerez une journée inoubliable, sur une île paradisiaque au sable blanc entourée d'eaux turquoise...

Si vous passez la journée à la plage et désirez un peu de lecture, rendez vous à la librairie **Topsy**, où l'on vend et achète des livres usagés. Les mercredis, en soirée, le restaurant **El Sano Banano** présente des films populaires et vous pourrez ainsi vous divertir ou simplement discuter en sirotant l'un de leurs fabuleux laits fouettés.

Une jolie balade, tout aussi agréable que rafraîchissante, mène à la **cascade du Río Montezuma**. Pour y accéder, empruntez le chemin qui mène en direction de Cabuya sur environ 700 m, soit jusqu'à l'hôtel La Cascada, situé au bord de la rivière. Passé le petit pont, un panneau indique le sentier qui grimpe en forêt jusqu'à la cascade. Après environ 15 min de marche, vous arriverez à la cascade et à son agréable bassin d'eau où il fait bon se baigner et se prélasser.

La **réserve naturelle de Cabo Blanco** *(6$; mer-dim 8h à 16h; ☎642-0093)* constitue un véritable petit bijou serti de richesses naturelles à seulement 11 km de Montezuma. Depuis 1980, deux sentiers de randonnée pédestre ont été aménagés et les visiteurs sont les bienvenus. Cependant, une grande partie de la réserve est toujours inaccessible aux visiteurs, et ces derniers se doivent de demeurer dans les sentiers prévus à cet effet. Parcourir les deux sentiers se fait en une journée. Ce parc a été fondé en 1955 par **Nils Olof Wessberg**, le doyen des créateurs de parcs au pays. Voulant poursuivre ses bonnes oeuvres, il tenta de créer un parc dans l'«autre» péninsule du Costa Rica, la péninsule d'Osa, mais fut assassiné sur place. Il mérite le recueillement, auquel incite une petite plaque commémorative à l'entrée du parc.

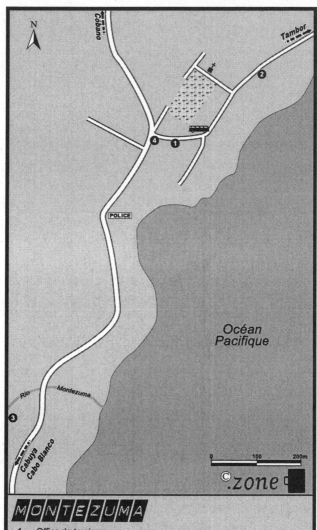

MONTEZUMA

1. Office de tourisme
2. Librairie Topsy
3. La cascade d'eau du Río Montezuma
4. Boutique El Hamaquero

Ⓩ La région de **Malpaís** et de **Santa Teresa**, située au nord-ouest de Cabo Blanco, est l'un des secrets les mieux gardés du sud de la péninsule de Nicoya. D'abord découverte par les adeptes du surf en raison de l'excellence des vagues, cette région offre des plages paradisiaques et quasi désertes (selon la saison), ainsi qu'un bon choix d'hôtels et de restaurants convenant à toutes les bourses. On n'y trouve pas de place centrale, mais plutôt une petite route qui borde la mer sur environ 6 km et le long de laquelle les maisons, les hôtels et les restaurants sont éparpillés. Si vous cherchez un lieu calme et paisible, et n'êtes pas certain de vous plaire à Montezuma, optez pour cette région et vous ne serez pas déçu. Vous pourrez vous balader en vélo de montagne ou à cheval, suivre un cours d'initiation au surf, vous faire bronzer à longueur de journée ou encore vous baigner dans la mer durant de longues heures. Et les couchers de soleil y sont simplement hallucinants: bien calé dans un hamac, pas de stress!

La **Bahía Gigante** est une agréable baie du sud du golfe de Nicoya dans laquelle vous pourrez découvrir l'**Isla Gitana** avec son cimetière autochtone. Autrefois appelée l'«Isla de los Muertos» (l'île des morts), cette île accueille les visiteurs pour la journée ou pour quelques jours, car on y trouve des chambres, des emplacements de camping, un restaurant et un bar. Des sentiers, une jolie plage et plusieurs activités nautiques sont proposés sur place, de même que le transport par bateau pour vous rendre sur l'île (☎661-2994, ≈661-2833).

Réserve biologique de Carara (6$; 7h à 17h; ☎416-6576, ≈416-7402). Située à seulement 17 km de Jacó, l'un des endroits les plus fréquentés par les touristes au Costa Rica, la réserve possède quelque 4 700 ha de forêt dont la préservation demeure primordiale, d'autant plus qu'une grande quantité d'espèces animales en dépend. La réserve abrite deux types de forêts, soit la forêt tropicale humide en provenance du sud-ouest du pays et la forêt tropicale sèche que l'on trouve dans le nord-ouest du Costa Rica, principalement dans la province du Guanacaste. Les variations d'altitude vont de quelques mètres à un peu plus de 1 000 m, et l'on retrouve de nombreuses essences atteignant 50 m de hauteur. Les animaux le plus souvent observés sont les singes (capucins à face blanche, hurleurs et araignées), les paresseux, les agoutis, les coatis et les cerfs de Virginie. La faune ailée est ici très présente et saura combler l'appétit des ornithologues.

La réserve biologique de Carara abrite également 15 sites archéologiques correspondant à deux époques d'occupation des lieux, soit la phase Pavas (300 av. J.C. au IVᵉ siècle de notre ère) et la phase Cartago (IXᵉ siècle au XVIᵉ siècle). Ces sites sont surtout fréquentés par des étudiants en archéologie, bien qu'il soit possible d'y accéder si vous êtes accompagné d'un guide. La réserve compte officiellement deux sentiers de randonnée pédestre. Le sentier **Las Aráceas** (1 km) forme une boucle que l'on parcourt en moins d'une heure. Il pénètre dans la forêt primaire et traverse quatre zones de vie, ce qui permet d'admirer un grand nombre d'essences et plusieurs espèces d'oiseaux. Le sentier **Laguna Meándrica** (4 km aller seulement), quant à lui, mène près du Río Tárcoles et sillonne une forêt secondaire. Il est aisé d'y rencontrer des singes et des coatis bruns, appelés *pizotes* au Costa Rica. Comptez autour de trois heures pour effectuer le trajet aller-retour (8 km) et prendre le temps d'observer la flore et la faune de la réserve.

À 2 km au sud de Carara, vous pouvez prendre un chemin qui monte, et monte, et monte dans les collines pour atteindre la **Catarata Manantial Agua Viva**, chute que l'on dit la plus haute du pays.

Playa Jacó *(à 15 km au sud de Carara)*. Large plage de sable foncé aux bonnes vagues permettant la fréquentation à la fois du surfeur et du touriste en quête de soleil, Jacó est un peu trop «chic-cool», ce qui peut devenir dérangeant assez rapidement. La parade des gens branchés demeure un phénomène intéressant, mais ceux qui n'aiment pas les apparences s'en lasseront vite. Jacó, c'est l'endroit idéal pour voir et être vu. La faune de surfeurs que l'endroit attire est très «tendance» et a amené ici toute une série de commerces branchés. Jacó est donc très populaire et très animée, d'autant plus que l'endroit est très accessible pour une fin de semaine ou même pour une journée. Il existe un **zoo** à Jacó *(6$; immédiatement au sud de Jacó, sur la route nationale Jacó-Quepos)*.

Parque Nacional Manuel Antonio *(6$; mar-dim, 7h à 17h; ☎777-0644, ≈777-0654)*. La région de Quepos est vite devenue un lieu touristique fort développé au Costa Rica. Durant des années, les hôtels ont poussé comme des champignons, réduisant d'une manière considérable la végétation luxuriante des environs. Heureusement, on a tôt fait de protéger une partie de ce territoire en créant le parc le 15 novembre 1972. Ce parc est le plus petit du pays et l'un des plus visités. Il contient des habitats aussi variés que la jungle et la plage. En vous promenant sur les 5 km de sentiers que compte le parc, vous êtes quasi assuré de voir, ou au moins d'entendre, les singes capucins. Vous noterez qu'une bonne partie de la forêt a été abîmée par le passage d'un ouragan en 1993.

Au bout d'une des plages se dresse une formation géomorphologique unique au monde, soit le **tombolo de la pointe Catedral**. Le tombolo constitue une bande de terre qui s'est peu à peu formée, au cours des millénaires, entre ce qu'étaient l'île Catedral et le continent. Prenez le temps d'en faire le tour: les arbres gigantesques et l'horizon du Pacifique nourriront votre esprit.

Non loin de là se trouve la plage Manuel Antonio, superbe étendue de sable blanc épousant un plan d'eau qui invite à la baignade et même à la plongée-tuba.

Puntarenas

 RÊVE

Pensión Cabezas *(7,50$; Av.1 entre Calles 2 et 4, ☎661-1045)*. Sympathique, propre et vraiment pas cher. Les chambres y sont assez petites donc assurez-vous d'avoir un ventilateur fourni.

Chorotega *(20$; ☎661-0998)* ▶ Sa propreté indiscutable en fait l'un des meilleurs rapports qualité/prix pour les voyageurs à petit budget. Il est du reste près de la gare routière du centre-ville.

Ayi Con *(12$; Calle 2 entre Av. 1 et 3, ☎661-0164 ou 661-1477)* ▶ Propre mais un peu sombre.

Montezuma

 RÊVE

Les adresses recommandées pour petit budget sont les suivantes: **Pensión Jenny**, **Pensión Lucy** et **Cabinas Tucán**.

Bahía Gigante

RÊVE

De nombreux sites de camping sont disponibles sur l'île en face de la baie.

Jacó

RÊVE

Si vous désirez dormir ici, optez pour un des endroits pour petit budget suivants: **Cabinas Antonio**, **Cabinas Clarita** ou **La Cometa**, tenue par des Québécois.

Puntarenas

BOUFFE

Il est possible de se restaurer à de multiples petits *comedores* dans la ville de Puntarenas.

Pour un prix plus que raisonnable, vous pouvez manger de bons fruits de mer à la **Casa de Mariscos** de même qu'au **Bar-Restaurante Cevichito**.

Kahite Blanco *(Av. 1 entre Calles 15 et 17, ☎661-2093)*, très populaire (et très fréquenté par les *Ticos*), propose de bonnes portions de fruits de mer ainsi que de généreuses *bocas*.

⏭ SUD DU COSTA RICA ⏮

Fidèle à la réputation du pays, cette région est d'une diversité exemplaire. On y trouve le plus haut sommet du pays, les jungles les plus humides et quelques paradis du surf. Bien que la route Interamericana traverse toute cette région, il y a bon nombre d'endroits où il faut s'armer de patience pour arriver à destination avec une santé mentale intacte. Les sentiers les moins battus du pays sont ici, ce qui signifie que les touristes sont souvent ailleurs et que la plantureuse nature vous attend pour vous absorber dans son royaume.

San Isidro del General (40 000 habitants) est la plus grande ville de toute la région sud du pays. Que dire de plus, sinon qu'elle n'a rien de spectaculaire à offrir au visiteur. Il pourrait être également intéressant d'aller visiter le petit **Museo Regional del Sur** *(à l'intérieur du complexe culturel, ancien édifice du marché municipal, San Isidro del General; lun-ven 9h à 12h et 13h à 17h; ☎/⌐771-5273)* qui propose diverses expositions mettant en vedette les côtés culturel et écologique de la région.

San Isidro fait partie de ces villes moyennes où l'on établit son camp de base quelques jours pour partir à la découverte des environs.

Rancho La Botija *(à 6km de San Isidro, vers Rivas, 5$/adulte, 3$/enfant; 7h à 20h, fermé les lundis; ☎382-3052, ⌐771-1401)*. Petit centre récréatif sur une ancienne plantation de canne à sucre. Au sommet des attractions, une petite randonnée qui passe le long d'une série de pierres gravées de glyphes précolombiens. Des objets anciens garnissent également le bâtiment principal dont un vieux trapiche (moulin à sucre). Assez sympathique comme

DÉTAILS PRATIQUES

Transport San José. L'entreprise Vargas Rojas (☎222-9763 à San José ou ☎771-0419 à San Isidro) propose quatre départs pour San Isidro à partir de San José (6h30, 9h30, 12h30 et 15h30; 2$; durée: 3 heures). Même horaire pour les départs de San Isidro en direction de San José.

San Isidro del General / parc national Chirripó: de San Isidro del General, un autocar (départs quotidiens à 5h et 14h; coût: 1$.) mène directement en face de l'administration du parc à San Gerardo de Rivas. Le trajet dure environ 1 heure 30. Pour le retour vers San Isidro del General, les départs ont lieu à 7h et 16h.

San José: un autocar (départs quotidiens à 6h et 12h) mène directement à Puerto Jiménez. Le trajet dure environ 9 heures et coûte 6$ (Transportes Blanco-Lobo, Calle 12 et Avenida 7, ☎257-4121).

Dominical: les autocars quittant quotidiennement San Isidro del General à 15h en direction d'Úvita passent à Dominical environ 90 min après le départ. En sens inverse, le car part à 7h d'Úvita et arrive à Dominical autour de 7h30. Vous pouvez également prendre le car de 7h ou de 13h30 reliant San Isidro au village de Dominical et remontant ensuite la côte jusqu'à Quepos (sens inverse: 5h et 13h30). Vérifiez les horaires des autobus locaux auprès d'Empresa Blanco, à San Isidro (☎771-2550; coût: 1$).

Péninsule d'Osa (Puerto Jiménez): de San José, un autocar (départs quotidiens à 6h et à 12h, Calle 12 et Avenida 7) mène directement à Puerto Jiménez, principal village de la péninsule d'Osa. Le trajet dure environ 9h et coûte 6$ (Transportes Blanco-Lobo, ☎257-4121).

Zancudo: des bateaux quittent Golfito (2$ à 3$ par personne; quai municipal) en direction de Zancudo le lundi et le vendredi à midi; retour vers 18h, généralement à marée haute. Les autres jours, vous devrez louer un bateau au quai municipal de Golfito (15$ à 20$ par voyage, et non par personne). À Zancudo, des embarcations locales assurent le transport maritime en sens inverse, passant soit par la mer, soit par un raccourci à travers l'Atrocha, un canal naturel entouré de mangliers, d'oiseaux en abondance et de quelques alligators.

Golfito: départ de San José à 7h, à 9h et 15h (4,50$; Calle 4 et Av. 18, ☎221-4214). Il s'agit là d'un déplacement de sept heures. Vous pouvez également sauter dans n'importe quel car de Zona Sur se dirigeant vers Río Claro, là où l'Interamericana croise la route de Golfito. L'autocar Villa Neilly - Golfito, qui passe à toutes les heures, vous permettra alors de terminer votre voyage (30 min de route). Des bus partent de Tracopa vers San José à 5h, 13h et 14h (5$).

Zancudo: desservie au départ de Golfito durant la saison sèche (durée du trajet: 2 heures 30 min); renseignez-vous au Pueblo Civil de Golfito pour connaître les horaires et l'emplacement de l'arrêt du car.

Pavones: montez à bord d'un autocar à 14h près du quai municipal de Golfito. Au cours du voyage, sur des chemins de terre en mauvais état, vous franchirez le Río Coto en traversier. Les autocars en direction de Golfito quittent Pavones à 5h.

San Vito: l'autocar express de San José part de Empresa Alfaro à 14h45 *(6$; Calle 14 et Av. 5, ☎222-2750; durée du trajet: 5 heures)*; achetez vos billets à l'avance. Autocars locaux à 5h45, 8h15 et 11h30 *(4$; durée du trajet: 7 heures)*.

La route est revêtue sur toute la distance. La plupart des cars passent par le Jardin botanique après l'arrêt de San Vito. Renseignez-vous auprès du conducteur. Les retours sont à 5h (express), 7h30, 10h et 15h. Le bureau d'Alfaro à San Vito est situé près de l'hôtel de ville (Municipalidad).

Des cars **San Isidro - San Vito** partent à 5h30 et 14h pour revenir à 6h30 et 13h30. Vous pouvez en outre sauter à bord de l'autocar San Vito-Villa Neilly de 7h ou de 13h pour vous rendre au Jardin (retour à 6h, 13h ou 15h). Un taxi depuis San Vito demande environ 2,50$.

Argent: Banco Nacional de Costa Rica, au nord du Parque Central.

Courrier: Sur Calle 1, au sud du parc.

endroit pour pique-niquer. Rivas est une des régions au passé précolombien le plus riche. Si vous en redemandez, arrêtez-vous à **La Pradera** *(sur le chemin San Isidro - Rivas avant d'arriver à l'Albergue Talari)*.

San Gerardo de Rivas *(à 20 km au nord-ouest)* se dresse tout juste avant le parc du mont Chirripó. Ce village se retrouve sur la route de ceux qui veulent prendre d'assaut le plus haut sommet du pays. Mais San Gerardo est un des endroits les plus enchanteurs du Costa Rica. Juste avant le pont, prenez à gauche vers Herradura et suivez les indications pour les **Agua Termales** qui ne nécessitent qu'un peu moins d'une heure de marche. Des frais de 1$ sont payables au fermier sur la terre duquel se situe la source. On passerait des semaines dans ces bains-là! Tout spécialement après avoir grimpé le Chirripó.

Parque Nacional Chirripó (*départ au-delà de San Gerardo*). Un magnifique sentier admirablement balisé permet au randonneur d'atteindre *Base Crestones*, un refuge situé à 3400 mètres. Ce sentier zigzague dans la forêt nuageuse tropicale avant d'émerger sur un vaste territoire d'arbres carbonisés par des feux de forêts dévastateurs depuis quarante ans. Les 16 km de (dures!) montées prennent entre 8 et 12 heures selon votre expérience. Après une nuit fraîche (apportez un bon sac de couchage ou louez des couvertures au refuge), vous n'aurez plus que 6 km avant d'atteindre le pic de 3819 mètres. Partez à l'aube si vous voulez arriver avant les nuages et avoir une chance d'observer les deux océans. À cette hauteur, la végétation est alpine et on peut voir de nombreuses vallées et lacs d'origine glaciaire. On conseille de rester au moins deux nuits de façon à garder une bonne relation avec vos jambes, mais surtout pour profiter pleinement des nombreux sommets entourant le refuge. Un refuge très (trop) rudimentaire, situé à mi-chemin entre le départ et le refuge principal, permettra à ceux qui n'en peuvent plus de faire l'ascension en deux temps.

Si vous ne venez pas durant la saison sèche (janvier à mai), vous n'avez qu'à vous présenter au bureau du SINAC, à l'entrée de San Gerardo, pour y payer les droits d'entrée de 6$/pers. + 3$/nuit. Autrement, ou si vous désirez en avoir le coeur net, il faut réserver à l'avance au ☎(506) 771-3297, ⚏(506) 771-5116. Prévoyez vous munir de vêtements chauds, car à partir de 3 000 m, le changement de température ne passe pas inaperçu. Aussi, commencez vos journées à l'aube pour ne pas être pris dans les nuages ou dans l'humidité écrasante d'un après-midi dans la jungle. La descente, à partir de Base Crestones, se fait entre quatre et six heures. Il est possible de grimper le **Cerro Urán** à partir d'**Herradura**, mais le sentier n'est pas balisé et vous devrez absolument vous faire accompagner d'un guide. Enfin, une boucle de 35 km passant par les deux sommets est aussi envisageable, quoique très rude. Pour experts et mordus uniquement.

Achetez votre nourriture pour l'ascension à San Isidro, car la variété n'existe pas encore à San Gerardo.

Dominical (*à 30 km à l'ouest de San Isidro*). L'endroit tout indiqué si les bains thermaux ne vous ont pas assez retapé après le Cerro Chirripó. On vient à Dominical pour prendre de longues marches sur la plage (et voir ses couchers de soleil de catégorie carte postale), interrompues uniquement lorsqu'on trouve l'endroit où l'on décide de s'arrêter un peu, comme l'animal qui rôde un peu avant que son instinct lui dicte qu'il sera bien ici. Si vous êtes atteint du syndrome du surfeur chronique, votre route doit passer par Dominical, véritable Mecque du genre où l'on retrouve en permanence une colonie des amants des vagues. Les plus belles plages du coin sont à une vingtaine de kilomètres au sud du village. Aussi, de spectaculaires chutes de 45 m de hauteur sont situées entre Dominical et San Isidro.

Hacienda Barú *(2$; vers le nord, suivre la plage de Dominical, ☎787-0003, ≈787-0004)* est une magnifique réserve nationale de faune privée de 336 ha. On y trouve différents écosystèmes, allant de la forêt primaire à la forêt secondaire, en passant par des pâturages, des mangroves, une ancienne plantation de cacao, ainsi qu'une superbe plage au bord du Pacifique, abritant de nombreux arbres et une végétation variée. Le réseau de sentiers ne fait que 6 km, mais cela suffit pour se sentir dans la grande nature. Ceux dont le porte-feuille désire maigrir pourront louer des kayaks, faire une excursion de camping dans la réserve, ou participer à l'une ou l'autre des nombreuses activités proposées par la maison. Faune, flore, préservation et histoire sont à l'honneur dans cette réserve. Un peu plus au nord, on tombe sur les chutes **Terciopelo** *(accès à cheval; réserver auprès de Selva Mar, ☎771-4582, ≈771-8841)*, avec leur dénivelée hallucinante de 40 m sur trois niveaux, en pleine jungle amazonienne.

Péninsule d'Osa *(de 8 à 10 heures de route de San José)*. L'«autre» péninsule du Costa Rica attire de plus en plus de visiteurs année après année. Les gens qui se rendent à celle de Nicoya, et qui sont déçus de ne pas y trouver une nature aussi abondante que ce qu'ils pensaient, se tournent petit à petit vers **Osa** et son parc **Corcovado**, lequel assure la sauvegarde de la seule forêt vierge du sous-continent donnant sur le Pacifique. Vierge comme dans «sauvage» et difficile d'accès. En plus des nombreuses heures de bus qui attendent l'aventurier, les sentiers qui jalonnent le parc offrent au visiteur attentif sa faune tropicale (ara, jaguars, toucans, serpents, requins...). **Puerto Jiménez** constitue la seule localité d'importance de la péninsule. On y trouve de nombreux hôtels et restaurants, des téléphones publics, des transports (autocar, traversier, taxis, aéroport), des magasins d'alimentation, un bureau de poste, des bureaux d'information touristique, près de l'aéroport, que vous devez absolument contacter pour entrer dans le parc et réserver des refuges *(Proyecto Osa Natural, rue principale, ☎/≈735-5440)*, des agences de tours guidés, une clinique médicale, une banque nationale, une station-service ainsi que les bureaux administratifs du parc national Corcovado. **La Llanta Picante** *(☎/≈735-5414)* propose des excursions à vélo de montagne en plus d'en faire la location. Les vélos sont d'excellente qualité et bien entretenus.

La ville elle-même est tranquille, avec son flot de touristes cherchant l'activité du lendemain (pêche, kayak, plongée, randonnée pédestre, visite d'une mine d'or, équitation, vélo de montagne, etc.). En fin d'après midi, il n'y a rien de plus agréable que d'aller se détendre sur la **plage municipale**, située au nord-est de la ville, et de faire trempette dans le golfe Dulce.

Parque Nacional Corcovado *(6$; 8h à 16h, ☎735-5036, ⚊735-5282).* Sans contredit l'un des plus captivants parcs du Costa Rica. Pour l'atteindre de Puerto Jiménez, prendre le taxi 4X4 qui part du *minimercado* El Tigre à 6h tous les matins et qui coûte 6$. Le trajet inverse se fait à 8h30. La forêt tropicale humide du parc, qui reçoit en moyenne 5,5 m de pluie par l'année, possède une richesse florale insoupçonnée où l'on dénombre environ 500 essences. Parmi ces dernières, certaines atteignent une hauteur de 40 m à 50 m, et le plus grand de tous, le *ceiba pentandra*, peut grimper jusqu'à une altitude de 70 m. Les arbres chargés de mousse, de plantes épiphytes et de lianes, combinés à l'humidité et à la chaleur, qui parfois peut être suffocante, donnent à l'endroit un petit air de bout du monde où le touriste citadin perd toute notion de civilisation.

Les visiteurs qui ont l'habitude d'effectuer de longues randonnées pédestres, avec nuitées sous la tente ou en refuge, seront comblés au parc national Corcovado. C'est d'ailleurs l'un des seuls parcs du pays à offrir un grand réseau de sentiers ainsi que des infrastructures d'accueil (aires de camping, refuges, repas, etc.). Mais avant de vous aventurer dans le parc, n'oubliez pas que vous devez avant tout vous rendre au bureau administratif à Puerto Jiménez (près de l'aéroport).

À l'intérieur des limites du parc, on compte cinq refuges (stations) dont quatre sont très fréquentés par les randonneurs (La Leona, La Sirena, San Pedrillo et Los Patos). D'ailleurs, lors de la saison sèche, qui s'étend de décembre à avril, il n'est pas rare de rencontrer jusqu'à une trentaine de randonneurs à certains endroits, notamment au refuge La Sirena, le plus fréquenté de tous.

Le parc national Corcovado possède un très grand nombre de sentiers pédestres (80 km en tout) ainsi que trois entrées principales (**La Leona, Los Patos** et **San Pedrillo**), dont la plus fréquentée est celle de La Leona. Plus de 60 km de sentiers, dont la grande majorité suivent la plage, permettent de relier les différents refuges ou stations. À cela s'ajoutent d'autres sentiers qui parcourent les alentours des refuges, menant en forêt, à la plage ou à un point de vue. Selon le nombre de journées dont vous disposez et le nombre de kilomètres que vous êtes prêt à faire à pied sous la chaleur, l'humidité et en portant votre sac à dos, vous êtes en mesure de vous fabriquer un itinéraire répondant à vos aspirations.

Bien qu'une grande majorité de randonneurs passent de trois à quatre nuits dans le parc, plusieurs autres y font un saut d'une journée seulement, le plus souvent dans le secteur La Leona, alors que d'autres y passent plus d'une semaine, prenant le temps nécessaire pour découvrir la faune et la flore du parc tout en s'octroyant des journées de repos. Le mieux est d'arriver le soir aux limites du parc et de dormir là, avant de partir pour des journées de plusieurs heures de marche, soit dans la jungle, soit le long du littoral du Pacifique. Plusieurs rivières doivent être traversées à gué.

Golfito *(à 150 km au sud de San Isidro)*. La ville de Golfito est au fond d'un golfe de petite dimension s'ouvrant sur le grand Golfo Dulce qui, lui, crée en quelque sorte la péninsule d'Osa. Golfito est le point de passage le plus efficace pour parvenir à la péninsule d'Osa via le bateau-passeur. La ville comme telle est plutôt morne avec ses nombreuses tavernes remplies d'ex-employés de la United Fruit, qui ferma ses quartiers (et, à peu de choses près, la ville) dans les années quatre-vingt. L'essentiel de la nature qui enserre la ville de Golfito est maintenant une réserve faunique. Vous pouvez accéder à cette réserve par un certain nombre de pistes (notamment à partir de la Zona Americana), et les sentiers qui parcourent la réserve vous permettent de faire des promenades de différentes longueurs.

En face de Golfito et sur tout le pourtour de l'avancée de terre qui se trouve à cet endroit, vous pouvez aussi accéder à quelques plages pour bénéficier des eaux de la baie. La première en lice est la **Playa Cacao**, d'où vous pouvez admirer Golfito, mais il existe également la **Playa Gallardo** et la **Playa San Josecito**, un peu plus à l'ouest. La plage de **Zancudo** est une plage de sable noir s'étendant sur plusieurs kilomètres au sud-est de Golfito, sur une pointe formée par la rivière Coto Colorado, qui se jette à cet endroit dans l'océan Pacifique. C'est une plage populaire durant la haute saison et plutôt tranquille durant la saison verte. On peut s'y baigner en même temps qu'y faire du surf facile. L'endroit apparaît même populaire pour les pêcheurs du coin. La plage de **Pavones**, elle aussi au sud-est de Golfito, est beaucoup plus populaire pour les amateurs de surf «sérieux».

Le **Jardin botanique Wilson**, à la station biologique Las Cruces *(5$ une demi-journée, 8$ une journée, les enfants de 6 à 12 ans sont reçus à demi-prix, les visites guidées coûtent 35$ et durent 2 heures; à 5km de San Vito sur le chemin Ciudad Neilly - San Vito; fermé lun; ☎240-6696, ⌐240-6783)*, propriété de l'Organization for Tropical Studies (OTS), est de mission on ne peut plus noble. Pour en connaître un peu plus sur la végétation tropicale (et particulièrement celle de la forêt montagneuse), le jardin constitue en effet la collection botanique la plus importante d'Amérique centrale; de plus, l'une des missions de la station est de préserver les plantes menacées par la destruction de leur habitat; enfin, de nouvelles plantes y sont étudiées, notamment pour l'horticulture. Visiter ce jardin, c'est faire la connaissance avec quelques milliers d'espèces végétales (dont 700 types de palmiers) et des centaines d'oiseaux, de reptiles et de mammifères. On dit que plus de 3 000 espèces de papillons logent au jardin, c'est tout dire...

Parque Internacional La Amistad *(6$; 6h à 17h; ☎771-3297, ☎771-3155)*. Cet énorme parc est véritablement le bout du monde. À un point tel que des sentiers n'existent pas (encore) et que, pour le visiteur, il faut être sérieusement initié aux périples de survie en région inhospitalière. La région protégée **Las Tablas**, située au nord-est de San Vito et adjacente à la frontière panaméenne, semble avoir la préférence de plusieurs visiteurs, notamment en raison des hôtels et des services de guides qui se trouvent à proximité. Quoi qu'il en soit, avant de vous rendre dans un des trois secteurs du parc (Tres Colinas, Estación Pittier et Altamira), il est fortement recommandé de communiquer avec le Service des parcs nationaux *(☎283-8004, ☎283-7343)* ou avec la Fundación de Parques Nacionales *(☎257-2239, ☎222-4732)*, tous deux situés à San José, afin d'obtenir les plus récentes informations. Cependant, lors de notre passage il n'y avait pas encore de cartes détaillées des régions du parc, ni d'informations écrites servant à renseigner et à diriger le visiteur.

San Isidro

 **RÊVE**

El Jardín *(7$; ☎771-0349)* ▶ Petites chambres très rustiques mais propres sur un grand étage tout en bois qui sent un peu le vieux. Bon restaurant.

L'**Hotel Chirripó** *(8$; près du Parque Central, ☎771-0529)* et l'**Hotel Amaneli** *(11$; ☎771-0352)* ont chacun des chambres simples et propres, en plus d'un restaurant au rez-de-chaussée.

El Valle *(12$; en haut de la quincaillerie Núñez, ☎771-0246)* est un hôtel récent. Les chambres y sont simples et assez propres, et renferment un téléviseur.

Dominical

RÊVE

Cabinas Rocas Verde est l'endroit où le rapport entre la qualité et le prix est optimisé.

Puerto Jiménez

$

RÊVE

Pour le voyageur à petit budget, la ville est le seul endroit où l'on dort pour peu de sous à la **Pensión Quintero** *(8$; ☎735-5087)*, spacieuse, propre et agréable.

Il y a toujours les nombreuses *cabinas*. Mentionnons **Marcelina**, **Carolina** et **Jiménez** pour l'excellent rapport qualité/prix qu'ils proposent.

Le camping est aussi possible en quelques endroits.

San Gerardo de Rivas

$

RÊVE

Le gîte le plus sympathique (et très abordable) de San Gerardo se nomme **El Descanso** *(8$; juste après le pont, en arrivant, sur votre droite, ☎771-1866)*. Francisco Elizondo et sa famille sont très courtois et prennent soin de leurs invités. Si vous êtes intéressé, il peut aussi vous faire visiter sa *finca* tout près, où il cultive le café et les produits qu'il utilise dans la préparation des repas de son hôtel. C'est aussi une référence sur la montagne: l'homme a gagné de nombreux concours de course jusqu'au sommet... Chapeau!

Golfito

$

RÊVE

Dormez à l'**Hotel del Cerro** *(10$; entre le Pueblo Civil et la Zona Americana, ☎775-0006)* pour une chambre confortable, avec ou sans toilettes privées.

Parque Nacional Corvocado

RÊVE

À 5 km de La Palma et à 500 m de l'entrée nord-ouest du parc, les **Cabinas Corcovado** *(10$; ☎775-0433, ⊷775-0033)* offrent des sites de camping (4$/2 pers.). Le restaurant est réservé aux clients des *cabinas*. On peut y prendre trois repas typiquement *ticos* pour seulement 10$ par personne par jour. Le propriétaire, Luis Angulo, est un guide expérimenté qui vous fera découvrir les merveilles de la région (8$/heure ou 80$/jour), notamment la communauté autochtone Guyami.

Dans les refuges, le logement est très rudimentaire, mais coûte seulement 2$ par personne par nuit. Vous devrez avoir sac de couchage et il est recommandé d'apporter une moustiquaire. Si vous prévoyez plutôt camper (1,25$/pers./nuit), vous devrez avoir tout l'équipement nécessaire (il est possible de louer une tente et d'autres équipements de camping à Puerto Jiménez, notamment au bureau d'information touristique). Pour les repas (réservation à l'avance seulement), le petit déjeuner coûte 4$ (6h), alors que le déjeuner (11h) et le dîner (17h30) coûtent 6,25$. Si vous prévoyez préparer vous-même vos repas, vous devrez apporter votre équipement (réchaud, gamelle, ustensiles).

San Isidro

BOUFFE

Les restaurants des hôtels **El Jardín** et **Chirripó** sont ouverts toute la journée et sont très abordables en plus de servir de savoureux plats.

Hong Kong *(près du parc)* ▶ Pour ceux qui tiennent à manger des plats orientaux.

El Tenedor *(sur la rue principale)* ▶ Menu varié, où l'on trouve de la pizza, à très bas prix.

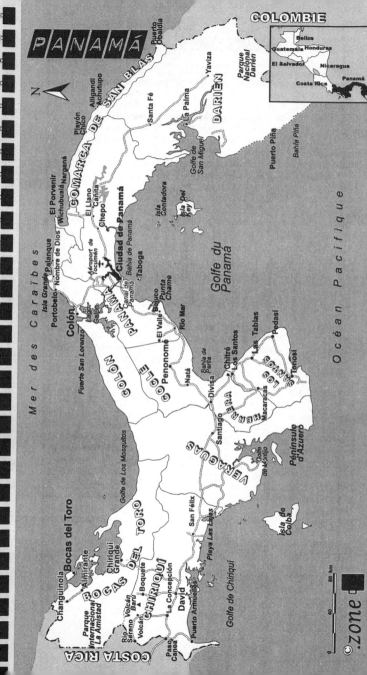

▐▐▐▐ Comme tous ses voisins, le Panamá jouit d'une diversité incroyable, tant de ses gens que de ses paysages. Cependant, contrairement à eux, il est orienté d'ouest en est, dans la forme d'un S couché. On y retrouve montagnes, îles paradisiaques, jungles infranchissables, plages ensoleillées, et un canal qui sépare le tout en deux. Et c'est le cas de le dire. Le canal est encore sous supervision conjointe avec les États-Unis jusqu'à l'an 2000. On sent cette influence, particulièrement dans la capitale, où richesse et pauvreté se côtoient et contrastent peut-être un peu plus que dans les autres capitales des alentours.

▐▐▐▐ Si le pays n'est pas qu'un canal, son histoire, en revanche, s'oriente en fonction de cette position stratégique de carrefour des échanges économiques. À l'origine, le Panamá faisait partie du territoire comprenant la Colombie, laquelle se proclama indépendante de la Couronne espagnole en 1821. Le Panamá avait déjà servi de lieu de transit entre le Pérou et l'Espagne lors du désormais célèbre pillage du nouveau continent par les conquistadores. Par la suite, la région s'enrichit grâce à son chemin de fer qui reliait les deux océans et qui assurait du même coup la liaison permettant aux Américains de se rendre jusqu'en Californie pour le Gold Rush des années 1850. Le canal fut creusé au début du siècle, mais une équipe française avait tenté l'aventure dès 1882, avant de faire banqueroute en 1893, après quelques kilomètres creusés, de nombreuses maladies tropicales et 22 000 morts. Les États-Unis reprennent le collet peu de temps après avoir encouragé la province à se séparer de la Colombie en 1903. Ils s'assurent le contrôle d'une zone de 5 milles (8 km) de chaque côté du canal et débutent les travaux en envoyant un biologiste, dans l'opération sanitaire la plus ambitieuse de l'histoire: se débarrasser, dans la zone américaine, des insectes porteurs des maladies les plus dangereuses. Le canal fut inauguré en 1914 et, depuis 1979, le Panamá reprend graduellement le contrôle de ce joyau qui rapporte 100 millions de dollars annuellement (chaque paquebot paie au bas mot 30 000$ pour un passage) au Trésor national. Aujourd'hui, 95% des employés du canal sont panaméens.

▐▐▐▐ La population est métissée entre Amérindiens, colons espagnols et descendants de souche africaine. Le pays n'est pas aussi adapté touristiquement que son voisin de l'ouest (le Costa Rica), mais cela fait en sorte que le flot de touristes est moins important et que le séjour s'avère parfois plus agréable qu'au milieu d'un troupeau de *gringos*.

fêtes et festivals

9 janvier: jour des Martyrs.
Jeudi saint et **Vendredi saint** (1999: 1er et 2 avril; 2000: 20 et 21 avril; 2001: 12 et 13 avril).
1er mai: fête du Travail.
12 octobre: Día de la Raza (arrivée de Colomb).
3 novembre: fête de l'Indépendance (séparation de la Colombie).
10 novembre: fête de la Déclaration d'Indépendance.
28 novembre: fête de l'Indépendance (séparation de l'Espagne).
8 décembre: fête des Mères.

▶ CIUDAD DE PANAMÁ ◀

Complètement déconcertante à cause de son caractère cosmopolite, cette grande ville surprend par son étendue et sa diversité. Construite dans une petite baie, la vue offerte lorsqu'on se plante au point médian de celle-ci relève du fantastique. D'un côté, c'est le quartier colonial avec des bâtiments à l'architecture délirante et aux couleurs éclatées. De l'autre, on peut admirer la section moderne de la ville avec ses nombreux édifices à appartements et ses sièges sociaux de banques étrangères. Ciudad de Panamá compte plus de 100 banques sans inclure leurs succursales, et les gratte-ciel de plus de 40 étages sont innombrables. La ville compte 1,3 million d'habitants, soit la moitié de la population du pays. Se promener de l'un à l'autre des quartiers, passant du colonialisme au postmodernisme, est une aventure insolite bien agréable.

On y trouve aussi les traces du passé plus récent, c'est-à-dire de l'attaque américaine de 1989 contre le général Noriega, un ancien de la CIA, dont le patron de l'époque était George Bush, celui-là même qui ordonna l'assaut. Le conflit, selon les différents observateurs, aurait fait entre 400 et 3 000 victimes, dont une vingtaine de soldats américains. Une chose est sûre, 20 000 Panaméens furent transformés sur-le-champ en sans-abri. Les traces sont encore visibles dans les quartiers ouest de la ville, notamment El Chorrillo. Ces quartiers sont peu sûrs, et l'on ne peut s'y promener que le jour et qu'en groupe. On peut y passer en autobus pour en avoir un aperçu.

L'influence américaine est bien sûr omniprésente ici. À titre d'exemple évocateur, je n'ai jamais croisé autant de McDonald's dans un rayon si restreint, et ce, même dans les villes les plus aliénées des États-Unis. Qu'on ne se méprenne pas cependant, la ville est cosmopolite et son caractère latin y est très affirmé.

DÉTAILS PRATIQUES

Transport: le terminus pour les déplacements urbains est la Plaza 5 de Mayo, sur l'Avenida Central. Les destinations sont inscrites sur les pare-brise et il en coûte 0,15$ pour la plupart des déplacements. Pour l'aéroport, il faut prendre le bus Tocumén et compter une heure de route (trois si vous prenez le bus entre 6h et 9h en semaine). À l'extrémité ouest de l'Avenida Balboa se trouve la gare des cars allant à **David**, 11$ (15$ pour l'express). Les cars partent aux heures et demie entre 5h30 et minuit, et le trajet dure environ six heures. Pour **Colón**, il faut aller au coin de l'Avenida Perú et de la Calle 30. Pour 2,20$, vous pourrez prendre un billet entre 5h et 19h et sauter dans un car qui part aux 20 min environ. Le trajet prend deux heures maximum.

Argent: pas de problème pour trouver des banques ici. Cependant, les services offerts varient considérablement. Les banques sont situées surtout dans Caledonia, sur la Vía España.

Mention honorable pour le Banco del Istmo, au coin de la Calle 50, qui ne charge rien pour changer les chèques de voyage.

Renseignements touristiques: l'Instituto Panameño de Turismo (IPAT) se situe dans le centre de congrès Atlapa, en face de l'hôtel Ceasar Park, immense tour au bord de l'eau, avenue Balboa. Prendre le bus 2. Ouvert toute la semaine jusqu'à 4h. Bonne information et cartes utiles.

Courrier et téléphone: Plaza Central et Calle San Pedro; succursale principale ouverte du lundi au samedi jusqu'à 17h.

Internet: il y a un **cybercafé** derrière l'hôtel Panamá sur Véia España mais il est souvent bondé (ah! les nouvelles technologies). On conseille plutôt le bureau de **Computer**, sur la Calle Samuel Lewis, légèrement au sud de la Véia España, en face d'une enseigne jaune. C'est dans le même édifice que Cable and Wire et l'on charge 3,50$ l'heure.

Ⓩ **Plaza Central** *(au coeur du quartier Casco Viejo)*. Les vieilles églises, les rues étroites aux pavés antiques, les aubaines du marché et des rues piétonnières, le vieux théâtre... toutes ces merveilles historiques se situent à quelques mètres de la Plaza Central. Allez vous promener quelques instants dans ces étroites ruelles pour bien apprécier un changement d'époque instantané. Les hôtels bon marché se situent aussi aux alentours de la Plaza. Le soir, il faut revenir en taxi car, même si la

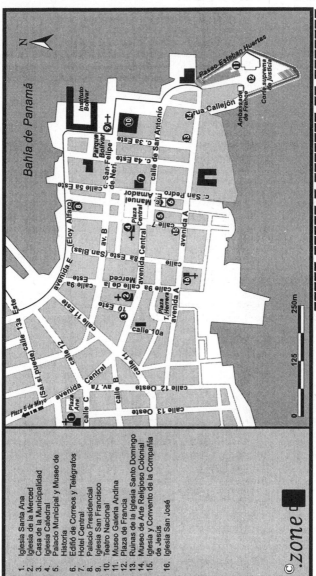

CASCO VIEJO - CIUDAD DE PANAMÁ

1. Iglesia Santa Ana
2. Iglesia de la Merced
3. Casa de la Municipalidad
4. Iglesia Catedral
5. Palacio Municipal y Museo de Historia
6. Edifió de Correos y Telégrafos
7. Hotel Central
8. Iglesia San Francisco
9. Palacio Presidencial
10. Teatro Nacional
11. Museo Galería Andina
12. Plaza de Francia
13. Ruinas de la Iglesia Santo Domingo
14. Museo de Arte Religioso Colonial
15. Iglesia y Convento de la Compañía de Jesús
16. Iglesia San José

©zone

sécurité s'est accrue à Ciudad de Panamá ces dernières années, Casco Viejo et El Chorillo demeurent des quartiers à risque, particulièrement à la tombée du jour.

Avenida Central *(à l'extrémité ouest de la Plaza Central)*. Ici on parle magasinage et bain culturel pour anthropologues avertis. On croise de tout: un petit vieux accoté sur sa borne fontaine qui vend de la *crazy glue*, des douzaines d'immenses magasins de vêtements qui proposent tout pour si peu, un petit parc où les aînés jouent aux échecs, des magasins indiens avec draperies et encens, équipements photo et électronique défiant toute concurrence (marchandez pour la moitié du prix, au moins), montres à la mode pour 10$... et au moins trois McDonald's.

Panamá Viejo *(prendre un bus «Panamá Viejo» à la Plaza 5 de Mayo)*. Là se trouvait la ville jusqu'en 1671, quand le corsaire Henry Morgan l'envahit. Le site, bien entretenu, renferme les ruines de vieux couvents et d'une belle tour. Intéressant et pas très fréquenté, ce qui fait que les policiers qui patrouillent les ruines pourront minutieusement vous détailler l'histoire de la ville. Il n'en coûte rien pour s'y promener et, en prime, vous aurez droit à un déluge de moustiques si vous restez trop longtemps sous les arbres. Insectifuge de rigueur.

Canal de Panamá *(prendre les vieux bus rouges Balboa datant de 1950 à la Plaza 5 de Mayo)*. Descendez à l'Avenida Almador et prenez un autre bus ou marchez 15 min, ce qui vous permettra de cueillir quelques mangues renversantes de saveur en passant. Vous aboutirez au Yacht Club Balboa, où vous devrez vous diriger au bar du club pour rencontrer les équipages de voiliers qui attendent leur tour pour traverser le canal. Tous les équipages ont besoin de quatre équipiers pour lancer les amarres et immobiliser le bateau dans les écluses. Vous pouvez donc travailler un peu et traverser tout le canal gratuitement. Il faut compter un ou deux jours pour la traversée. Nul doute que c'est le meilleur point de vue. Cependant, selon le temps de l'année, il y a du trafic ou pas. Il se peut donc qu'il faille attendre quelques jours. Socialisez et prenez un coup avec les marins. Le meilleur moment pour attraper un bateau est novembre et décembre. Traverser sur un bateau de croisière est impensable *(99$)*, et votre seul autre option est d'aller aux écluses Miraflores grâce au bus Paraíso qui part de la Plaza 5 de Mayo. À faire uniquement si vous n'avez jamais vu d'écluse, sans quoi, c'est plutôt banal et trop touristique.

Ciudad de Panamá

RÊVE

Volontairement, nous n'indiquons que les hôtels situés dans le Casco Viejo, car ce sont les moins chers et cette partie de la ville est superbe. Obligatoire de prendre un taxi *(2-3)* pour revenir le soir.

Hotel Foyo *(4$; Calle 6 et Avenida A)* ▶ Admirablement bien situé à deux pas de la Plaza Central. Chambres au plafond très haut avec ventilation qui ne marche pas toujours. Toilettes communes et propreté correcte. Pas de couvre-feu.

Pensión Panamá *(5$; en face de l'Hotel Foyo)* ▶ Si le Foyo est complet, vous pouvez aller dans cet hôtel où les chambres sont moins grandes, mais très propres.

Hotel Herrera *(9$; Calle 9 et Avenida A)* ▶ Même propriétaire que le Foyo mais un peu plus cher parce que plus de services: toilettes privées, air conditionné, frigo, restaurant. Les prix varient selon les services offerts dans chaque chambre.

Hotel Colonial *(15$; Plaza Bolívar et Calle 4)* ▶ Un peu plus cher, mais très agréable avec sa vieille architecture et ses balcons donnant sur la Plaza. Les hautes autorités du chantier du canal y dormaient il y a un siècle.

Ciudad de Panamá

BOUFFE

Restaurante Nápoli *(Calle 16 et Avenida Estudiante)* ▶ Excellentes pizzas aux ingrédients nombreux et diversifiés. Menu italien complet pour les fines bouches et à prix raisonnable.

Ciudad de Panamá

$

BOUFFE

Les restaurants suivants offrent de la bouffe à prix dérisoire et sont situés dans Casco Viejo et près de la Plaza 5 de Mayo:

Restaurante San Martín *(Avenida Central et Calle 4)*
Restaurante Herrera *(Plaza Herrera, Calle 9)*
Buen Sabor *(Avenida Central et Calle 9)*
Santana *(Avenida Central)*
La Viña *(Avenida Central et Calle 6)*

⏭ L'EST DU PANAMÁ ⏮

À l'est du canal de Panamá s'étend une vaste région très peu développée. On y retrouve principalement deux entités dignes de mention. D'une part, il y a la région de Colón, riche d'un passé historique qu'elle cherche à rattraper sans toutefois y parvenir. Si l'on suit la côte atlantique vers la frontière colombienne, on parvient rapidement en territoire kuna. Ce groupe d'Amérindiens forme l'immense majorité des habitants de la côte. Au large de cette dernière, un archipel de quelque 365 îles paradisiaques appartient également aux Kunas et il est possible de s'y arrêter quelques jours même si les ressources sont limitées et dispendieuses.

En s'enfonçant plus loin dans les terres, on pénètre (et le mot est faible) dans la jungle obscure du Darién, dernier bout de terre centraméricaine avant d'aboutir en Colombie. En fait, la jungle est ici si dense que c'est le seul endroit où l'autoroute Interamericana s'arrête. On ne peut donc se rendre en Colombie qu'en bateau, ou encore à pied, après plusieurs jours de marche (Indiana Jones peut aller se rhabiller). On comprendra que la région, dans son ensemble, est difficile d'accès, ce qui en découragera certainement plusieurs, mais ses richesses n'en seront que plus appréciées. Et ici on parle de diversité animale autant que de solitude humaine.

COLÓN

La ville s'est énormément développée à partir de la deuxième moitié du XIXᵉ siècle grâce au flot de passagers qui y prenaient le train les amenant sur l'autre rive, d'où ils embarquaient sur des navires allant vers l'or de la Californie. Cette période fut immédiatement suivie des deux chantiers du canal dès 1880. La

---

DÉTAILS PRATIQUES

Transport: station de bus sur Avenida del Frente au coin de Calle 12. Autobus express et réguliers (1,25$ et 1,75$) aux 20 min pour **Ciudad de Panamá** (une heure et demie de route). Passages moins fréquents les fins de semaine. Pour **Portobelo**, comptez une heure de trajet. Le car part aux heures et coûte 2$.

Courrier et téléphone: Avenida Bolívar et Calle 9. Allez-y en semaine.

---

ville florissait de plus en plus chaque année, s'affirmant comme un des plus beaux ports internationaux.

La situation a beaucoup changé depuis les années quatre-vingt. Une première crise économique difficile a donné des résultats désastreux pour Colón: 50% de chômage et criminalité à la hausse. Ajoutez à cela le fait qu'à une heure de route seulement se situe la capitale avec tous ses services imaginables, et vous avez devant vous tous les facteurs favorables au déclin d'une agglomération.

Pour redémarrer la croissance, une zone franche a été créée. On peut y acheter de tout pour pas cher, mais souvent il faut acheter en grande quantité pour en avoir vraiment pour son argent. Le transfert de marchandises à Colón est phénoménal, car cette zone franche permet de fragmenter les importantes cargaisons d'Europe ou d'Asie pour refaire des lots plus variés et spécialement agencés pour chacun des marchés dans lesquels ils seront distribués.

On vous conseille d'être prudent à Colón parce qu'il y a un problème de criminalité. Arrêtez-vous le moins longtemps possible, et ne marchez jamais seul ou la nuit. Si vous devez dormir en ville, faites-le près de la station de bus pour minimiser vos déplacements. Marchez dans les rues principales, car elles sont gardées par des hommes armés.

Il est possible de traverser le canal de la même façon qu'à partir de la capitale, c'est-à-dire en se rendant au Yacht Club de Cristóbal et en parlant aux équipages pour voir s'ils ont besoin d'équipier pour tenir les amarres dans les écluses. Enfin, si vous voulez éviter Colón, sachez qu'il est possible d'attraper les cars qui vont vers l'est, à partir du petit village de **Sabanitas**, 15 km avant Colón, sur la route Ciudad de Panamá-Colón.

Hotel Washington (*au bout de l'Avenida del Frente, au bord de l'eau*). On mentionne ce bâtiment à cause de son passé et de son architecture intéressante. Plusieurs personnages historiques sont passés par cet hôtel, que ce soit l'ingénieur français de la première équipe du canal, Ferdinand de Lessep, ou encore Perón, l'ancien dictateur d'Argentine qui y vécut en exil quelque temps. En marchant dans les alentours, vous pourrez avoir une idée du degré de prospérité de la ville, jadis, en contemplant ce qui reste des édifices coloniaux.

Zona Libre (*entrée sur Avenida Roosevelt; ouverte de 8h à 17h et fermée les fins de semaine*). Pour y entrer, vous devez montrer votre passeport. Ensuite, vous devez accepter les services d'un négociateur qui se chargera de faire baisser les prix de vos achats moyennant une contribution de votre part. Et pour finir, vous devez attendre votre départ du pays pour prendre possession de vos achats, de façon à ce qu'aucun produit exempt de taxe n'entre au Panamá. Cette zone franche est surtout orientée vers le grossiste, alors, à moins d'achats importants, il vous sera plus aisé d'acheter vos produits dans le centre de la ville, où les prix sont du reste très similaires.

Ⓩ Portobelo (*à 48 km à l'est de la ville; prendre un car pour Portobelo*). Ce fort espagnol du XVIe siècle, dont il ne reste que des ruines, a été construit quand Francis Drake attaqua Nombre de Dios, plus à l'est, soit le point de départ des galions remplis d'or. Le site est admirablement bien conservé, avec ses remparts enracinés dans la terre et ses canons qui pointent un ennemi invisible sur l'océan paisible. Prévoir disposer d'une journée pour visiter ces ruines qui sont parmi les plus belles du pays.

Playa María Chiquita et Playa Langosta (*à mi-chemin, sur la route vers Portobelo*). Ces deux belles plages sont très fréquentées les fins de semaine.

Isla Mamey et Isla Grande (*une demi-heure plus à l'est que Portobelo*). N'y aller pas la fin de semaine car c'est bondé. Ces deux petites îles offrent des plages de carte postale et une eau des plus limpides montrant des fonds marins colorés. Pour vous rendre sur les îles, prenez un bus de Colón en direction de la côte. Demandez au chauffeur où descendre pour attraper le bateau qui se rend sur l'île désirée.

Isla Mamey et Isla Grande

RÊVE

Sur Mamey, il est possible de faire de la plongée sous-marine et de dormir dans de petites huttes pour 25$ par nuit (les Cabañas Jackson et les Cabañas Montecarlo sont les plus abordables). On peut loger jusqu'à quatre par hutte. Isla Grande est plus grande et accapare la majorité du flot de touristes. Quelques hôtels y sont dispersés, et c'est plus dispendieux que dans les huttes de l'autre île.

Colón

RÊVE

Pensión Acrópolis *(7$; Amador Guerrero et Calle 11)* ▶ Il y a 16 chambres dans ce petit hôtel correct, qu'on vous indique uniquement parce que c'est le plus près de la station de bus.

Pensión Anita *(8$; à côté de l'Acrópolis)* ▶ Un peu plus grand que le précédent et toujours aussi bien situé.

Colón

BOUFFE

Si votre estomac n'est plus trop fragile à ce stade-ci du voyage, essayez de manger dans les restaurants populaires de la rue, car les autres sont dispendieux. Il demeure toutefois le **YMCA** *(Avenida Bolívar et Calle 11)*, qui sert de la bonne bouffe chinoise un peu chère, mais à proximité de la station de bus.

ISLAS DE SAN BLAS

Cet archipel de 365 îles éparpillées dans la mer des Caraïbes est peuplé et administré exclusivement par les Kunas. Une cinquantaine d'îles sont effectivement habitées, et la seule façon de s'y rendre consiste à prendre un vol matinal (6h) qui part de l'aéroport domestique de la Ciudad de Panamá du lundi au samedi. Il en coûte 50$ pour l'aller-retour (renseignements: Transpasa au ☎226-0932 ou Aeroperlas au ☎262-5363, apflyap@aeroperlas.com). Les avions repartent en sens inverse à 8h. Les avions se posent le long de la côte, et un petit bateau vous mène à l'île. Sachez toutefois que l'hébergement est assez dispendieux. Mais bon, la culture des Amérindiens est fascinante, les plages merveilleuses, et les récifs de corail, tout simplement fantastiques. À ce sujet, on vous conseille d'apporter votre masque, car il est difficile d'en trouver ici. Prenez l'argent liquide nécessaire avec vous. L'expérience «bout de monde» est ici particulièrement intense. Les Kunas sont les autochtones qui ont le mieux réussi à préserver leur autonomie et leur culture. Nombre d'entre eux ne parlent pas espagnol et le dépaysement est total pour l'étranger.

Isla de San Blas

$

RÊVE ET BOUFFE

Hotel San Blas *(25$ avec les repas; Isla Nalunega, ☎262-1606)* ▶ C'est le moins cher des îles! Les chambres viennent avec tous les repas de la journée (souvent du poisson frais). Une navette qui fait le voyage jusqu'à Porvenir, où se trouve l'aéroport (contactez Luis Burgos en arrivant de la capitale), est aussi incluse dans le prix de la chambre. Le sol de celle-ci est celui de la plage, et il y a des hamacs à votre disposition au bord de l'eau. Somme toute, un beau havre de paix pour nager et lire à l'ombre des cocotiers.

DARIÉN

C'est ici que le mot «jungle» prend toute sa signification. Le Darién s'adresse à ceux qui mangent du plein air, adorent le camping et ne sont pas dérangés par les pluies tropicales. Car, après bien des hésitations, il semble que le consensus nous force à proposer la saison des pluies comme meilleur moment pour une visite dans le coin. C'est qu'en période sèche (décembre à avril) les tiques font leur apparition et peuvent causer de sérieux dérangements. C'est aussi durant la période sèche que les fermiers du coin brûlent de nouveaux champs, empestant par le fait même l'air ambiant. Et puis, les couleurs de la forêt ne sont jamais plus éclatantes qu'après une bonne averse tropicale.

Pour s'y rendre, il faut aller le plus loin possible sur l'Interamericana, qui peut vous mener jusqu'à **Yaviza**, quoiqu'en saison des pluies la chose reste à vérifier. Une chose est sûre, vous pouvez vous rendre au moins jusqu'à **Metetí** ou encore **Canglón** durant toute l'année. Les cars partent de Ciudad de Panamá toutes les deux heures entre 6h30 et 14h30, à partir du Terminal Piquerá et il vous en coûtera 11,20$ pour le billet jusqu'à Metetí. À partir de là, la route s'arrête et vous pourrez faire un bout de chemin sur le pouce ou en payant un 4X4 qui passe par là, ou encore sur une des pirogues qui parcourent les cours d'eau (très lentement). Comptez au moins 20$ pour un jour complet de pirogue à moteur.

Ceux qui viendront jusqu'ici voudront sans doute s'aventurer dans la jungle. Et on les comprend. Sachez quand même que la région est utilisée pour le trafic de drogue en provenance de Colombie, ce qui signifie qu'il est préférable de se faire accompagner par un guide qui connaît les endroits à éviter. Prévoyez payer 8$ par jour pour le guide et la nourriture.

Nous nous contenterons de vous présenter quelques randonnées possibles aux alentours de Yaviza. Il est évidemment possible de traverser la jungle jusqu'en Colombie (8 jours de marche), mais c'est déconseillé à cause du danger que représente la région pour le touriste moyen. Récemment, des bandes s'en prenaient systématiquement aux voyageurs et demandaient des rançons. Cela demeure l'exception mais, tout de même, restez sur vos gardes et ne voyagez pas seul. Et prenez un guide avec vous!

Yaviza *(au bout de l'Interamericana)*. Petit village du bout de la route. C'est un des derniers endroits où vous procurer de la nourriture convenable. Vous pourrez dormir au **Tres Américas** *(8$)*, au confort douteux et plutôt bruyant mais bon, après tout, c'est la jungle. De Yaviza, traversez la rivière et marchez pendant deux heures jusqu'au village de Pinogama.

Pinogama *(à 10 km de Yaviza)*. Village primitif où l'on sent que l'on pénètre de plus en plus dans le *no man's land* du Darién. À ce point-ci, comptez sur votre tente ou encore sur l'hospitalité des gens. L'autre possibilité consiste à continuer votre marche le long du Río Tuira jusqu'à Vista Alegre (3 heures) et ensuite à traverser la rivière, pour poursuivre une demi-heure encore jusqu'à Unión del Choco.

Unión del Choco *(près de Vista Alegre)*. Un autre petit village où l'on peut installer son hamac ou aller voir ce qui sert de mairie. À ce stade-ci, ayez une moustiquaire en tout temps. En remontant la rivière sur un kilomètre, on aboutit à une autre village, nommé **Yape**. Et encore quatre heures plus loin se trouve **Boca de Cupe**. Au delà de ses villages, on entre dans le territoire plutôt dangereux qui s'approche de la frontière colombienne. Si vous n'avez pas déjà un guide et que vous prévoyez continuer, c'est le moment ou jamais d'en dénicher un.

▶▶ L'OUEST DU PANAMÁ ◀◀

L'ouest du Panamá représente bien la diversité de l'Amérique centrale. On y retrouve montagnes, plages, coraux, carnaval, culture de bananes, etc. Beaucoup plus accessible que la partie orientale, cette région possède aussi le plus haut sommet du pays: le Volcán Barú avec ses 3 475 m. L'Interamericana traverse toute la région jusqu'au Costa Rica, ce qui en fait une voie d'accès efficace.

LE CENTRE ET LA PÉNINSULE D'AZUERO

Pour les ethnologues en herbe, ou encore pour ceux qui cherchent le carnaval de Rio dans le coin, la péninsule d'Azuero est l'endroit tout indiqué. Le plus grand carnaval du pays, avec costumes, musiques traditionnelles et tout le tralala, se tient dans cette région durant les quatre jours qui précèdent le Mardi gras. Il y a des villages où l'on trouvait que la fête ne durait pas assez longtemps. Résultat, on a fait commencer les festivités une semaine à l'avance. Même les commerçants ferment boutique pour pouvoir participer à la fiesta. Les hôtels, eux, sont pleins comme jamais. À Las Tablas, deux rues se lancent dans une compétition couronnant celle qui aura la plus belle parure. Le carnaval, c'est une parade d'une coupe Stanley qu'on gagnerait chaque année. Comme ça, c'est certain et c'est plus simple.

Le reste du temps, Azuero dort paisiblement entre les récoltes de ses ranchs et les vagues de ses jolies plages du Pacifique. Des vagues parfois appréciables que les surfeurs prendront plaisir à apprivoiser.

Le centre du Panamá reste moins développé. Il n'en demeure pas moins intéressant, et même encore plus, justement du fait qu'il n'y a pas de touristes. On y retrouve des montagnes et un climat moins chaud où règnent fleurs et animaux exotiques. Il vaut la peine de s'arrêter quelques jours à El Valle pour apprécier ses paysages et sa somptueuse nature.

EL VALLE

Village verdoyant où il fait bon respirer, El Valle est situé au milieu des montagnes, à seulement deux heures et demie de la capitale. On peut se promener dans les alentours et atteindre les sommets près du village. C'est surtout un bel endroit où l'on se sent à l'aise et où l'on peut se promener le soir sans avoir peur d'être attaqué et autrement qu'en taxi, ce qui fait changement par rapport aux quartiers malsains de la capitale. Essayez de venir à El Valle en semaine, quand il y a encore moins de monde. Tous les attraits sont à une distance que l'on franchit aisément à pied. Il faut se renseigner auprès des gens de la rue pour les directions à suivre.

DÉTAILS PRATIQUES

Transport: les cars se prennent au centre du village et quittent toute la journée à intervalles réguliers pour **San Carlos** (1$) et **Ciudad de Panamá** (3,50$).

Argent: prévoyez changer votre argent à San Carlos ou dans la capitale.

Location de chevaux : Victor Muñoz loue des chevaux 3,50$ l'heure (☎993-6360). Le même homme loue aussi les services de guides.

Pétroglyphes (*Barrio La Pintada*). Si vous ne voulez voir qu'un seul site de la sorte, vous êtes au bon endroit. Personne n'a réussi à traduire la signification ni à dater les représentations, mais les images sont éloquentes en elles-mêmes (animaux, paysage, etc.). Le profil d'une Amérindienne endormie se dessine sur la crête d'une montagne près des pétroglyphes.

Agua Termales (*Río Antón*). Ces sources thermales sont vraiment situées dans l'environnement le plus paisible imaginable, au pied des montagnes. Les eaux ont un pouvoir de guérison reconnu et leur température est de 40°C.

Chutes El Mocho (*1$; sur le Río Guayabo, 500 m après le pont Doña Chabela, sur la route vers le Pueblo La Mesa*). Cette chute de 35 m de hauteur tombe dans une piscine naturelle qui se veut enchantée. La nature autour est toujours très luxuriante. Sur le Río Antón, il y a une autre belle chute.

Mercado Artesanal (*au centre de la route principale*). Ce marché est un des meilleurs au pays. Cependant, il est ouvert uniquement le dimanche de 6h à 14h. On y vend de tout: poteries, vêtements, chapeaux, en plus des fruits et légumes habituels. Les produits artisanaux viennent parfois d'aussi loin que l'Équateur, et les prix sont bons.

Vivero y Zoológico el Nispero (*2$; à droite après le poste de police, en venant de San Carlos*). Vous n'avez pas le temps de vous offrir un trek d'observation animale dans la jungle? Pas de problème! Deux types du village ont démarré, il y a une vingtaine d'années, sur leur propre terre, une espèce de jardin zoologique où vous pouvez admirer une quantité impressionnante d'animaux en plus d'une grande variété de plantes tropicales. Singes et orchidées sont de la partie.

El Valle	RÊVE
$	**Pensión Niña Dalia** *(9$; Avenida Principal, après la Calle Los Millonarios)* ▶ Option budget du village. Munissez-vous de savon et de papier hygiénique car les propriétaires sont un peu radins sur la chose. **Hotel Greco** *(18$; à droite de la route principale, à l'entrée du village)* ▶ Propre et simple, l'endroit se compose de petites cabanes indivi-duelles espacées dans un jardin reposant. Sympa, il y a aussi un petit restaurant abordable.

El Valle	BOUFFE
$	**Café Las Mozas** *(à droite en arrivant dans la ville)* ▶ Succulente cuisine à prix raisonnable. **Restaurante Santa Librada** *(entre l'Intel et la poste, en venant de San Carlos)* ▶ Cuisine pana-méenne et service courtois.

SANTIAGO

Rien à dire de particulier sur cette ville sinon qu'elle se situe à mi-chemin entre Ciudad de Panamá et David, et qu'on peut y acheter de superbes sacs en macramé. Bref, c'est la région des champs et vous ne devez rester ici que pour vous reposer d'un trajet de car. C'est aussi la porte d'entrée vers la péninsule d'Azuero.

DÉTAILS PRATIQUES

Transport : il faut attraper le bus qui part de Ciudad de Panamá chaque heure et qui s'arrête à Santiago avant de poursuivre pour **Las Tablas** *(2$)*. Les cars vers **David** s'arrêtent à l'hôtel Piramidal *(6$)* aux heures et demie.

Santiago	RÊVE
$	**Pensión Central** *(8$; Avenida Central)* ▶ Propre et avec douche. Parfois bruyante. **Hotel Santiago** *(12$; Calle 2, derrière l'église)* ▶ Un peu plus cher mais définitivement plus silencieux. Salle de bain privée et parfois même télé et air conditionné.

Santiago	BOUFFE
$	**Aire Libre** *(en face de la Pensión)* ▶ On peut y manger toutes sortes de bonnes bouffes. Bon marché.

LAS TABLAS

Près de 98% du temps, Las Tablas est une petite ville bien ordinaire. Sauf que le carnaval y constitue la plus grosse fiesta du pays une semaine par année. Si vous arrivez cette semaine-là, assurez-vous d'avoir réservé une place à l'hôtel à l'avance. Le village possède une vieille église datant de 1789 de même qu'un musée consacré à une figure politique importante du début du siècle. Un autre festival de moindre envergure se tient également aux alentours du 20 juillet. On peut aussi se servir de Las Tablas comme d'un pied-à-terre pour graviter vers les plages éparpillées le long de la côte.

DÉTAILS PRATIQUES

Transport: les horaires des cars ne sont pas fixes; renseignez-vous auprès des hôtels et des autres voyageurs. Le «pouce» est assez difficile dans la région.

Las Tablas $	**RÊVE**
	Pensión Mariela *(8$; Avenida Central, en face de l'hôtel Piamonte)* ▶ Rien d'extraordinaire, mais vous aurez un ventilateur, une serrure et un lit. **Piamonte** *(15$; en plein centre de la ville)* ▶ Hôtel le plus confortable en ville avec de l'air conditionné dans chaque chambre.

Las Tablas $	**BOUFFE**
	Restaurante Aida *(Avenida Central)* ▶ Ouvert en tout temps, ce resto typique sert de la nourriture panaméenne.

PLAYA VENADO

Cet endroit est recommandé par beaucoup de voyageurs avec sac à dos. On en parle surtout comme d'un paradis du surf. En effet, d'immenses vagues viennent s'écraser sur la grande plage et, chaque fin de semaine, on peut voir des dizaines de fourmis humaines sur l'eau. Par chance, la plage est grande et vous pourrez aisément marcher dans la tranquillité en vous éloignant du troupeau. Ici, on vient bronzer, relaxer, lire et faire du surf. *Dolce vita*. Playa Venado est un peu semblable à ce qu'était Montezuma au Costa Rica il y a quelques années, avec une ambiance de rescapés hippies, recyclés en «promeneurs de plage», dans un mini-paradis en dehors du monde matérialiste!

DÉTAILS PRATIQUES

Transport : un car par jour se rend de **Las Tablas** vers 13h pour y revenir le lendemain matin à 7h. Toutefois, ce bus *(3,20$)* ne part uniquement que s'il y a suffisamment de passagers, alors prenez ça cool. Évitez les fins de semaine, un peu trop populaires à Venado.

Playa Venado

$

RÊVE ET BOUFFE

Un seul établissement, dont on ignore toujours le nom, fait office de restaurant et d'hôtel. En fait, on y trouve seulement cinq ou six *cabañas* à 11$ par nuit pouvant faire dormir jusqu'à trois personnes chacune. La nourriture est bonne et typique et, s'il n'y plus de place, vous n'aurez aucun problème à monter votre tente au milieu d'un superbe paysage, avec en prime, le fracas des vagues pour bercer vos rêves.

DAVID

Troisième ville du pays avec sa population qui dépasse légèrement les 100 000 habitants, David est une ville chaude et humide, et le point d'entrée vers les montagnes au climat beaucoup plus agréable du haut Chirriquí. David demeure une grande ville, ce qui veut dire qu'il faut garder l'oeil ouvert, tout spécialement près des parcs et du marché. Mais qu'on se rassure, les plupart des gens vous souhaiteront *buenos dias* en vous croisant sur le trottoir.

Parque Central Cervantes *(partie ouest de la ville)*. Promenez-vous autour de la place pour apprécier les restes colonialistes comme l'Iglesia de San José et le Palacio Municipal.

Museo de Historia y de Arte José de Obaldia *(0,25$; Calle 8 Este et Calle A Norte)*. Ouvert tous les jours sauf le dimanche et le lundi, ce musée se trouve dans la maison du fondateur de la province de Chirriquí; son fils fut le deuxième président du Panamá. C'est un musée historique comportant une collection hétéroclite d'objets qui retracent les différentes périodes du pays, depuis les temps précolombiens jusqu'au siècle actuel en passant par le colonialisme.

Balneario Majagua *(à quelques kilomètres au nord de la ville; prendre le bus pour Boquete et demander au chauffeur quand descendre)*. On peut se baigner dans une belle rivière au-dessous de magnifiques chutes. Possibilité, uniquement pour les amateurs à la bourse pesante, de faire du rafting en composant le ☎236-5218 ou hsanchez@panama.c-com.net *(90$ minimum)*.

DÉTAILS PRATIQUES

Transport: David est hyper-organisée dans ce domaine avec sa gare de cars qui regroupe la plupart des destinations sous un même toit *(Avenida del Estudiante et Obaldio)*. Voici les différentes destinations:

Frontière Costa Rica: entre 4h30 et 22h, aux 10 min, 1,50$ pour 1 heure 30 min de route.

Ciudad de Panamá: entre 6h50 et minuit, aux 75 min environ, entre 11$ et 15$ selon que vous tombez sur l'express, qui prend 5 heures 30 min pour atteindre la capitale, contrairement à l'autobus qui s'arrête dans plusieurs villes et qui prend une heure de plus.

Boquete: entre 6h et 21h, chaque demi-heure, 1,20$ pour une heure de trajet, selon le chauffeur.

Argent : plusieurs banques et bureaux de change sont dispersés près du parc. On vous conseille le **Banco General** parce que cette banque ne charge aucune commission sur les transactions de chèques de voyage (ce qui est très rare).

Information touristique: l'Ipat a un bureau à gauche de l'église, au premier étage de l'édifice Galherma, local 4. Pas beaucoup d'utilité.

Courrier et téléphone: Calle C Norte et Avenida Bolívar Ouvert tous les jours.

David $\boxed{R\hat{E}VE}$

Pensión Fanita *(6$; Avenida 5 Este et Calle B Norte)* ▶ Très centrale et économique, cette pension vaut le peu de sous qu'on y débourse. Elle peut être bruyante, et son plancher, pas toujours solide, mais bon, qui se plaindra à 3$ par nuit. On y sert les deux premiers repas de la journée.

Pensión Costa Rica *(6,50$; Avenida 5 Este et Calle A Sur)* ▶ Près du parc et dans un quartier agréable. Qui plus est, la façade de l'édifice a fière allure et les chambres sont simples mais confortables.

David

BOUFFE

$

La Cacerola *(Avenida Obaldia et Super Barú)* ▶
Excellente cuisine sur charbons de bois et à la
carte. Buffet créole d'une surprenante variété et
cuisine typique très peu dispendieuse.

Restaurante y Cafetería Jimar *(Calle C Norte et
Avenida Bolívar)* ▶ Qualité acceptable pour des
prix vraiment dérisoires. Comptez 2$ pour un bon
repas et, en plus, vous pouvez choisir parmi une
bonne sélection de plats. Très fréquenté, parfois
bruyant, mais aussi intéressant pour le bain
culturel.

BOQUETE

Véritable coup de coeur, Boquete est ce genre d'endroit où l'on
se dit: *«Mais où étais-je donc toutes ces années?»* Sans blague,
on arrive en plein milieu des montagnes après la chaleur étouffante de David, et le parfum des fleurs (car Boquete est une
ville de fleurs) vous enivre en un instant. Boquete est un petit
village charmant à partir duquel on peut faire un nombre incalcu-
lable d'expéditions toutes plus variées les unes que les autres.
À sa gauche, quand on arrive de David, il y a l'imposante
silhouette du Volcán Barú, qui surplombe tout le pays avec ses
3 475 m. La foire annuelle des fleurs a lieu à la fin janvier et
au début de février. C'est un véritable festival pour les yeux et
le nez.

Ⓩ **Pozos de Aguas Termales** *(15 km avant Boquete, et 45 min de
marche, près du Pueblo Caldera sur la même rivière).* Il faut
faire du pouce ou prendre un taxi de Boquete, et marcher le long
de la rivière pour arriver sur une propriété privée où le gentil
propriétaire vous fera payer un montant symbolique de 0,50$ tout
en vous expliquant les rituels que les Amérindiens accomplissent
avec ces bains et leur signification. Les bains vont de tièdes à
bouillants et sont dans leur état naturel. Ne manquez surtout pas
d'aller vous baigner dans les eaux tumultueuses des rapides du
Río Caldera. Le même homme vous montrera, si votre espagnol vous
permet de dire autre chose que *gracias*, une falaise de 5 m qui
surplombe le Río et de laquelle vous pouvez sauter.

Café Ruiz *(vers le nord, sur Fundadores, du côté gauche du Río).*
Vous pourrez obtenir une visite gratuite de cette petite entreprise où l'on traite les grains de café cueillis par les Amérindiens de la région. Allez-y le matin, car c'est à ce moment qu'il
y a plus d'activité. Ne manquez pas cette chance de visiter un

DÉTAILS PRATIQUES

Transport: les cars se prennent aux demi-heures entre 5h et 18h30 sur l'Avenida Fundadores à côté du parc, et ne desservent que **David** *(1,20$)*. Il y a quand même un petit bus gris qui passe vers midi en direction de **Caldera,** en semaine seulement *(1$)*.

Argent: le **Banco Nacional** *(Avenida Fundadores et Calle 5 Sur)* ne change que les chèques American Express. Pour les autres chèques, on peut s'en sortir au **Super Centro Boquete** *(Calle 3 Sur vers le Río Caldera)*, mais il faudra que vous achetiez 10% de la valeur du chèque en marchandises.

Renseignements touristiques: Enrique Boutet et son frère ont démarré la seule agence touristique de Boquete *(☎720-1342)* il y a quelques années. Ils proposent des tours variés et assez dispendieux. Par contre, ils vous donneront de judicieux conseils sur des itinéraires intéressants. Ne manquez pas d'aller les saluer et montrez-leur ce livre, car leur aide a été précieuse.

Courrier et téléphone: du côté est du parc. Ouvert tous les jours jusqu'à 17h.

des seuls endroits au pays où l'on sait effectivement comment faire du bon café...

Mí Jardín es Sú Jardín *(50 m après la Finca de Café)*. Un riche yankee possède cette immense demeure où il ne vient que rarement, mais sur laquelle il autorise les gens à se promener. L'endroit est fabuleux, avec ses fleurs et ses arbres fruitiers, en plus d'une petite chapelle, d'un bassin de carpes colorées et d'une propriété digne des grandes stars.

Conservas de Antaño *(prendre la rue du parc et traverser le pont, puis faire à droite 100 m à pied)*. Ici se trouve une autre petite entreprise où l'on brasse de la confiture dans de grandes marmites. Vous pouvez visiter et goûter en tout temps. La confiture à la mangue est particulièrement géniale.

Volcán Barú *(un taxi vous amène du parc au pied du sentier)*. À partir de là, il reste 14 km de montée pour arriver au sommet. Les paresseux pourront profiter du passage, un jour sur deux vers 8h, des employés des télécommunications du pays qui font le chemin en 4X4 et embarquent quelques hurluberlus. Sinon, il faut compter un bon cinq heures pour atteindre les 3 475 m du sommet

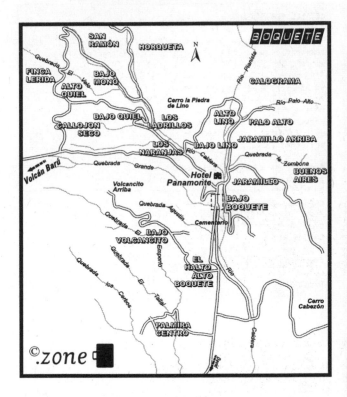

et trois pour en redescendre. Apportez de bons vêtements, car il peut faire très froid en haut. Pour être certain de voir quelque chose, il est fortement conseillé de faire la randonnée de nuit, en partant vers une heure du matin (organisez un rendez-vous avec un taxi ou demandez à Enrique de l'agence Expediciones Tierras Altas de vous aider). Ne faites pas ça tout seul et n'oubliez pas la lampe de poche. Comme c'est la règle, le matin, les nuages sont moins présents dans les montagnes, et vous aurez donc plus de chance d'arriver avant eux. Par temps clair, on voit les deux océans, et le lever du soleil est spectaculaire. Remarquez la côte pacifique, où l'on peut très bien voir la péninsule de Punta Burica, qui marque la frontière avec le Costa Rica.

Boquete   *RÊVE*

$

Pensión Virginia *(11-15; du côté sud du parc, façade bleu pâle)* ▶ Endroit qui ne compte que des avantages: c'est le moins cher, le mieux situé; il a un petit restaurant et un piano, et les chambres sont agréables quoiqu'un peu bruyantes (et moins chères) au rez-de-chaussée.

Pensión Marilos *(15$; Calle 6 Sur, deux rues à l'est de l'Avenida Fundadores)* ▶ Un peu plus cher. On y trouve de l'eau chaude en permanence, et la propreté est de qualité supérieure au Virginia. Mais c'est un peu plus loin, et le décor est kitsch quoique agréable.

Boquete   *BOUFFE*

$

Restaurante El Sabrosón *(Calle 1 Sur et Avenida Fundadore)* ▶ Bouffe typiquement panaméenne: fèves, riz, porc, *platanas fritas*, viande, jus de carotte et lait, etc. Très peu dispendieux *(2$)* et bon. On y sert tous les repas de la journée.

VOLCÁN

Un autre petit village, peut-être encore plus montagnard que Boquete, et avec une atmosphère européenne. Beaucoup de pionniers des vieux pays se sont installés dans le coin depuis le début du siècle, et cela se ressent dans le décor. Les cars pour Volcán sont fréquents, mais il faut repasser par David pour y arriver. Il est aussi possible de grimper le Barú de ce côté, mais le sentier est moins bien balisé et il faut compter un bon 8 à 10 heures de randonnée. On conseille de prendre un guide puis, le lendemain, vous pouvez redescendre par le sentier qui va vers Boquete; comme ça, vous n'irez qu'une fois à David et vous aurez quand même vu Volcán et Boquete!

Las Lagunas *(une demi-heure de marche dans le chemin qui passe à côté du poste de police)*. On dit que les eaux de ces lagons sont lourdes et que plusieurs nageurs se sont fait attirer vers le fond et sont morts noyés. À vous de vérifier.

La Fuente *(0,25$; à mi-chemin du même sentier)*. Ce parc n'a pas la réputation de Las Lagunas et est beaucoup plus accessible. Il s'agit d'un terrain de jeu et de piscines remplies par une source de montagne.

Volcán	### RÊVE
$	**Cabañas Señoriales** *(14$; à l'entrée du village)* ▶ Confort de base avec décor original à l'intérieur des cabanes. Salle de bain et eau chaude. Il y a aussi un bar sympathique autour des cabanes.

Motel California *(18$; principale rue)* ▶ Accueillant et propre. Le propriétaire vient d'Europe centrale et parle anglais. Il loue des cabanes qui intéresseront ceux qui voyagent en groupe. |

Volcán	### BOUFFE
$	Toutes sortes de petits *comedores* sont éparpillées dans le village. On y sert autant du poisson que de la cuisine locale ou encore des pizzas parfois pas très mangeables.

BOCAS DEL TORO

Ⓩ Cette province est celle de la production intense de bananes. On y accède habituellement par bateau, ce qui en fait un endroit isolé (un autre) du pays. La population est principalement constituée d'Amérindiens et de descendants d'esclaves venus des Caraïbes. Touristiquement parlant, seul le petit village de Bocas del Toro, sur l'Isla de Colón, possède les infrastructures pour accueillir les voyageurs.

La majorité de la population de ce village est noire et parle anglais. L'île vit du tourisme et de la pêche. Elle n'est pas très grande et l'on peut aisément en faire le tour à pied ou à bicyclette. Outre cela, l'endroit se révèle parfait pour la pratique de la plongée sous-marine, et l'on y retrouve de très belles plages. Ici encore la nature est merveilleuse, et il faut absolument faire le tour de l'île pour en apprécier tous les attraits. Ça prend environ une journée. D'autre part, les coraux sont bien visibles en plongée-tuba.

DÉTAILS PRATIQUES

Transport: il faut encore passer par **David** et prendre un des nombreux cars quotidiens pour **Chirriquí Grande** (6$ pour 3 heures de route) qui quitte la même gare que tous les autres. De là, des bateaux partent chaque matin pour l'île entre 7h et 14h30 (3$ pour une heure de trajet).

Bocas del Toro	RÊVE ET BOUFFE
$	**Bahía** *(20$; ancien édifice de la United Fruit)* ▶ Directement posé sur la baie. Il y a aussi un restaurant et un service de lavage de linge. Quelques chambres ont l'eau chaude. **Bocas del Toro** *(25$; sur le bord de l'eau)* ▶ Rien à redire, sauf les quelques coquerelles et les murs un peu trop minces. Il y a quand même ventilation, bain, restaurant et possibilité de louer de l'équipement pour la plongée-tuba, des bicyclettes et des canots.

⏯ LEXIQUE ⏮

Quelques indications sur la prononciation de l'espagnol en Amérique centrale

CONSONNES

c   Tout comme en français, le *c* est doux devant *i* et *e*, et se prononce alors comme un *s*: *cerro* (serro). Devant les autres voyelles, il est dur: *carro* (karro). Le *c* est également dur devant les consonnes, sauf devant le *h* (voir plus bas).

g   De même que pour le *c*, devant *i* et *e* le *g* est doux, c'est-à-dire qu'il est comme un souffle d'air qui vient du fond de la gorge: *gente* (hhente).

      Devant les autres voyelles, il est dur: *golf* (se prononce comme en français). Le *g* est également dur devant les consonnes.

ch   Se prononce **tch**, comme dans «Tchad»: *leche* (letche). Tout comme pour le *ll*, c'est comme s'il s'agissait d'une autre lettre, listée à part dans les dictionnaires et dans l'annuaire du téléphone.

h   Ne se prononce pas: *hora* (ora)

j   Se prononce comme le **h** de «him», en anglais.

ll   Se prononce comme **y** dans «yen»: *llamar* (yamar). Dans certaines régions, par exemple le Costa Rica, *ll* se prononce comme **j** de «jujube» (*Medellín* se prononce Medejin). Tout comme pour le *ch*, c'est comme s'il s'agissait d'une autre lettre, listée à part dans les dictionnaires et dans l'annuaire du téléphone.

ñ   Se prononce comme le **gn** de «beigne»: *señora* (segnora).

r   Plus roulé et moins guttural qu'en français, comme en italien.

s   Toujours **s** comme dans «singe»: *casa* (cassa)

v   Se prononce comme un **b**: *vino* (bino)

z   Comme un **s**: *paz* (pass)

VOYELLES

e   Toujours comme un **é**: *helado* (élado)

       sauf lorsqu'il précède deux consonnes, alors il se prononce comme un **è**: *encontrar* (èncontrar)

u   Toujours comme **ou**: *cuenta* (couenta)

y   Comme un **i**: *y* (i)

Toutes les autres lettres se prononcent comme en français.

ACCENT TONIQUE

En espagnol, chaque mot comporte une syllabe plus accentuée. Cet accent tonique est très important en espagnol et s'avère souvent nécessaire pour sa compréhension par vos interlocuteurs. Si, dans un mot, une voyelle porte un accent aigu (le seul utilisé en espagnol), c'est cette syllabe qui doit être accentuée. S'il n'y a pas d'accent sur le mot, il faut suivre la simple règle suivante:

on doit accentuer l'avant-dernière syllabe de tout mot qui se termine par une voyelle: *amigo*.

On doit accentuer la dernière syllabe de tout mot qui se termine par une consonne sauf **s** (pluriel des noms et adjectifs) ou **n** (pluriel des verbes): *usted* (mais *amigos*, *hablan*).

PRÉSENTATIONS

au revoir	*adiós, hasta luego*
bon après-midi ou bonsoir	*buenas tardes*
bonjour (forme familière)	*hola*
bonjour (le matin)	*buenos días*
bonne nuit	*buenas noches*
célibataire (m/f)	*soltero/a*
comment allez-vous?	*¿cómo esta usted?*
copain/copine	*amigo/a*
de rien	*de nada*
divorcé(e)	*divorciado /a*
enfant (garçon/fille)	*niño/a*
époux, épouse	*esposo/a*
excusez-moi	*perdone/a*
frère, sœur	*hermano/a*
je suis belge	*Soy belga*
je suis canadien(ne)	*Soy canadiense*

je suis désolé, je ne parle pas espagnol	Lo siento, no hablo español
je suis français(e)	Soy francés/a
je suis québécois(e)	Soy quebequense
je suis suisse	Soy suizo
je suis un(e) touriste	Soy turista
je vais bien	estoy bien
marié(e)	casado/a
merci	gracias
mère	madre
mon nom de famille est...	mi apellido es...
mon prénom est...	mi nombre es...
non	no
oui	sí
parlez-vous français?	¿habla usted francés?
père	padre
plus lentement s'il vous plaît	más despacio, por favor
quel est votre nom?	¿cómo se llama usted?
s'il vous plaît	por favor
veuf(ve)	viudo/a

DIRECTION

à côté de	al lado de
à droite	a la derecha
à gauche	a la izquierda
dans, dedans	dentro
derrière	detrás
devant	delante
en dehors	fuera
entre	entre
ici	aquí
il n'y a pas...	no hay...
là-bas	allí
loin de	lejos de
où se trouve ... ?	¿dónde está ... ?
pour se rendre à...?	¿para ir a...?
près de	cerca de
tout droit	todo recto
y a-t-il un bureau de tourisme ici?	¿hay aquí una oficina de turismo?

ARGENT

argent	dinero/plata
carte de crédit	tarjeta de crédito
change	cambio
chèque de voyage	cheque de viaje

je n'ai pas d'argent	*no tengo dinero*
l'addition, s'il vous plaît	*la cuenta, por favor*
reçu	*recibo*

ACHATS

acheter	*comprar*
appareil photo	*câmara*
argent	*plata*
artisanat typique	*artesanía típica*
bijoux	*joyeros*
cadeaux	*regalos*
combien cela coûte-t-il?	*¿cuánto es?*
cosmétiques et parfums	*cosméticos y perfumes*
disques, cassettes	*discos, casetas*
en/de coton	*de algodón*
en/de cuir	*de cuero/piel*
en/de laine	*de lana*
en/de toile	*de tela*
fermé	*cerrado/a*
film, pellicule photographique	*rollo/film*
j'ai besoin de ...	*necesito ...*
je voudrais	*quisiera...*
je voulais	*quería...*
journaux	*periódicos/diarios*
la blouse	*la blusa*
la chemise	*la camisa*
la jupe	*la falda/la pollera*
la veste	*la chaqueta*
le chapeau	*el sombrero*
le client, la cliente	*el/la cliente*
le jean	*los tejanos/los vaqueros/los jeans*
le marché	*mercado*
le pantalon	*los pantalones*
le t-shirt	*la camiseta*
le vendeur, la vendeuse	*dependiente*
le vendeur, la vendeuse	*vendedor/a*
les chaussures	*los zapatos*
les lunettes	*las gafas*
les sandales	*las sandalias*
montre-bracelet	*el reloj(es)*
or	*oro*
ouvert	*abierto/a*
pierres prêcieuses	*piedras preciosas*
piles	*pilas*
produits solaires	*productos solares*

revues	*revistas*
un grand magasin	*almacén*
un magasin	*una tienda*
un sac à main	*una bolsa de mano*
vendre	*vender*

DIVERS

beau	*hermoso*
beaucoup	*mucho*
bon	*bueno*
bon marché	*barato*
chaud	*caliente*
cher	*caro*
clair	*claro*
court	*corto*
court (pour une personne petite)	*bajo*
étroit	*estrecho*
foncé	*oscuro*
froid	*frío*
gros	*gordo*

j'ai faim	*tengo hambre*
j'ai soif	*tengo sed*
je suis malade	*estoy enfermo/a*
joli	*bonito*
laid	*feo*
large	*ancho*
lentement	*despacio*
mauvais	*malo*
mince, maigre	*delgado*
moins	*menos*
ne pas toucher	*no tocar*
nouveau	*nuevo*

où?	*¿dónde?*
grand	*grande*
petit	*pequeño*
peu	*poco*
plus	*más*
qu'est-ce que c'est?	*¿qué es esto?*
quand	*¿cuando?*
quelque chose	*algo*
rapidement	*rápidamente*
requin	*tiburón*
rien	*nada*
vieux	*viejo*

NOMBRES

0	*zero*
1	*uno ou una*
2	*dos*
3	*tres*
4	*cuatro*
5	*cinco*
6	*seis*
7	*siete*
8	*ocho*
9	*nueve*
10	*diez*
11	*once*
12	*doce*
13	*trece*
14	*catorce*
15	*quince*
16	*dieciséis*
17	*diecisiete*
18	*dieciocho*
19	*diecinueve*
20	*veinte*
21	*veintiuno*
22	*veintidós*
23	*veintitrés*
24	*veinticuatro*
25	*veinticinco*
26	*veintiséis*
27	*veintisiete*
28	*veintiocho*
29	*veintinueve*
30	*treinta*
31	*treinta y uno*
32	*treinta y dos*
40	*cuarenta*
50	*cincuenta*
60	*sesenta*
70	*setenta*
80	*ochenta*
90	*noventa*
100	*cien/ciento*
200	*doscientos, doscientas*
500	*quinientos, quinientas*
1 000	*mil*
10 000	*diez mil*
1 000 000	*un millón*

TEMPÉRATURE

il fait chaud	*hace calor*
il fait froid	*hace frío*
nuages	*nubes*
pluie	*lluvia*
soleil	*sol*

TEMPS

année	*año*
après-midi, soir	*tarde*
aujourd'hui	*hoy*
demain	*mañana*
heure	*hora*
hier	*ayer*
jamais	*jamás, nunca*
jour	*día*
maintenant	*ahora*
minute	*minuto*
mois	*mes*
nuit	*noche*
pendant le matin	*por la mañana*
quelle heure est-il?	*¿qué hora es?*
semaine	*semana*
dimanche	*domingo*
lundi	*lunes*
mardi	*martes*
mercredi	*miércoles*
jeudi	*jueves*
vendredi	*viernes*
samedi	*sábado*
janvier	*enero*
février	*febrero*
mars	*marzo*
avril	*abril*
mai	*mayo*
juin	*junio*
juillet	*julio*
août	*agosto*
septembre	*septiembre*
octobre	*octubre*
novembre	*noviembre*
décembre	*diciembre*

COMMUNICATIONS

appel à frais virés (PCV)	*llamada por cobrar*
attendre la tonalité	*esperar la señal*
composer le préfixe	*marcar el prefijo*
courrier par avion	*correo aéreo*
enveloppe	*sobre*
interurbain	*larga distancia*
la poste et l'office des télégrammes	*correos y telégrafos*
le bureau de poste	*la oficina de correos*
les timbres	*estampillas/sellos*
tarif	*tarifa*
télécopie (fax)	*telecopia*
télégramme	*telegrama*
un annuaire de téléphone	*un botín de teléfonos*

ACTIVITÉS

musée ou galerie	*museo*
nager, se baigner	*bañarse*
plage	*playa*
plongée sous-marine	*buceo*
se promener	*pasear*

TRANSPORTS

à l'heure prévue	*a la hora*
aéroport	*aeropuerto*
aller simple	*ida*
aller-retour	*ida y vuelta*
annulé	*annular*
arrivée	*llegada*
avenue	*avenida*
bagages	*equipajes*
coin	*esquina*
départ	*salida*
est	*este*
gare, station	*estación*
horaire	*horario*
l'arrêt d'autobus	*una parada de autobús*
l'arrêt s'il vous plaît	*la parada, por favor*
l'autobus	*el bus*
l'avion	*el avión*
la bicyclette	*la bicicleta*
la voiture	*el coche, el carro*
le bateau	*el barco*
le train	*el tren*

nord	norte
ouest	oeste
passage de chemin de fer	crucero ferrocarril
rapide	rápido
retour	regreso
rue	calle
sud	sur
sûr, sans danger	seguro/a
taxi collectif	taxi colectivo

VOITURE

à louer, qui prend des passagers	alquilar
arrêt	alto
arrêtez	pare
attention, prenez garde	cuidado
autoroute	autopista
défense de doubler	no adelantar
défense de stationner	prohibido aparcar o estacionar
essence	petróleo, gasolina
feu de circulation	semáforo
interdit de passer, route fermée	no hay paso
limite de vitesse	velocidad permitida
piétons	peatones
ralentissez	reduzca velocidad
station-service	servicentro
stationnement	parqueo, estacionamiento

HÉBERGEMENT

air conditionné	aire acondicionado
ascenseur	ascensor
avec salle de bain privée	con baño privado
basse saison	temporada baja
chalet (de plage), bungalow	cabaña
chambre	habitación
double, pour deux personnes	doble
eau chaude	agua caliente
étage	piso
gérant, patron	gerente, jefe
haute saison	temporada alta
hébergement	alojamiento
lit	cama
petit déjeuner	desayuno
piscine	piscina
rez-de-chaussée	planta baja
simple, pour une personne	sencillo
toilettes, cabinets	baños
ventilateur	ventilador

▶▶ INDEX ◀◀